本书为河北省社会科学基金课题"宗教经济伦理问题研究"

（课题号：SB07BZZ003）结项成果

宗教经济伦理研究

ZONGJIAO JINGJI LUNLI
YANJIU

黄云明 著

人民出版社

宗教伦理与经济生活（代序）

　　宗教是供人信仰的一种精神文化类型，宗教精神的核心是伦理精神。虽然宗教和其他的人类精神文化形态（如法律、文学和艺术等）有着显著的差别，但是，各种宗教所倡导的伦理并不是悬置于空中的清规戒律，在对人的现实生活产生作用这一点上与其他的人类精神文化形态是一致的。因而，无论宗教的教义多么玄奥，其实都与人的生活密切相关，都需要进入人的世俗生活，否则宗教就没有存在的必要，宗教的发展也就失去了生命力。

　　在人的生活世界中，经济生活是一个重要的领域，宗教影响经济生活的集中体现就是宗教经济伦理。在《新教伦理与资本主义精神》一书中，马克斯·韦伯考察了 16 世纪宗教改革以后基督教新教宗教伦理与现代资本主义发展的紧密联系。他认为，基督教新教在其漫长的发展中减除巫术、迷信的成分，引发出一种普遍性的社会伦理，最后影响了人们的经济行为，与资本主义的发展产生了较强的亲和力。从新教伦理开始，韦伯致力于探究"世界诸宗教的经济伦理观"的谱系，正是由于他的工作使得有关宗教精神、宗教伦理在经济社会发展中的作用问题进入了学术研究的视野。

　　讨论宗教伦理与经济生活的关系，有两个关键词必须予以特别注意，这就是节俭和慈善，而它们都与如何对待财富有关。在各种宗教经济伦理思想中,财富如何获得和处置是核心内容之一。

宗教经济伦理认为,节俭是一种美德。不同宗教经济伦理的财富观虽然存在差异,但反对人们对财富无止境的占有和贪欲是共同的。基督教经济伦理鼓励人们勤劳致富,认为勤劳致富不仅可以养活自己,不给教会、社会和他人增加负担,而且可以通过财富来帮助需要的人。基督教经济伦理的财富观主张,人们对财富应采取不贪婪的节俭态度,财富应取之有道,反对不劳而获或通过剥削榨取他人的劳动成果致富。耶稣所说的"富人入天国比骆驼穿过针孔还难",不是警告人们不能致富、不能成为富人,而是把矛头对准那些为富不仁的人,是对那部分富人所进行的无情的批判。财富本身无所谓善恶,但如何取得和使用财富则是一个重要的伦理问题。《圣经》中有关财富的叙述,大都提醒人们远离对财富的贪婪,号召人们应力所能及地让穷人和自己一起分享财富给人带来的快乐。中国传统儒家伦理文化对"义"和"利"的关系特别关注,认为"义"比"利"对人的生活更重要。这一伦理主张反映在儒家的财富观上就是倡导生活的节俭,人可以追求财富,但对财富的追求必须合乎"义"的要求;人不应使自己的心灵被物质财富所困扰,而应在满足基本的物质生活需求基础上,追求更多的精神享受。虽然对儒家是否是宗教(儒教),学术界存在着不同的看法,但是,儒家伦理文化对中国人精神世界产生的巨大影响却是异常深刻的。在现代中国人的道德观念中,节俭占有重要的位置,节俭意识和节俭行为在普通人的日常生活中根深蒂固,甚至有学者认为,在以需求决定生产的现代社会,这样强烈的节俭意识和节俭行为制约了中国经济的快速发展。在消费主义日益横行的今天,西方主要宗教派别和中国儒家、佛教和道教的节俭观,也许会引发学术上的论争,但节俭作为人的美德依然值得坚守。

宗教经济伦理倡导慈善行为。在人们的日常印象中,宗教是慈善的化身,宗教存在的一个主要目的就是开展慈善活动,为穷人谋福利。对富人而言,当拥有的财富超出了其所能消费的能力和限度的时候,财富还有什么用处?如《庄子》里所言:"鹪鹩巢树,不过一枝;鼹鼠饮河,不过一腹。"物质财富无论怎么诱人,人们对它的享受数量都是有限的。如果富人能够将多余的财富向社会大众转移，满足一部分穷人的生存和发展的需要，这便是宗教经济伦理所赞许的慈善行为。宗教所倡导的慈善是针对所有人的，但在实际的慈善行为上，人们对富人怀有更高的期待，因为他们掌握着更多的财富。《圣经》中说："穷人少的布施，多过富人多的布施，因为富人布施的是他的有余，穷人布施的是他的不足，是尽其所有。"当穷人都能尽其所能做慈善之事时，富人理应做得更好。对企业来说，慈善行为是履行企业社会责任的具体表现。一个只知赚钱，即便是通过合法手段赚钱但没有爱心的企业，是难以得到消费者信任和认可的，这样企业在激烈的市场竞争中就会流失消费者的货币选票，就会对企业的长远发展产生负面影响。因此，企业在创造利润、对股东利益负责的同时，还要承担对员工、对社会和环境的社会责任，包括遵守商业道德、生产安全、职业健康、保护劳动者的合法权益、节约资源等。宗教经济伦理强化了企业履行社会责任的道德义务。

关注宗教经济伦理的最终目的，是为世俗的经济社会发展提供价值观上的引导和人的行为选择上的约束。当经济发展为人类带来了巨大物质财富的时候，人们发现，物质丰盈时常与精神空虚相伴，社会公平问题日益突出，生态环境急剧恶化，这就提出了"经济发展的合理性"问题，而宗教经济伦理能够给人们带来有益的启迪。

虽然国内的经济伦理研究与改革开放的进程同步发展，取得了令人瞩目的成绩，但是，作为经济伦理学组成部分的宗教经济伦理问题尚未受到学者们的重视。从现有的研究成果看，只有零星的几篇论文涉及宗教经济伦理。黄云明教授历经多年的潜心思考，写出了《宗教经济伦理研究》一书，系统而全面地讨论了西方和中国主要宗教派别的经济伦理思想，在国内宗教经济伦理研究领域具有领先性和开创性意义。作者基于翔实的资料，向读者呈现了东西方主要宗教派别的宗教经济伦理思想。尽管不同派别的宗教所关注的经济生活领域有所不同，但正是这样的差异性，使得宗教经济伦理的内涵更为丰富。宗教伦理文化的神圣性、权威性和信仰性与世俗的经济生活相"嫁接"，显示了宗教经济伦理的独特魅力。从该书的内容看，作者以分论的形式对东西方主要宗教派别的宗教经济伦理予以了全景式的"扫描",尽可能详尽地反映了诸宗教经济伦理的各种理论和观点,这样的研究成果对初涉宗教经济伦理的研究者而言,具有入门引导的价值。在客观地描述诸宗教的经济伦理思想基础上,作者对一些主要的理论和观点所进行的简要评论,则是推进我国宗教经济伦理深化研究的点睛之笔。

孙春晨

中国伦理学会秘书长、中国社会科学院研究员

目　录

第一章　宗教经济伦理总论……………………………………… 1

　一、伦理道德的根本属性………………………………… 1

　二、宗教的本质规定性…………………………………… 10

　三、经济伦理、宗教伦理和宗教经济伦理……………… 18

第二章　马克斯·韦伯的宗教经济伦理理论…………………… 25

　一、马克斯·韦伯宗教经济伦理理论的总体特点……… 25

　二、马克斯·韦伯的宗教分类理论……………………… 29

　三、马克斯·韦伯的宗教伦理分类理论………………… 33

　四、马克斯·韦伯的社会行动分类理论………………… 35

　五、对马克斯·韦伯的宗教经济伦理理论的总体认识… 37

第三章　犹太教的经济伦理思想………………………………… 39

　一、马克斯·韦伯对犹太教经济伦理的认识…………… 39

　二、犹太人的历史和信仰………………………………… 43

　三、犹太教的经济伦理思想……………………………… 46

第四章　天主教的经济伦理思想………………………………… 61

　一、天主教的基本信仰…………………………………… 62

　二、对天主教经济伦理的不同认识……………………… 63

　三、传统天主教的经济伦理思想………………………… 70

　四、现代天主教的经济伦理思想………………………… 74

　五、对天主教经济伦理的总体反思……………………… 87

第五章　基督教新教的经济伦理思想…………………………… 89

　一、基督教新教及其主要宗教信仰……………………… 89

　　二、马克斯·韦伯对基督教新教经济伦理思想的认识 ………… 93

　　三、对基督教新教经济伦理的其他认识 …………………… 112

第六章　儒家的经济伦理思想 ……………………………… 127

　　一、马克斯·韦伯对儒教经济伦理的认识 ………………… 127

　　二、儒家经济伦理的社会伦理基础 ………………………… 139

　　三、儒家经济伦理的哲学基础 ……………………………… 148

　　四、儒家经济伦理的基本内容 ……………………………… 153

第七章　中国道教的经济伦理思想 ………………………… 159

　　一、马克斯·韦伯对道教经济伦理的认识 ………………… 159

　　二、道教经济伦理的哲学基础 ……………………………… 165

　　三、道教经济伦理的主要内容 ……………………………… 167

第八章　日本的宗教经济伦理思想 ………………………… 179

　　一、日本社会的宗教信仰 …………………………………… 180

　　二、武士道对日本经济伦理的影响 ………………………… 185

　　三、铃木正三的宗教经济伦理思想 ………………………… 193

　　四、石田梅岩的宗教经济伦理思想 ………………………… 200

　　五、涩泽荣一的宗教经济伦理思想 ………………………… 209

参考文献 ……………………………………………………… 216

后　记 ………………………………………………………… 220

第一章　宗教经济伦理总论

宗教经济伦理是有关宗教、伦理和社会经济三个人类社会生活的基本领域的一种社会现象。对宗教经济伦理的研究，以对宗教、伦理和社会经济三种社会现象的基本把握为前提，同时，此研究对于更深刻地理解宗教、伦理和社会经济三种社会现象的本质及其相互关系也具有重大的意义。

一、伦理道德的根本属性

经济体制改革以来，我国的社会道德状况发生了巨大变化。为了适应这种变化，伦理学学者做了各种努力，然而，令人遗憾的是伦理学的发展仍跟不上社会道德变化的速度，伦理学不能够给社会道德建设提供足够的指导。社会现实要求伦理学必须在一系列关键的理论问题上取得突破，道德的本质问题便是这些重要问题中的一个。

（一）道德的社会性和主体性

道德的本质问题是伦理学的核心问题，20 世纪 80 年代以来，它一直是伦理学界关注的热门话题。学者们的观点众说纷纭，其中有两种观点最具代表性：一种观点被人们称为社会本质论伦理学；另一种观点则被称为主体论伦理学。社会本质论伦理学更多地阐发了道德的社会本质属性，而主体论伦理学则更强调道德的主体本质属性。

1. 道德的社会本质属性

"文化大革命"结束后，我国许多哲学工作者把自己的研究方向具体到伦理学方面，这导致伦理学研究中有了过多的哲学影响。以历史唯物主义代替具体的伦理学研究，在道德本质问题上有所体现。社会本质论伦理学一开始就认为，道德的本质是被社会经济关系决定的一种社会意识。经过数年的讨论，社会本质论论者也意识到自己观点的缺陷，对自己的观点进行了丰富，认为道德本质的揭示应该有一个由浅入深的过程，道德有一般本质，即道德作为社会意识形态的根本属性；道德还有它的特殊本质，即道德区别于其他社会意识的性质，道德是特殊的规范调节方式，也是一种实践精神。

道德作为特殊的规范调节方式，具有三个基本点：其一，道德是一种非制度化规范，它与政治规范、法律规范等国家或政治团体制定的制度化的规范不同；其二，道德规范不使用强制性手段来贯彻，主要借助于传统习惯、社会舆论和内心信念来实现；其三，道德规范是一种内化规范，道德必须内化为良心才能够真正发挥社会作用。

道德作为实践精神，是人类把握世界的一种特殊方式，其特殊性表现在以下几个方面：其一，道德不是被动地反映世界，而是从人的需要出发，从特定的价值出发来改造世界；其二，道德的目的不是再现世界而是对世界进行价值评价；其三，道德把握世界不是让人盲目听从外界权威，屈从于现实中的邪恶势力，而是增强人的主体意识和选择能力，动员全部身心力量克服恶行、培养善行，既提高自身的道德境界，又实现社会的道德理想。

社会本质论伦理学自从新中国成立后就在我国伦理学界占据主流，"文化大革命"之后也正是社会本质论伦理学结束了"文化大革命"中把伦理学作为资产阶级学科的历史，并在反思"文化大革命"失误、拨乱反正、强化道德建设方面作出了突出贡献。社会本质论伦理学强调道德是一种社会意识,是上层建筑的一部分,突出了道德的社会性和政治性,把道德追求和政治热情在实践中结合在一起,这在新中国成立初期的社会主义建设中起到了很大的积极作用。社会本质论伦理学突出了道德的规范性,强化了道德在社会生活中的调节作用和约束作用,这致使一些超高水平的道德规范也能够在现实社会中得以贯彻,这对于新中国成立初期中国人民度过经济、政治、文化各方面的困难岁月都有积极的作用。

社会本质论伦理学坚持以历史唯物主义为指导来研究伦理学是应该加以肯定的,经过丰富以后的观点,也在相当大的程度上阐发了道德的本质属性,但是作为对道德本质的全面的、准确的表述尚有不尽如人意之处。其一,它片面强调只有规范性、约束性才是道德的本质属性,没有揭示出道德主体内在的价值特殊性和精神理想的特殊性;其二,它片面强调了道德的非制度性和非强迫性,忽视了道德的制度性和强迫性;其三,它没有很好地阐明道德的特殊本质的两个方面的相互关系,使人感到道德的本质不是一个有机整体;其四,它也对社会主义社会道德建设的超阶段性负有一定的责任。

2. 道德的主体本质属性

20 世纪 80 年代中期以后,一批年轻的伦理学学者,针对社会本质论伦理学,提出了关于道德本质的新见解。主体论伦理学主张,从本质上说,道德是人自我肯定、自我实现和自我发展的一种特殊方式。具体来说,其一,从道德的历史发展来看,是人的需要孕育了道德,并且推动道德不断进步和发展。道德起源于主体的需要,而不是社会经济关系或客观的社会物质生活条件。其二,道德是人类社会进步过程中发展起来的一种把握世界的方式。人对世界的把握是人对世界的各种本质、力量和特征的实在的占有,是人的本质的丰富和发展。道德不是规范的总和,道德体现着人的追求。道德对于人不仅仅是约束,更重要的是激励。道德不是社会对付个人的工具,而是在个人和社会之间造成一种适当的关系,它使社会求得和谐和进步,保证个人获得肯定和发展自己的条件。其三,人的道德主体性,表现为两个方面:一方面,人是道德的接受者,但人会把接受过程变为主动探索认识自己、社会、人与人之间、个人与社会之间应有关系的过程。人不是消极地被道德规范左右,而是主动地选择道德规范,理解和内化道德规范。另一方面,人是道德的创造者和体现者。在社会生活中,人们接受道德规范的约束,但也要勇敢地突破陈腐的传统和规范,为新道德的确定开辟道路,用新的道德理想引导人的精神建设。

主体论伦理学从人与道德的真实关系入手,寻找道德的主体性,而不是从经济与道德的关系入手,确立道德的客观的社会基础,这是主体论伦理学和社会本质论伦理学在道德本质问题上的根本区别。主体论伦理学给伦理学研究开拓了一片新天地,它启示伦理学学者去创造更有利于个人实现的社会环境,为社会成员提供更多元的价值选择的可能性,为人的丰富和发展给予了更多的论证,从本质上使人们认识到道德不仅是社会现象而且也是个人现象,道德不仅约束人更丰富和发展人。从实践方面说,主体论伦理学确认道德是人自我肯定、自我实现和自我发展的特殊形式,就确立了个人对自我需要、自我欲望满足的道德合理性,肯定人的自我需要的道德合理性是市场经济社会发展的必要前提。由此可见,主体论伦理学的产生,有其理论的必然性,也有其历史的必然性。它是伦理学适应商品经济发展的必然产物。

主体论伦理学也有其片面性。道德是个人现象也是社会现象,道德是主体自我实现的方式,也是人类调节行为和关系的特殊方式,它的运作场所、对象和功能、形成的条件都是社会性的。主体论伦理学强调道德源自于人的需要,但是,人对道德的需要,主要是人对和谐的社会生活秩序的需要。在历史发展过程中,道德确实越来越肯定人的存在、人的价值,但就特定的历史阶段来看,道德也确实更多地表现为对个人的约束和限制,甚至于发展到扼杀个人的程度。在道德中,约束人往往表现为现实,而肯定人则只表现为应该,一种理想的状态。社会是人存在的唯一方式,为了维护社会这种存在的方式,个人不得不约束自己。主体论伦理学对道德应有的社会性、规范性、约束性没有给予足够的重视,不能不说是它理论上的重大失误。同时,主体论伦理学把道德对世界的把握理解为人对世界的本质、力量、特征的完全占有,这是一种典型的人类中心主义。在西方,人类中心主义对经济繁荣产生了积极的推动作用,但也导致了一系列社会问题,人对自然掠夺式经营造成了能源危机、环境危机以及人对物质生活欲望的过度膨胀。另外,主体论伦理学在社会实践的具体运用中也会产生一些问题,在道德生活中过分强调个人的价值,强调道德对自我的肯定,则会降低道德对个人的约束作用,确实有滑向利己主义的危险,对社会关系的和谐稳定产生消极的影响。

(二)道德社会性和道德主体性的内在一致性

社会本质论伦理学和主体论伦理学,无论从理论上来说,还是从实践上来说,都有利弊。结合两种观点,相互取长补短,可以使我们对道德的本质有更全面、更准确的把握。

1. 实践是分析道德本质的出发点

马克思主义的唯物主义是实践的唯物主义,实践是马克思主义分析社会问题的出发点。旧唯物主义之所以不能正确分析社会问题,正是因为它不能从社会实践的角度来认识社会。"全部社会生活在本质上是实践的,凡是把理论引向神秘主义的东西,都能在人的实践中以及对这个事件的理解中得到合理的解决。"①实践是分析道德本质唯一正确的出发点。

实践是人类把握世界的客观活动,所谓把握世界就是认识世界、改造世界、控制世界,最终实现人自身。马克思认为,人把握世界,也就是说,人的实践活动主要有四种方式:科学的、艺术的、宗教的和实践精神的。他说:"整体,当它在头脑中作为思想整体而出现时,是思维着的头脑的产物,这个头脑用它所专有的方式把握世界,而这种方式是不同于对世界的艺术的、宗教的、实践精神的把握的。"②所谓对世界的实践精神的把握就是道德的把握。人通过科学、艺术、道德和宗教从不同的角度把握世界、实现自身。科学把握世界是在真理和谬误的对立面中运动,给人类带来真理,人们利用真理改造世界、控制世界,使人成为世界的主人。道德

---

① 《马克思恩格斯选集》第 1 卷,北京:人民出版社 1995 年版,第 56 页。
② 《马克思恩格斯选集》第 2 卷,北京:人民出版社 1995 年版,第 19 页。

以评价命令的方式把握世界,在善恶的对立中运动,一方面通过评价的方式为人们确立应当寻求的善的理想,为人性的丰富发展肯定多元的价值追求;另一方面通过评价命令判定正义与非正义、善与恶,使人们趋善避恶,维护良好的社会秩序,为人的自我肯定、自我实现创造良好的社会条件。艺术把握世界是对世界的形象认识和改造,它在美和丑的矛盾对立中运动,给人类带来美感,在审美过程中,人获得象征性的自我实现。宗教借助于信仰把握世界,在信仰中,人通过幻想领悟生命神圣的价值。

实践本身使人以各种不同的方式去把握世界。列宁强调实践是"作为真理的标准,也作为事物同人所需要它的那一点的联系的实际确定者"①。也就是说,列宁认为实践既是检验真理的唯一标准,也是事物价值属性的标志。人类实践对世界的把握可以分为两种:一种是对世界的事实把握,客观的、科学的把握;另一种是对世界的价值把握,艺术的、道德的、宗教的把握。科学把握世界,从客观出发,为人类提供客观的不依赖人的愿望、期待和理想的知识,它和人们对客观世界的态度无关,在这里实践是检验真理的唯一标准。艺术、道德、宗教对世界进行价值性把握,从主观世界出发,人在人的利益、渴望、期待以及与客观世界的联系中把握世界,在这里实践是"事物同人所需要它的那一点联系"的确定者。事实认识和价值认识之间的区别也不是绝对的,在事实认识中实践作为价值性的标志与在价值性认识中实践作为真理的标准一样有意义。道德是对世界价值的把握,实践是善的衡量者,实践作为检验真理的标准也有意义,但居于次要位置。所以道德生活要求诚实,但诚实要以善意为前提,善意的谎言在道德上不仅是可能的,而且是必要的。

2.道德既是人自我实现的方式,也是社会关系的调节手段

社会生活在本质上是实践的。列宁说:"'善'是'对外部现实性的要求',这就是说,'善'被理解为人的实践=要求(1)和外部现实性(2)。"②人类把握世界的实践活动,从不同的角度解决人的内在的主观要求和外

---

① 《列宁选集》第4卷,北京:人民出版社1995年版,第419页。
② 列宁:《哲学笔记》,北京:人民出版社1956年版,第229页。

部现实性的矛盾。主观与客观、主体与客体的矛盾,在科学、道德、艺术和宗教这些把握世界的不同方式中,有不同的表现。在道德把握世界的方式中,人的主观要求和客观现实性的矛盾,集中表现为个人欲望的满足与他人和社会间的冲突。道德作为实践精神对世界进行价值性把握,就是要处理道德主体的主观要求的满足与客观社会现实之间的价值关系,调节自我发展、自我实现与社会客观环境的关系,使道德主体人的个性日益丰富、完善、发展,同时使社会普遍性整合日益深化。从社会发展的总趋势来说,个人进步和社会发展是协调一致的,只有社会发展了,个人才能获得更多自由,才能在更高层面上实现自我,同时也只有社会绝大多数成员的个性丰富发展了才会导致社会的真正进步。但就社会的具体阶段而言,个人要求的膨胀往往会导致社会的混乱,为了社会秩序的和谐稳定,又不得不约束个人的欲望和要求,限制个性的自由和解放。道德正是人类为了寻求自我发展,在个人欲望的满足与社会和谐之间确立的一种平衡机制。道德既肯定个人的自我发展,也肯定社会的和谐稳定。道德既肯定二者的一致,这是道德追求的总的方向、根本的目的和最终的理想,也肯定二者之间的矛盾,这是道德必须面对、必须处理的现实。在现实社会中,调和个人和社会的矛盾是道德的主要任务,这种调和大多是以限制个人的自由、解放,节制个人的欲望和要求来实现的。道德既是人自我实现的方式,也是调节社会关系的手段,协调社会关系的目的,在于给人创造良好的自我实现的环境,可是这种调节又总是以约束个人为手段。道德的主体性和规范性的关系,是道德自身手段和目的之间的关系。社会本质论伦理学和主体论伦理学都只强调了道德自身固有的两个方面中的一个方面,社会本质论伦理学强调了道德的社会性、约束性、规范性,主体论伦理学强调了道德的主体性、个体性、理想性,而就其本质来说,道德是社会性、约束性、规范性、主体性、个体性、理想性的和谐统一。

　　道德作为社会关系的调节机制,主要表现为具有约束性的行为规范体系和有等级次序的价值观念体系。这些行为规范具有命令性,它通过传统习惯、社会舆论、内心信念来发挥作用,其中内心信念也就是人的良心发挥着最重要的作用。所有的行为规范和价值原则,如果不能内化为良心就只是一种空洞的存在,社会舆论也必须被良心接受才能够发挥作用,假如一个人没有良心乃至于没有相关方面的道德信念,社会舆论在这方面就不会影响他。

道德作为人自我实现、自我完善的方式,主要表现为有诱导性的理想体系。实现自我、完善自我是主体固有的属性,通过努力人们使现实日益趋向于理想,这理想既包括长远理想、短期理想,也包括社会理想、个人理想,通过向理想的趋近人获得自我的实现和完善。

道德是人自我实现的方式,也是社会关系的调节方式。道德的基本问题就是个人和社会的关系问题,道德要协调个人和社会之间的相互关系,所以道德把握世界的基本内容是:人的价值、人在世界上的地位、人生的意义、人生的理想、人生的目的、个人对他人和社会的态度、个人对他人和社会应承担的责任和义务。

作为人自我实现的方式和社会关系的调节方式,道德的本质在人类历史的不同阶段有不同的表现。在原始社会,道德基本上是调节社会关系的手段,道德主要是行为规范,借助于传统习惯和宗教信仰协调社会关系。原始人尚未形成明确的自我意识,个性完全湮没于社会整体之中。人类进入文明社会以后,私有制的产生促使人的自我意识确立,个人和社会的冲突现实化,道德作为自我完善的方式开始获得意义,但当时只对少部分的自由人而言是这样的,奴隶自然谈不上有自我的存在价值。从奴隶社会到资本主义社会,劳动者的自我存在价值逐步得到肯定。从人类发展的总趋势来看,道德作为人自我实现、自我完善的意义在逐渐增加,道德对人的约束和限制尤其是纯粹外在的约束限制越来越少,但这也只是一种趋势。在历史上,道德更是社会关系的调节方式,为了社会的和谐要限制人的自我实现和完善。尽管社会主义制度的确立,为社会和个人的矛盾的解决,建立了新局面,但道德作为调节社会关系的机制的意义,仍占据主导地位。所以在现实生活中,一个道德的人绝不是随心所欲的人,而是一个自我约束的人。只有到共产主义社会,个人和社会的矛盾才会真正解决,道德作为人自我实现、自我完善的方式才会在道德本质中占据主导地位。

3. 道德把握世界是通过评价命令的方式实现的

道德不同于科学、艺术和宗教,它不是用理论思维,也不是用形象思维、信仰的方式把握世界,而是用善恶评价的方式把握世界。通过善恶评价,一方面确立善的理想价值体系引导人;另一方面确立行为的方针道路,形成有等级次序的准则、戒律的规范体系来约束人。所以道德把有利于人自我实现和完善的因素与有利于社会和谐稳定的因素都评价为善,而把以个人伤害社会和以社会整体扼杀个人同时评价为恶。封建道德是伪道德,因为它倡导的是以整体扼杀个人的"假集体主义"。总之,肯定自我、实现自我是善的,但必须以不伤害他人和社会为前提,否则就滑向了恶的极端利己主义。

道德以评价命令的方式把握世界是对世界的价值性把握,而非事实性把握,它的目的不在于客观地反映世界,而是为人们确定善恶之间的界限,要探索个人完善和社会发展的途径。所以,恩格斯说:"道义上的愤怒,无论多么人情人理,经济科学总不能把它看做证据,而只能看做象征。"①道德对世界的把握确实不同于科学对世界的把握,道德对世界的把握与科学认识相比缺乏严谨性、论证性和准确性。道德具有与科学不同的理解社会环境的手段,人类的道德经验是独一无二的历史实验室,道德通过评价的方式体现着人自我实现的最富有前景、最合乎人性的方向和途径,通过道德要求、道德理想的具体方式可以预测社会发展的前景。道德对未来社会发展轮廓的预测是社会历史转变的第一信号,社会历史的根本变革总是以伦理道德革命为先导。在西方,文艺复兴是资产阶级革命的序幕,在中国,五四新文化运动揭开了中国新民主主义革命的新篇章。道德把握世界不像科学对世界的把握那样具有理性的说服力,但它更具有感情的感染力、震慑力、感召力;不像科学对世界的把握那样具有准确性、严谨性,但它更具有超前性和敏锐性。所以,恩格斯又说:如果社会舆论把现实中某一现象、某一经济事实评价为不公正,那么就说明这个

---

① 《马克思恩格斯选集》第 3 卷,北京:人民出版社 1995 年版,第 492 页。

事实已经过时了。①

总之,道德是人类把握世界、自我实现的特殊方式,道德对世界的把握是通过评价命令实现的。通过评价一方面形成理想体系引导人;另一方面形成规范体系约束人。所以道德既是人自我实现、自我完善的方式,也是调节社会关系的手段。道德是人为了实现自己,在自我需要、欲望和社会客观现实之间确立的一种平衡机制。

二、宗教的本质规定性

市场经济体制改革以来,我国宗教状况发生了巨大变化,宗教学学者在宗教研究方面作出了很大贡献,但宗教学的研究仍然远远跟不上宗教发展变化的形势。宗教的本质问题是宗教学中最基本的问题,它直接影响着人们对宗教的根本理解以及人们制定和贯彻有关宗教的方针政策。

(一)对宗教本质的不同理解

自"文化大革命"结束宗教学的研究得以恢复以来,宗教的本质问题一直是宗教学界学者所关注的焦点问题。三十多年来,学者们的观点众说纷纭。

1. 宗教是人民的鸦片

"宗教是人民的鸦片"曾经被认为是马克思、列宁主义关于宗教的经典定义,学者们确实也在马列经典中找到了一定的根据。这句话最早见于马克思的《〈黑格尔法哲学批判〉导言》,马克思说:"宗教里的苦难既是现实的苦难的表现,又是对这种现实的苦难的抗议。宗教是被压迫生灵的叹息,是无情世界的心境,正像它是无精神活力的制度的精神一样,宗教是人民的鸦片。"②后来,列宁在《论工人政党对宗教的态度》一文中指

---

① 参见《马克思恩格斯选集》第3卷,北京:人民出版社1995年版,第492页。
② 《马克思恩格斯选集》第1卷,北京:人民出版社1995年版,第2页。

出:"'宗教是麻醉人民的鸦片'——马克思的这句名言是马克思主义在宗教问题上的全部世界观的基石。"①而且列宁在《社会主义与宗教》中也说过:"宗教是一种精神上的劣质酒,资本的奴隶饮了这种酒就毁坏了自己做人的形象,不再要求多少过一点人样的生活。"②后来的学者对马克思尤其是对列宁的论述产生了严重的误解,以至于认为这就是马列主义关于宗教本质的阐述。实际上,通观《〈黑格尔法哲学批判〉导言》和列宁关于宗教的论述都不能作出这样的论断。将"宗教是人民的鸦片"作为马克思主义关于宗教本质的揭示,导致了社会主义国家在宗教政策的制定和贯彻执行中,犯了"左"倾主义错误。总结社会主义国家宗教政策制定和实施的实践经验,我们不得不说,把"宗教是人民的鸦片"作为马列主义对宗教本质的揭示,从理论上来说是存在错误的,从实践上来说也是有害的。加之,鸦片揭开了中国近代屈辱历史的序幕,中国人对鸦片的认识有了一种特殊的心理背景,所以中国人把"宗教是麻醉人民的鸦片"译成了"宗教是毒害人民的鸦片烟"。于是,我们的一些理论工作者,尤其是宗教管理干部,基于这句话,就将宗教信仰者看成了吸毒犯,把宗教神职人员看成了贩毒犯,在这样的思想指导下怎么能将宗教信仰自由的政策执行好呢?

把"宗教是人民的鸦片"作为宗教的本质,伤害了信仰者的感情,以至于现在有些人从根本上否定马克思和列宁的论述,这样做当然也是错误的。"宗教是人民的鸦片"不是马克思对宗教本质的揭示,但它是马克思对宗教的社会功能的准确揭示,宗教对人民确实具有麻醉的社会作用。

2. 宗教是那些还没有获得自己或者是再度丧失了自己的人的自我意识和自我感觉

马克思在《〈黑格尔法哲学批判〉导言》中说:"宗教是还没有获得自身或已经再度丧失自身的人的自我意识和自我感觉。但是,人不是抽象

---

① 《列宁选集》第2卷,北京:人民出版社1995年版,第247页。
② 《马克思主义经典著作选读》,北京:人民出版社1999年版,第343页。

的蛰居于世界之外的存在物。人就是人的世界,就是国家,社会。"①马克思的这段论述与恩格斯在《英国状况:评托马斯·卡莱尔的"过去和现在"》中的论述相近:"宗教按其本质来说,就是剥夺人和自然的全部,把它转给彼岸之神的幻影,然后彼岸之神大发慈悲,把一部分恩典还给人和大自然。"②马克思和恩格斯关于宗教的这两段论述,现在也被某些学者作为马克思主义关于宗教本质的论述。马克思和恩格斯的论述都说明了宗教产生的一个重要的原因那就是人的本质的异化,说明了不是宗教、神创造了人,而是人创造了宗教,说明了神的本性就是人的本性,人所崇拜的是人自己的本质的神化。

3. 宗教是颠倒的世界观

马克思在《〈黑格尔法哲学批判〉导言》中还说:"人就是人的世界,就是国家,社会。这个国家,这个社会产生了宗教,一种颠倒的世界意识,因为它们就是颠倒的世界。"③"宗教是颠倒的世界观"和"宗教是人民的鸦片"一样,很早就被作为马克思主义关于宗教的经典定义。"宗教是颠倒的世界观",确实揭示了宗教认识的一个根本特点,即对世界做颠倒的反映。宗教是一种世界观,但宗教不仅仅是一种世界观,它比单纯作为世界观的哲学要复杂得多。它不仅是一个世界观的思想体系,而且是一种生活方式,一种经济运作的模式,它有自己特有的行为方式、组织方式、活动场所,等等。

4. 一切宗教都不过是支配人们日常生活的外部力量,在人的头脑中幻想的反映,在这种反映中人间的力量采取了超人间的形式

恩格斯在《反杜林论》一书中说:"一切宗教都不过是支配着人们日常生活的外部力量,在人们的头脑中的幻想的反映,在这种反映中,人间的力量采取了超人间的力量的形式。"④恩格斯的这段论述也被某些学者认定是马列主义对宗教本质的揭示。应该说,恩格斯关于宗教的这一段

---

① 《马克思恩格斯选集》第1卷,北京:人民出版社1995年版,第1页。
② 同上书,第647—648页。
③ 同上书,第1页。
④ 《马克思恩格斯选集》第3卷,北京:人民出版社1995年版,第666—667页。

论述,较之于他与马克思关于宗教的其他论述更全面。恩格斯在这段论述中,说明了宗教意识的根本特点是幻想性,幻想的对象是支配人们日常生活的外部力量,他的表现形式是超人间的。但是《反杜林论》是一部论战性的著作,因而其中的观点必然有很多的历史特色。

5. 综合性观点

目前国内宗教学界还有学者把前面几种观点集合放在一起,以为这样就是对宗教本质的全面揭示了。姑且不说这样做能否真正体现马列主义关于宗教的全面认识,即使马列主义关于宗教的论述尽在其中了,恐怕也不能将它们集合在一起就罢了,找出这些论述的内在的逻辑联系应该更重要一些。

纵观以上关于宗教本质的各种观点,不难看出其中的一个共同特点,那就是许多学者都力求从马克思、恩格斯、列宁的著作中找到关于宗教本质的现成的论述,这样做表面上符合马列主义,而实质上则犯了马列主义所反对的教条主义的错误。马列主义的导师关于宗教都曾经作过精辟的论述,这些论述毫无疑问是我们进行宗教研究的指导思想,但是,与此同时我们也不可以忽略以下三点:其一,马列主义的任何一位导师都不是职业的宗教学家,他们对于宗教的论述大多是针对革命实践中遇到的宗教问题,而不是对宗教进行学术的研究;其二,出于革命的需要,马列主义的导师对宗教以批判为主,更多地侧重于宗教在社会生活中的消极作用,这是可以理解的;其三,随着社会历史的发展变化,宗教也发生了很大变化,宗教具有了许多原来不具有的新特点,宗教领域产生了许多新问题,宗教学学者应该结合现实社会的特点对宗教作出准确的描述。

除了以上各种观点,宗教学界关于宗教的本质还有多种说法。有的人说宗教是一种文化;有的说宗教是一种救赎、拯救;有的说宗教是对善的追求和超越;还有的说宗教是对彼岸生活的追求;等等。所有这些说法都有一定的道理,而且有些提法的良苦用心实在是一言难尽,但这些又都不是对宗教本质的准确概述。宗教是一种文化,但宗教学要说的是宗教这种文化的特质是什么? 宗教也是一种拯救方式,也追求善,也向往彼岸生活,但所有这些都不是宗教的关键之所在。

（二）宗教本质的内在规定性

既然关于宗教的本质众说纷纭、莫衷一是，那么要想说清这个问题就应该从这个问题中跳出来，先探讨应该如何来研究这个问题。

1. 实践是分析宗教本质的出发点

马克思主义的唯物主义是实践唯物主义，实践是马克思主义分析社会问题的出发点。马克思在《关于费尔巴哈的提纲》中指出，费尔巴哈之所以不能正确解释宗教的本质，就是因为费尔巴哈不理解实践的意义："因此，他在《基督教的本质》中仅仅把理论的活动看做是真正人的活动，而对于实践则只是从它的卑污的犹太人的表现形式去理解和确定，因此，他不了解'革命的''实践批判的'活动的意义。"①正确认识宗教以正确认识人为前提，而正确认识社会是认识人的前提，人是活生生的社会的人，"全部社会生活在本质上是实践的。凡是把理论引向神秘主义方面去的东西，都能在人的实践中以及对这个事件的理解中得到合理的解决"②。所以，实践是我们分析宗教本质必须确定的理论出发点，只有从实践出发，才能正确认识人和社会，才能正确认识宗教。

2. 宗教是人类把握世界、自我实现的特殊方式

实践是人类把握世界的活动，人类认识世界、改造世界的目的在于实现人自身。马克思说过，人把握世界主要有四种方式：科学的、艺术的、道德的和宗教的。他在《〈政治经济学批判〉序言》中指出："整体，当它在头脑中作为思想整体而出现时，是思维着的头脑的产物，这个头脑用它所专有的方式把握世界，而这种方式是不同于对世界的艺术的、宗教的、实践精神的把握的。"③也就是说，科学、艺术、道德、宗教是人类实践的四种方式，它们即是人类把握世界的方式，也是人类自我实现的方式。科学把握世界是在真理和谬误的对立面的范围内运动，它给人类带来真理，人们利

---

① 《马克思恩格斯选集》第1卷，北京：人民出版社1995年版，第54页。
② 同上书，第56页。
③ 《马克思恩格斯选集》第2卷，北京：人民出版社1995年版，第19页。

用真理指导实践,使人成为自然的主人。道德把握世界借助评价命令的方式,从善恶对立出发调节人们的行为,给人带来善,人们遵守道德准则形成秩序良好的社会关系。艺术把握世界是对世界的形象认识和改造,它在美丑的对立中运动,给人带来美,在审美中人获得象征性的实现。宗教也是人类实践活动的方式之一,它借助信仰来把握世界,在信仰中人们通过幻想来实现自己,从而为人们创造生命的神圣意义。

3. 宗教对世界的把握以及宗教中人的自我实现都是价值性的

实践本身使人以不同的方式去把握世界。列宁强调实践"作为真理的标准,也作为事物同人所需要它的那一点的联系的实际确定者"①。也就是说,人类实践对世界的把握可以分为两种:一种是对世界的事实把握、客观把握、科学把握;另一种是对世界进行的价值把握,艺术的、道德的、宗教的把握。科学把握世界,从客观出发,它为人类提供客观的不以人的愿望、期待和理想为转移的知识,它与人对客观世界的态度无关,在对世界的科学把握中,实践是检验真理的唯一标准。艺术、道德、宗教对世界进行价值性把握,人从主观世界出发,在人的利益、渴望、期待以及个人客观实际的联系中把握世界,在这里实践是"事物同人所需要它的那一点联系"的确定者,在这里主观认识是否符合客观要求退居次要位置,它所强调的是外物对主体存在的意义和价值。所以,在道德中强调要说真话,但诚实必须以善意为前提,善意的谎言不仅可以说,而且应该说;艺术强调要源于生活,但艺术不是生活的翻版,艺术必须高于生活;在宗教中,认识是否符合客观更不重要,甚至于从根本上来说,宗教就是对世界颠倒的反映,一方面无中生有,另一方面否认客观事实的存在。

科学是人把握世界的方式,也是人自我实现的方式。在这种自我实现的方式中,科学帮助人们用现实的手段,依赖自身实有的力量使生活中的难题得到实际的解决。干旱了人们就引水灌溉、人工降雨,生活中遭遇了不幸就努力去拼搏、反抗、诉诸法律,生病了去求医问药。宗教是把握世界的方式,也是自我实现的方式,但是在这种自我实现的方式中,宗教

① 《列宁选集》第4卷,北京:人民出版社1995年版,第419页。

通过信仰借助超自然的力量使生活中的难题得到虚幻的解决,有时干脆是回避问题,否定问题本身的存在。天旱了去祈雨,或者认为这是天意而无所作为;在生活中遭遇了不幸,默默地忍受或者寄希望于神灵或天命的善恶报应;生病了去请巫师驱鬼或者认为疾病本身是自己应得的报应,受苦本身就是幸福,忍受暂时的痛苦方能换来永久的幸福。

确立宗教是人们用价值评价来把握世界的方式,对贯彻宗教信仰自由的政策具有特别重要的意义,它为尊重和保护宗教信仰自由找到了一个重要的理论依据。以前我们的思维方式是单纯的科学性的,只追求真理,坚决排斥谬误,认为宗教是对世界颠倒的反映,它不能给人们提供真理,保护宗教信仰自由仿佛只是为了革命暂时的需要,不可能从人类文化的总体高度确立宗教文化本身的意义和价值。其实,宗教是对世界的价值性把握,它不提供真理,但它有其他的存在价值和意义,有其特有的文化功能。

4. 宗教作为把握世界的价值性方式的特殊性

仅仅说明了宗教是一种价值性把握世界的方式还不够,还不能把它和道德、艺术区别开来,还需要我们进一步揭示它的内在特质。

(1)宗教是人们用来解决现实生活中用现实手段解决不了的问题的手段

人生在世,要面对许多的无奈,许多人生的问题是人们用现实的手段解决不了的。这些问题大致可以归为以下几类:其一是日常生活中的实际问题,诸如不治之症、亲人别离、求而不得的子嗣、爱情,等等。人们在生活中感到无奈,感到受命运的捉弄,往往会求助于冥冥之中的神灵。其二,人在现实生活中,需要一个精神的支柱、灵魂的归宿,这种精神的家园必须具有无限性,才能够使人的心灵得到真正的安顿,而现实世界中任何事物都是有限的,不足以托起整个精神世界。其三是人生的根本问题,也就是人对生命有限性的感悟和对死亡的恐怖。中国伟大的思想家孔子总是标榜自己不语怪力乱神,声言"不知生,焉知死",但是晚年他站在黄河边上也不得不发出对生命有限的深深感叹:"逝者如斯夫"。"宗教的需要是出于人类文化的绵续,而这种文化绵续的含义是人类努力及人类关系必须打破鬼门关而继续存在。"①人们用现实的手段、人自身固有的现实的力量不能解决这些问题,就不得不借用非现实的力量来帮助自己解决生活中的难题。

（2）宗教是人们借用超自然的力量来解决生活问题的手段

科学依赖理性的力量使人拥有了解决生活问题的现实手段,然而理性的力量是有限的,现实的手段解决不了生活中所有的问题。人们用幻想来弥补理性的不足,利用幻想人们造就了超自然的力量,确立了对超自然力量的信仰,使人们拥有了解决生活问题的非现实的手段。利用对超自然力量——神的信仰,人们把疾病理解为神对自己过失的惩罚,理解为是自己应得的,理解为是换取将来幸福的前提条件,这样就减少了疾病的痛苦。利用对神的信仰,人为自己创立了一个彼岸世界、天国或西方净土,有限的生命由此变成了永恒生命链条上的一个环节,减少了对死亡的恐怖,灵魂找到了归宿,生活中的孤独、寂寞、空虚被依赖感、充实感所代替。

宗教是用幻想来弥补理性的不足,用非现实的力量来弥补现实力量的不足,所以就其本性来说,它是无中生有,它不是对世界的客观反映,而是颠倒的反映。在人的这种自我实现方式中,人通过幻想把自己的人性赋予了超自然力量,宗教是人的本质的异化,这种自我实现是虚幻的而非实在的,所以宗教是信仰者的自我麻醉。在阶级社会中,统治阶级利用宗教的这种麻醉性来稳定自己的统治,宗教成为一种意识形态,成为上层建筑的一部分。

人们通过对神的信仰超越了现实的平凡,使庸俗的生活拥有了神圣的意义。信仰者将社会生活中的许多契约、行为规范理解为是神规定的,政治管理、法律调节、道德约束都超越了世俗的人为约定而具有了神圣的价值。为了表达对神的仰慕,信仰者建造神殿、塑造神形、绘画神采,编定神乐,使建筑、雕塑、绘画、音乐诸多艺术形式得以发展。宗教信仰者为了表现对神的信仰,确实创造了光辉灿烂的文化。

---

① [英]马林诺夫斯基:《文化论》,北京:中国民间文艺出版社 1987 年版,第 79 页。

总之,我们认为宗教是人们借助于对超自然力量的信仰来把握世界和自我实现的方式,宗教产生至今已有数万年的历史,在这数万年的历史中,宗教不断改变自身的存在形态,但是宗教的本质却保持着相对的稳定性。

三、经济伦理、宗教伦理和宗教经济伦理

(一)经济伦理

经济伦理是社会经济生活中的伦理,是指导人们进行经济活动的道德价值观念和约束人们经济活动的道德规范的总和。经济伦理既是经济的伦理,也是伦理的经济;既具有伦理的价值,也具有经济的价值。所以,它既是经济学关注的对象,也是伦理学关注的对象,以其为研究对象的学科可以称为经济伦理学,也可以称为伦理经济学。经济伦理学和伦理经济学具有很多共同点,也有一定的差异。

(二)宗教伦理

1. 宗教伦理的含义

宗教伦理就是宗教中的伦理道德,即融于人的宗教信仰中的道德观念以及表现在宗教戒律中的道德行为规范。

宗教伦理既然是宗教中的伦理,自然就兼具宗教文化和伦理文化的双重特性。作为宗教文化,宗教伦理体现在宗教信仰之中,是宗教信仰的核心价值取向,具有宗教文化的神圣性、权威性、信仰性。宗教伦理与一般社会伦理相比,无论是在外在表现形式上,还是在内在的实质内容上,都有其固有的特性。作为伦理文化,宗教伦理表现为价值取向和行为规范,是宗教文化中精神文化的主要组成部分,存在于宗教理念和宗教情感之中,能够指导和约束宗教行为,凝聚和协调宗教组织。

宗教伦理具有隐性和显性两种存在方式。宗教伦理可以作为道德价值取向内涵于宗教信仰之中,它是宗教伦理的隐性存在方式,所以,也往

往被人们忽视,人们甚至难于认识到它的伦理文化的性质。但是,它的道德价值导向的伦理文化功能是不能否定的,与一般社会伦理比较,宗教伦理由于具有宗教信仰的背景,其道德价值导向的伦理文化功能表现得更充分、方向更明确,对行为主体的意志强迫力更大。

宗教伦理也可以作为道德规范直接体现于宗教戒律之中,它是宗教伦理的显性存在方式。宗教戒律是约束和引导宗教信仰者行为的规范,在宗教戒律中,一些戒律是纯粹宗教性规定,如犹太教的只能奉耶和华神为唯一的神,不可妄称耶和华神的名字等;而更多的宗教戒律是道德规范的宗教化,如被犹太教和基督教同样信奉的摩西十诫,其中大多数内容是道德规范,如必须孝敬父母、不可以偷盗、不可以杀人、不可以作伪证,等等。

2. 宗教伦理与世俗伦理的差别

(1)存在的基础不同

宗教伦理存在的基础是人对神的信仰;世俗伦理存在的基础是人对社会生活经验的理性反思。

关于人为什么会是道德的人,为什么会遵守道德规范,道德规范合理性的依据是什么,道德是怎么产生的等问题,在人类文化发展的历史长河中,不同的思想家有大相径庭的回答。宗教伦理将伦理存在的基础确立为宗教信仰,世俗的伦理则有五花八门的解释。有的将其确定为人的生物本能,有的将其确定为人的天赋本性,有的将其确定为人的感觉欲望的满足,而现在大多数学者更认可的则是人对社会生活经验的理性反思。

宗教伦理将伦理存在的基础确立为宗教信仰,认为道德是超自然力量的创造物,道德规范是神颁定的戒律,人之所以要遵守道德规范,做有道德的人,是因为人信仰神,做道德的人内涵于信仰之中,也就是说,作为信仰者当然要遵守神定的戒律。与一般社会世俗伦理确立的伦理基础相比,宗教伦理确立的伦理基础缺乏客观真实性,因此,作为对道德产生的历史过程的真理性描述几乎没有意义。但是,道德对于人类来说为什么会形成的问题,不仅是一个客观的、科学性的事实描述问题,而且更多的是一个主观心理的、价值性评价的问题,对这个问题的回答其文化意义更多地应该是为人的道德心理确立坚实的依托,使人类道德超越工具合理性,获得价值合理性。宗教伦理为人类道德确立的基础比一般社会世俗伦理为人类道德确立的基础,能够更有效地使道德获得价值合理性。世俗伦理将道德存在的基础确定为人对社会生活经验的理性反思,也就意味着,道德的合理性主要是工具性的。

(2)具有更多的主体自觉性、权威性和神圣性

宗教伦理的主体自觉性更强是指,宗教信仰是最强劲的意志动力,宗教信仰者因为信仰的原因会更自觉、更主动地履行宗教伦理的要求。道德意志在宗教伦理中发挥的作用,比在一般世俗伦理中发挥的作用更大。也就是说,宗教伦理主要不是依靠外在的社会力量来发挥作用。当然,这并不意味着宗教信仰者对宗教伦理的要求有更清醒的、理性的把握,而是对宗教伦理的要求一定有发自内心的认同,从而更加自觉主动的履行。

宗教伦理由于与宗教信仰结合在一起,所以,与一般社会伦理相比更具有权威性。对于宗教信仰者来说,履行宗教伦理的要求,是宗教信仰的内容,是他们敬畏的神灵的意志,是不得不做的事情,他们虔诚地相信,不履行宗教道德的要求,必然受到神灵严厉的惩罚。超自然的力量尽管不是客观的力量,但是,对于信仰者来说,它对心灵的强制力量可以超越任何世俗的社会力量。

宗教伦理由于与宗教信仰结合在一起,所以,与一般社会伦理相比更具有神圣性。一般社会成员在践履道德要求以后,也会有心理的自我肯定,因为自己承担了道德义务、履行了道德责任而自豪,但是,宗教信仰者在践履宗教道德以后,心理自我满足会更强烈,他们不仅能够感受自己行为的世俗价值,而且能够体悟自己行为的超世俗意义,获得心理上至高无上的神圣感。宗教信仰可以成为,宗教信仰者克服履行宗教道德过程中遇到障碍时取之不尽的精神动力源泉。

(3)对现世人生的否定态度

宗教作为人的实践活动方式之一,与人类的其他实践活动一样,具有认知世界、把握世界、实现人自身的意义,在宗教文化中,人的自我实现不是现实的、实在的。人认识到在现实生活中,缺乏解决问题的实际手段,

难于甚至不能获得真正的实在的自我实现,不得不通过幻想形成对超自然力量的信仰,获得超越现实的自我实现,在现实世界获得心理的满足。因为宗教文化的自我实现是超越现实的,不能实在地解决生活中的问题,所以宗教必然回避现实生活中存在的问题,通过降低人的自然的、社会的需要和欲望,减少需要和欲望不能满足的痛苦,对现实必然持否定的态度。否定现世的人生,促使宗教只能将人生的理想置于死后的彼岸世界中。

基督教的原罪学说认为,人生而具有原罪,现实的世界是由罪恶组成的,是黑暗的、痛苦的世界,人生的意义在于赎清自身的罪恶,获得上帝的饶恕,死后灵魂可以进入天国世界。佛教的四谛是佛教的基本教义,四谛主张世间万物都是因缘和合,人们由于不能认识到世界是因缘和合的实相,所以,执假为真、执空为有,陷人无边的人生苦海,只有依照佛教修行,才能回头是岸,死后涅槃,进入佛国净土世界。

(4)倡导禁欲主义的生活方式

因为宗教文化要通过降低人的自然的、社会的需要和欲望,减少需要和欲望不能满足的痛苦,所以,宗教必然倡导禁欲主义的生活方式。东方宗教更多的是信仰者个人安身立命的个人信仰,西方基督教、犹太教和伊斯兰教则为社会提供普遍的行为价值标准,但是,无论西方宗教,还是东方宗教,都缺乏对自然人性的尊重和肯定,主张理想的生活方式是人用理性克制、压抑乃至于禁绝人的自然欲望和世俗社会需求。每一种宗教文化中都有诸多的戒律,这些戒律更多的是让人们不做什么,而不是让人们做什么,以肯定形式表述的戒律远远不如以否定形式表述的戒律多,而且对人的行为的约束和限制大多数表现在人对自己的欲望和需要的满足方面。

宗教文化倡导禁欲主义的生活方式,缺乏对自然人性的尊重和肯定,缺乏人道主义精神或者人本主义的情怀。当然,也不能因此全面否定禁欲主义的生活方式,禁欲主义的生活方式对于营造和谐稳定的社会生活环境、对于个人减少肉体欲望的束缚、追求精神方面的自我实现都具有重要的意义和价值。

（5）价值导向的文化功能更突出

马克斯·韦伯说："直接支配人类行为的是物质上与精神上的利益，而不是理念。但是由'理念'的创造出来的'世界图像'常如铁道上的转辙器，决定了轨道的方向。在这轨道上，利益的动力推动着人类的行为，人们希望'自何处'被拯救出来，希望被解救到'何处去'，以及——让我们也别忘了——'要如何'才能被拯救，这些问题的解答全在于个人的'世界图像'。"①结合韦伯的整个思想体系来理解，其所谓"世界图像"就是人的世界观和价值观，它是民族文明的导向，用韦伯的概念叫"铁道上的转辙器"。它决定民族文化发展的方向，使民族文化的独特性彰显出来，是民族文化存在的标志和依据。依据韦伯的理解，每个民族的"世界图像"都是由这个民族的宗教文化决定的，儒家文化在中国文化发展中也产生了相应的作用，所以，他把儒家文化称为儒教。实际上，儒家文化虽然具有一定的宗教性，但是其根本性质应该定性为一个伦理思想体系，儒家文化在中国文化发展中确实产生了"世界图像"的作用。由此我们也可以推论出"世界图像"是由伦理文化造就的，只是在西方以及更多的文明体系中，传统的伦理文化内涵于宗教文化中，所以韦伯才有每个民族的"世界图像"是宗教文化决定的结论。深入分析韦伯的思想，我们可以得出这样的结论：韦伯也并不反对"世界图像"是由伦理文化造就的说法，因为，他在强调"世界图像"由宗教文化造就的时候，强调的是宗教伦理的意义，而不是宗教文化的其他方面。

任何伦理思想体系都具有相互联系的两个方面的意义，即作为"世界图像"的终极价值和作为协调人际关系手段的工具价值。但是，相比较而言，世俗伦理的协调人际关系的工具价值更突出，由于宗教伦理是伦理与宗教文化的融合，所以其作为"世界图像"的终极价值更突出。主要人类文明的系统的"世界图像"是由宗教伦理造就的，例如，我们总是把西方文化称为基督教文化，把阿拉伯文化称为伊斯兰文化，把印度文化称

---

① ［德］马克斯·韦伯：《中国的宗教　宗教与世界》，桂林：广西师范大学出版社2004年版，第477页。

为婆罗门文化。这大概也是韦伯认为宗教是造就"世界图像"的文化机制的主要原因。

（三）宗教经济伦理

1. 宗教经济伦理的含义

宗教经济伦理是宗教伦理中的经济伦理，是宗教文化中与社会经济生活相关的道德价值观念和道德行为规范。

宗教文化是一种复杂的社会文化，它几乎涵盖了人类文化的各个方面，对人类世俗文化的各个方面也都产生着广泛而持久的影响。传统宗教文化特别是东方的宗教文化几乎都强调宗教信仰与世俗社会生活的背离，强调不介入世俗社会生活，也尽量摆脱世俗社会生活的影响，但是，实际上，宗教从来都是人类社会生活不可分割的一部分，对人类社会生活的诸多方面都影响深刻。宗教作为造就"世界图像"的文化机制，对人类进行文化创造的各种行为都具有"铁道上的转辙器"的作用，甚至于当各种宗教文化倡导远离世俗社会生活的时候，这本身就是一种文化价值导向，对文化发展产生引导性的作用。在宗教文化中发挥这种价值导向作用的正是宗教伦理。

经济是社会生活的基础，人们首先要满足自己衣食住行的生存基本需求，才能进行其他的文化创造，所以，社会经济生活制约着社会生活各个方面，包括伦理和宗教。但是，在社会生活中，人的一切行为都是在主观价值指导之下进行的，当然，这其中也包括人的经济行为。学者们总是喜欢将马克思和韦伯的社会历史观对立起来，实际上，二者的社会历史观虽然存在差别，但是并不是矛盾的，韦伯在很大程度上还受了马克思的影响。他们对社会历史发展的决定性力量的认识不同，只是他们认识问题的视角不同，而且，他们都不认为社会历史是单一因素决定的，只是侧重点不同。社会历史是人作用于客观环境的过程，人是实践的产物，人和社会的本质都是实践的，人既是客观环境的产物，也是自我创造的产物。在认识人和社会的时候，马克思更多地强调了客观环境的影响，而韦伯则更多地强调了人的主观能动的作用。

人们在社会经济生活中形成宗教的价值观,价值观又指导人们的经济行为。指导人们经济行为的价值观就是经济伦理。人类文化的多方面的因素对经济伦理的形成都有重大影响,其中最重要的因素是主体所处文化环境中的宗教、伦理和社会经济。所以,宗教经济伦理的研究必须综合宗教、伦理和社会经济等多个视角。

2.宗教经济伦理与世俗经济伦理的差别

无论是宗教经济伦理,还是世俗经济伦理,都是与社会经济生活相关的道德价值观念和道德行为规范。只是宗教经济伦理是宗教文化中的经济伦理,世俗经济伦理是世俗社会文化中的经济伦理,所以,宗教经济伦理与世俗经济伦理的差别,就在于宗教经济伦理作为宗教文化的性质。所以,宗教经济伦理具有宗教伦理的各种特点,只是其中有的方面表现得更突出。

第二章　马克斯·韦伯的宗教经济伦理理论

马克斯·韦伯是宗教经济伦理思想研究的开创者,在这个研究领域的一系列基本概念和命题是由他提出的,所以宗教经济伦理思想研究,无论如何也不可能绕开马克斯·韦伯。

一、马克斯·韦伯宗教经济伦理理论的总体特点

(一)马克斯·韦伯的宗教经济伦理理论研究的价值取向

马克斯·韦伯的全部宗教经济伦理研究的主旨在于,探询西方资本主义市场经济发展的文化根源。他认为,基督教新教在漫长的发展过程中,逐步减除巫术和迷信的成分,引发出一种普遍性的社会伦理,这种伦理又影响了人们的经济行为,最终导致了现代资本主义在西欧的产生。为此,他又研究了世界几大宗教教义的理性化的程度和过程,比较了犹太教、基督教新教、儒教、道教、印度教和佛教(天主教和伊斯兰教未及完成)教规教义的差别与东西方民族不同文化背景的关系,分析了体现在不同宗教背后的精神对人们生活态度的影响,致使东西方民族走上不同的社会发展道路。在全面研究人类文化的基础上,韦伯提出了一个系统

的宗教经济伦理的理论体系。

韦伯宗教经济伦理研究的目的及其价值取向,从根本上影响了他的理论观点。对于基督教新教的宗教伦理的研究,他重在揭示其经济伦理对资本主义市场经济发展的积极意义,而对所有其他宗教伦理的研究,则重在揭示其经济伦理对资本主义市场经济发展的消极意义。这样的研究导致了他的学术观点缺乏客观公允性,甚至在一定程度上,违背了他自己确立的价值无涉的社会科学学者应该具有的学术研究立场。

我们的宗教经济伦理思想研究的目的主要是为社会经济发展乃至整个社会发展提供经济伦理的文化资源,所以,我们要通过对各种世界宗教的经济伦理的研究,揭示其对人类社会文明,尤其是对经济文化发展的积极意义。也正是在这个意义上,我们不是在重复韦伯走过的老路,我们的学术研究有其独特的学术价值。

(二)马克斯·韦伯的宗教经济伦理理论研究的方法论特色

马克斯·韦伯作为人类文化历史上的思想大师,其研究的根本在于探索人类社会发展的总体规律,其研究不是局限于某一个学科领域,而是涉及宗教学、伦理学、政治学、法学、经济学、社会学以及文化史学等诸多学科领域。更为难能可贵的是,韦伯的研究不仅涉及社会科学的诸多领域,而且,韦伯时时刻刻注意反思自己的学术研究,对社会科学方法论进行了系统的哲学思考。在学术研究中,韦伯对自己所采用的各种方法几乎都有明确的含义界定,以及使用的原因、特点和优势的说明。在韦伯使用的学术研究方法中,具有特色的是对价值无涉的倡导和对理想的理论模型的运用。

1. 价值无涉

价值无涉是韦伯首先倡导并使用的一种学术研究方法。韦伯认为所有科学判断都必须是价值无涉的,这意味着一旦研究者选择了其研究主题后,个人价值、喜好及成见就不得干涉经验资料的收集及其客观评估。

韦伯在学术研究中努力贯彻了价值无涉的研究方法,力求不让自己的价值立场干扰自己的学术研究。在研究中,他特别注意限定自己的研究和观点的局限性,也没有忘记评说对手的观点。当他评说对手观点的时候,往往不仅能够准确地指出对手观点的不足,而且同时能够充分阐述对手观点的合理性。

一个人要真正做到价值无涉是非常困难的,甚至可以说是不可能的。即使是在自然科学研究中人们也难以做到完全摆脱主观价值立场的影响,在社会科学中就更难摆脱主观价值立场的影响了。即使是韦伯,他努力想做到价值无涉,但是,从他的学术观点中,我们还是不难看出其价值立场的影响。

能不能完全做到价值无涉和是不是努力遵循价值无涉的原则是两个问题。假如说,因为我们不能完全做到价值无涉,我们就在学术研究中毫不顾及主观价值观念的影响,那么社会科学的科学性无疑就会大打折扣,甚至有可能导致每一个判断的客观性都应该受到怀疑。

在以社会现象为研究对象的学科中,存在社会科学和人文学科的区别。社会科学学科在研究中毫无疑问应该努力贯彻价值无涉的原则,在人文学科中,事实判断与价值判断相驳杂,所以有许多学者认为,在人文学科中不能贯彻价值无涉的原则。但是,我们认为,在人文学科中,贯彻价值无涉的原则不仅可能,而且更有必要。因为人文学科充斥着价值判断,假如不是特别强调坚持价值无涉的原则,就会使其缺乏起码的客观性,更重要的是不同的价值观之间就不能进行平心静气的对话。

马克思在历史唯物主义中强调,不要对社会现象只是进行简单的道德评价,更应该重视不平等的社会现象背后的客观原因,这意思就是在社会研究中应该坚持价值无涉的原则。马克思指出:"共产主义者既不拿利己主义反对自我牺牲,也不拿自我牺牲来反对利己主义。理论上既不是从那情感的形式,也不是从那夸张的思想形式去领会这个对立,而在于揭示这个对立的物质资源,随着物质资源的消灭,这种对立自然而然的也就消灭。共产主义者根本不进行任何道德说教。"①

当然在学术研究中坚持价值无涉的原则,并不意味着说一个人不应

---

① 《马克思恩格斯全集》第 3 卷,北京:人民出版社 1995 年版,第 275 页。

该有自己的价值立场。在社会道德中,旗帜鲜明地惩恶扬善,坚持毫不利己、专门利人,反对利己主义;在宗教问题上,坚持无神论,反对有神论,这是我们每一位马克思主义者的坚定不移的价值立场。但是,我们不能因为自己的价值立场,就不能对利己主义和有神论进行客观理智的学术分析,不能认识到他们也有其产生的社会历史条件和客观必然性,在社会生活中产生的影响是多样的、复杂的。马克思所说的共产主义者不进行任何道德说教,也不能仅仅从字面上理解,认为马克思主义反对道德评价和道德教育。其实,它是说,道德评价和道德教育应该以对客观事实的反映和分析为基础,任何社会现象都有其产生的社会原因,只有对事物进行客观分析才能发现事物的真正原因,只有针对原因对症下药才能找到确实有效的解决问题的方法,简单的道德评价、道德说教不能真正解决问题。

2. 理想的理论研究模型

韦伯的宗教经济伦理思想研究的方法论的根本特色是:不从社会实际生活出发,而是在收集经验材料的基础上,首先形成自己特定的学术研究范畴,构造一个理想的理论研究模型,利用理想的理论研究模型构造思想体系。

韦伯认为,人们的行为是由社会行动模式决定的,人们的社会行动模式取决于他的伦理观念体系,其伦理观念体系又取决于伦理观念归属的宗教文化体系,宗教文化体系的特点则取决于其先知类型和救赎类型。总之,韦伯宗教经济伦理思想的核心是:对社会经济发展乃至整个社会发展起根本作用的文化因素是由宗教文化决定的伦理观念,也就是宗教伦理。这是韦伯宗教经济伦理思想体系的总体构架,一个理想的理论研究模型。

韦伯在这个总体的理论构架中,进行的每一步关键的研究也都进一步使用了理想的理论研究模型的研究方法。韦伯把人们的社会行为分为工具合理性行动、价值合理性行动、传统行动和情感行动四种社会行动类型;将宗教伦理分为责任伦理和信念伦理两种类型;将宗教分为入世禁欲主义宗教、出世禁欲主义宗教、入世神秘主义宗教和出世神秘主义宗教四种类型。

在自然科学研究中,首先提出理论模型,然后通过实验进行检验,已经成为一种普遍运用的研究方法。在经济学和社会学的研究中,这种研究方法也得到广泛的运用。但是,在其他更多的社会科学学科的研究中理论模型的研究方法还很少使用,在人文学科的研究中就更是罕见。甚至于有的学者认为,对社会的认识和研究必须从社会生活的实际出发,理论模型的研究方法违背了这一原则,因此,是历史唯心主义的,至少是脱离实际的;社会现象和自然现象有根本的区别,社会现象的高度复杂性决定了,不可能形成具有实际意义的理论模型。社会现象和自然现象相比具有更高的复杂性,这是毫无疑问的,但是,这并不意味着不能概括抽象形成理论模型。当然,对待社会科学研究中的理论模型不能像对待自然科学中的理论模型那么苛求准确,应该允许其存在更多的例外。在韦伯的宗教经济伦理的研究中,理论模型的运用,应该说基本上是成功的。他提出的宗教模型、伦理模型、社会行动模型等虽然都未必非常精确,但是,对于认识宗教、伦理、宗教伦理以及其在东西方文化中的不同表现、对东西方文化发展产生的不同影响都具有重大意义。

二、马克斯·韦伯的宗教分类理论

依据宗教的先知类型和救赎类型,马克斯·韦伯将宗教分为入世禁欲主义宗教和出世禁欲主义宗教、入世神秘主义宗教和出世神秘主义宗教四种类型。

(一)宗教的先知类型

韦伯认为,宗教的社会功能主要表现在两个方面:一是以祭司为代表的维系、巩固既成的秩序;二是以先知为动力的变革既存的秩序。宗教的实质和精粹及其发展方向、对社会的影响,主要体现在先知的预言中。所谓先知,韦伯认为是指那些能发布预言和戒律,从而为人们的社会行为提供规范的思想家。

现代世界主要宗教的先知有伦理先知和楷模先知两种类型。伦理先知是布道者,他们接受神的意志并发布出来,要求人们当做伦理责任来服从;楷模先知则是凭借个人的榜样显示宗教的救赎之路。韦伯说:"先知可以主要只是个宣扬神及其意志——不管是个具体的命令,还是抽象的规范——的工具;在传道时就像他已受到神的委托,而要求人们把服从他当做一种伦理上的义务。这种类型我们称为'伦理型预言'。另外,先知也可以是个模范人物,他以身作则,指示其他人宗教救赎之道,如佛陀那样。这种先知在传道时完全不提神圣的使命或伦理的义务之服从,他只是诉诸那些渴求救赎之人的自身利益,向他们推荐自己走过的路途。我们称这种类型为'模范型预言'。"①

韦伯认为,无论是伦理先知还是楷模先知,都打破了原始宗教的神秘巫术性质,根据先知预言而系统化的教规、教义和宗教伦理,超越了日常性的个人经验,使宗教向理性化的方向发展。这是两种先知的共性,但是这两种先知也有很大的差异性。伦理先知与楷模先知的不同主要表现在以下三个方面:

1. 传达神意的方式不同

伦理先知的宗教思想借助逻辑推理预先设定一个超验的实在、理性的绝对存在者,强调神圣与世界的对立,也就是具有伦理位格的上帝与邪恶的罪的力量之间的对立,上帝被视为世界的造物主和第一推动者,是控制世界的理性实在;宗教具有外在的强制色彩,趋向于控制世界。而与楷模预言的宗教观念相联系的,是与神合而为一的虚幻境界,通常崇拜活的救世主,强调这种虚幻境界与日常现实生活之间的对立,虚幻境界是从在世的角度、未经逻辑推理虚构出来的、凭借控制自己或冥想方能达成的、与神合而为一的状态;宗教旨在通过教化劝导人们对纯内在世界的关心,或对存在的内在本质实行某种禁欲或玄思式的修行和锻炼,旨在通过教化调适人际关系,倾向于使人适应世界。

---

① 〔德〕马克斯·韦伯:《宗教社会学》,桂林:广西师范大学出版社2005年版,第71页。

2. 教义影响社会的程度不同

伦理先知有将上帝旨意布达给民众的使命,他们提出一整套的预言,并由此衍发出系统的教规、教义和伦理规范,对人们世俗生活的控制深入而全面;宗教伦理的核心建立在上帝与罪恶的对立上,引导人们追求从尘世向天国的外在超越。楷模先知凭借个人的美德善行来教育人,预言缺乏系统性,不能将社会生活的各方面全部容纳在宗教伦理的约束范围之内;宗教伦理的基础建立在人与世俗生活的对立上,要求人们重耻知辱,追求在世与神融汇合一状态的内在超越。

3. 教义影响的对象不同

伦理先知借助上帝推出伦理,使每个人从出生就背负"原罪"的沉重压力,迫切需要救助,伦理又具有广泛的威慑力,因此以伦理先知预言为基础的宗教可以征服广大民众。而依据楷模先知行事需要一定的教育基础乃至个人灵性才能领略其深奥精微的内涵,以楷模先知为基础的宗教在本质上只能与知识分子相结合,对于一般的社会成员,宗教更多的具有巫术迷信的作用。

(二)宗教的救赎类型

韦伯一般不从神学和哲学立场上,谈论宗教的本质、宗教信仰的真伪,以及宗教之间的优劣问题。他仅从宗教社会学的角度,把特定的宗教当做一种客观的社会现象,并从教徒的价值观念出发,研究特定宗教的教会组织、教规、教义和宗教伦理,考察它与教徒日常生活行为之间的相互关系,从宗教这一特殊角度认识和研究社会。在他看来,一切宗教都有对尘世拒斥的倾向,它是指以死后的善福恶祸报应为生前行为标准的信仰,也就是说,一切宗教的核心问题是通过信仰使人的灵魂在充满诱惑的世界中得到拯救。

韦伯认为宗教救赎方式有二:入世主义(禁欲主义)和出世主义(神秘主义)。入世方式以介入世界的态度,借助日常生活的实际行动做到禁欲而达到救赎;出世主义以逃避世界的态度,通过冥想默祷进入着魔入迷的附体状态达到救赎。禁欲是一种依照神的意志所指引的方向而实行的现世行动,它以人神的对立为特征,人首先要把自己视为神的工具,通过禁欲而救赎。韦伯也承认人们一般所说的禁欲与此含义不同,但是,他强调他所说的禁欲就是这样的意思。附体状态则是必须提高修行才能进入的一种神秘状态,它以人神合一为基础,在附体状态人是神的载体,通过人神合一而达到救赎。所以,奉行出世主义的信仰者,不认为自己是神的工具,而认为自己是神的容器。

(三)宗教类型

将宗教先知类型和救赎类型的理论组合,韦伯认为宗教的类型主要有两种:禁欲主义宗教和神秘主义宗教。禁欲主义宗教又可以分为入世禁欲主义宗教和出世禁欲主义宗教;神秘主义宗教又可以分为入世神秘主义宗教和出世神秘主义宗教。

韦伯认为,从宗教理论体系这一根本点上看,西方宗教本质上是与伦理先知预言相联系的,因而总体上属于禁欲主义宗教;东方宗教本质上是与楷模先知预言相结合的,总体上属于神秘主义宗教。在论述这两大类型宗教的差异时,韦伯指出:"宗教信仰者既可以因为他觉得自己是圣灵的容器也可以因为觉得自己是神的意愿的工具而确信自己已处于恩宠状态。在前一种情况下,他的宗教生活倾向于神秘主义和感情主义,而在后一种情形里则倾向于禁欲行为。"①

在韦伯看来,基督教新教和佛教分别是禁欲主义和神秘主义的两个典型,即入世禁欲主义和出世神秘主义。犹太教和伊斯兰教属于禁欲主义的被限制阶段,犹太教囿于民族,伊斯兰教局限于地域,终未能将禁欲主义发展成为一种开放性的宗教。韦伯认为,使徒保罗真正把禁欲主义宗教从民族的束缚中解放出来,奠定了基督教成为世界宗教的基础。《新约》中记载着保罗在异教徒中传教的事迹,他曾非难彼得耻于与不行割礼的异乡人同桌共餐,并阐明人非由于律法而是因信仰被称为义(因

---

① [德]马克斯·韦伯:《新教伦理与资本主义精神》,北京:三联书店1987年版,第86—87页。

信称义)的观点,打破了犹太教拘泥于律法的因循守旧的传统,以及对外、对内的道德二元性,使基督教具有了世界宗教的内涵。

韦伯把救赎方式区分为入世和出世两种不同态度,入世本质上与禁欲行动相连,出世则与神秘的拥有相通。从这一点上看,区分两种救赎态度是为比较东西方宗教服务的。犹太教、基督教的先知凭借卡里斯马式预言将上帝旨意外化为一种世俗伦理体系(摩西十诫中有六诫是社会伦理内容),引导人们作出禁欲的行动,以拒斥尘世邪恶的诱惑,达到救赎。东方宗教发展出的是一种精神式的救赎论知识,这种玄思冥想式的知识,只有拥有卡里斯马能力的人才能拥有,因此一般民众无法得到。这就决定了这种救赎知识,本质上具有知识分子性质,冥想的"拥有"状态无法沟通,起码无法凭借理性沟通,其中起作用的往往是一些无法以理性计算的神秘的巫术因素。这种救赎论所追求的目标,往往不在此世,其最高形式是虚空,引导人们逃避这个由瞬间事物(无常)构成的世界。例如,印度教讲"轮回",讲"业",佛教讲"空",讲"涅槃",道家对世界的关系是"得道",是"无为",所有这一切都引导人们关心内在的超越,而与世俗生活无涉,最终堕入神秘主义。

三、马克斯·韦伯的宗教伦理分类理论

马克斯·韦伯认为,宗教伦理可以分为:责任伦理和信念伦理。不同的宗教伦理导致不同的社会行动类型。宗教伦理与人们的日常生活行为之间的相互关系,尤其是它对人们的经济行为的影响是宗教经济伦理学研究的主要问题。一切宗教的教规、教义和伦理规范都来源于具有卡里斯马的先知预言。宗教伦理是绝对伦理,它表征宗教的终极价值,在宗教伦理中的道德判断非此即彼。一切以伦理为取向的行动都可以归为责任伦理和信念伦理。韦伯认为,责任伦理与信念伦理"从根本上相异,同时又有着不可消解的冲突。两种行动的考虑基点,一个在于信念,一个在于责任。这并不意味着信念伦理不负责,也不是说责任伦理无视心情和信

念。不过，一个人是按照信念伦理的准则行动——在宗教上的说法，就是'基督徒的行为是正当的，后果则委诸上帝'，或者是按照责任伦理的准则行动——行动者对自己行动可预见的后果负有责任，其间有着深刻的对立"①。区分责任伦理与信念伦理的目的在于，强调行为本身的价值和行为的可预见后果之间的不同。

信念伦理主张一个行为的伦理价值在于行动者的心情、意向、信念的价值，它使行动者有理由拒绝对后果负责，而将责任推诿于上帝。责任伦理认为一个人的行为的伦理价值在于行为的后果，它要求行动者对自己的行为后果义无旁顾地承担责任，并以后果的善补偿或抵消为达成此后果所使用手段的不善或可能产生的副作用。信念伦理属于主观的价值认定，行动者只将保持信念的纯洁性作为责任，责任伦理则要求对客观世界及其规律性的认识，行动者要审时度势作出选择。

作为实践行为的伦理准则，责任伦理与此岸性相连，信念伦理与彼岸性相通。站在责任伦理的立场思考问题，无法排除对目的合理性关联的认识。责任伦理是入世的伦理，是在行动者对事物的奉献中达成的，它把善恶的准则放在行动后果上，要求以"此岸性"和对行动意义的内在"一贯性"认识为前提。信念伦理将善恶的准则放在主观信念和意向上，行动的后果由上帝负责，从信念伦理出发，对目的和手段的理性关联的考虑，排斥与主观价值不适合的。信念伦理是出世伦理。在行动者对主观心情、意图、信仰的奉献中达成，是彼岸性的思考。宗教伦理本质上是信念伦理。但是在宗教伦理作为人们在世行动的终极价值抉择上，禁欲主义倾向于责任伦理，神秘主义倾向于信念伦理。

神秘主义的宗教和禁欲主义的宗教在将宗教伦理转化为职业伦理时有很大的差异。神秘主义相信人与自然的一致关系，从自然意义上的天人合一、天人一致出发肯定人的自然差别，主张一种重视特殊性、多元性的"有机的职业伦理"；禁欲主义的宗教从人神的对立出发，认为每一个人生来都有原罪，人人都通过赎罪来获得拯救，为此，每一个人在生活中

---

① 苏国勋：《理性化及其限制》，上海：上海人民出版社 1988 年版，第 74 页。

都必须做到自我克制,过一种符合道德的生活,提倡一种讲普遍性、一元性的"禁欲的职业伦理"。

禁欲主义是一种平民的宗教,它把人视为神的工具,要求人为实现神的意志在此世保持一种禁欲态度,其内容主要是反巫术、反激情,为得救内心始终保持一种紧张、焦虑的状态。禁欲主义者将世俗工作视为"神的召唤"或"天职",世俗的一切作为都是为了荣耀神的恩宠。救赎是他们的人生目的,一事当先,必须根据最小恶和最大善的原则进行决定,禁欲主义者倾向于责任伦理。神秘主义是知识分子的精神式的救赎论,它将人视为神的容器,致力于通过冥想达到一种与神合一的"附体"状态,神秘主义者相信伦理报应的命定论,因此神秘主义者缺乏一种有系统的生活方式和讲究方法的思想方式,倾向于信念伦理。

总之,基于伦理先知预言的禁欲主义宗教,是以对抗社会结构中的政治权力而出现的,它的教义以伦理的上帝与邪恶的"罪'的力量之间的对立、神圣天国与现世的对立为特征,要克服这些对立必须凭借在现世生活中的积极努力;它引导信徒从心理上追求外向的超越,在相应的实际行动中奉行责任伦理。反之,基于楷模先知预言的神秘主义宗教,从"有机体"的观点上强调对社会结构中的政治经济权力的妥协和适应(在印度宗教的"业报"教义和种姓伦理中,对每个相应的实际行为,都作了十分明确的报偿说明),它的教义中贯穿着某种与神合一的玄思冥想境界和日常真实生活的对立,前者须借助极度兴奋的情感抑制方式才能达到,而在后者中则不能感知神是支配现实生活的力量;楷模先知预言的神秘主义引导信徒从心理上追求一种内在的超越,在相应的实际行动中趋向信念伦理。

四、马克斯·韦伯的社会行动分类理论

马克斯·韦伯认为所谓社会行动,是指行动者赋予主观意义并指向他人的行为。研究社会行动就意味着,首先,进入习俗、制度、规范、法律

等关系,参与为达成一定目的而进行的事物;其次,行动者要提出自己的目标,以示行动之必要性和正当性;再次,行动者要以一定的信念、价值或理想为自己行动的动机。

韦伯认为,不同的宗教伦理类型导致了人们不同的社会行动类型。责任伦理和信念伦理加之人们行动追求的此岸性和彼岸性,导致了社会行动类型主要有四种:工具合理性行动,也称目的—工具合理性行动,是对处于周围和他人环境中的客体行为的期待所决定的行动,这种期待被当做达到行动者本人所追求的和经过计算的目的的"条件"或"手段";价值合理性行动,是出于某些伦理的、审美的、宗教的、政治的或其他行为方式的考虑,与成功的希望无关,纯由对特定价值的意识信仰决定的行动;传统行动,是由根深蒂固的习惯决定的行动;情感行动,是由行动者特殊的情感和感觉状态决定的行动。

韦伯的四种社会行动类型,又可以简化为两大类:合理性行动和非理性行动。工具合理性行动是基于目的的合理性,这是指对达成目的可资运用手段的估价,在此基础上去追求一个限定的目标并设法预测其可能的后果。价值合理性行动立足于信念、理想的合理性之上,在行动者看来,这种理想或期望是符合他本人价值的,为此他要不计一切条件的可能性去实现这一理想价值。这两种行动是经过理智的思考和判断后的行动,尽管其理智程度有所不同,但都属于合理性行动。反之,传统行动以过去事物、习俗的神圣性为行动的标准,情感行动是以官能的快感或冥想"与神合一"的愿望为刺激的反应,都不经过理智的思考和计算,因而都属于非理性行动。宗教的理性化过程就是一个不断铲除迷信或巫术的过程。特定的宗教信仰形成了特定类型的社会行动,而这些特定类型的社会行动对人们的一切社会行为都有巨大的影响,这其中当然也包括经济行为。

总之,在韦伯看来,近代欧洲文明的一切成果都是理性主义的产物,只有在合理性的行为方式和思维方式的支配下,才会产生出经过推理证明的数学和通过理性实验的实证自然科学,才会相应地产生出合理性的法律、社会行政管理体制以及合理性的社会劳动组织形式——资本主义。

近代欧洲社会生活的本质特征是一切行动以工具合理性为取向,但这种工具合理性取向又与价值合理性取向有内在关联。从发生学上看,除了其他因素的配合之外,合理性的社会劳动组织(资本主义)与一种特殊的社会精神气质(资本主义精神)具有因果关系,再进一步更深入地考察就会发现,它们最终来源于一种潜在的入世禁欲宗教的价值观(新教伦理)。宗教伦理在其发生时本来属于先知预言,是具有个人魅力(卡里斯马)人物发布的具有感召力的预言戒律,本身就与情感、价值相连,因而具有"非常规性"。宗教伦理如要发挥强有力的作用,就必须转化为世俗伦理,将彼岸的、抽象的教义变为此世的、指导日常社会生活的道德信条,这就是"常规化"过程。

五、对马克斯·韦伯的宗教经济
伦理理论的总体认识

马克斯·韦伯通过对世界几支主要宗教进行比较研究,将宗教分为入世禁欲主义宗教、出世禁欲主义宗教、入世神秘主义宗教和出世神秘主义宗教四种类型。韦伯在提出自己的理论时明确强调了两点:首先,这些宗教类型都是"纯粹类型"或"理想类型",它是研究者对复杂的现象进行提纯的一种主观思维构造,都是研究者为了对现象进行分类和比较分析时的一种主观建构。对于研究者来说,这些类型都是"价值无涉"的,它们不包含研究者本人感情的好恶、褒贬色彩,也不意味着哪种类型是可取或可鄙的。其次,无论哪种类型都与其他类型有着密不可分的联系并包含着其他类型的因素,实际上任何一种类型都不可能在现实中以纯粹的形态出现。

通过对四种类型的比较研究韦伯提出,带有神秘色彩的宗教具有被动地接受现实社会秩序的趋向,而以禁欲为特征的宗教则倾向于世俗生活和现实秩序的能动的理性构成;神秘主义往往导致社会的静态延续和停滞,禁欲主义则与理性主义相联系,有助于社会的革新和动态发展。他认为,东方宗教属于神秘主义,而西方宗教是禁欲主义。正是禁欲主义与神秘主义之间的差别,导致东西方文化乃至社会发展走上了不同的道路。

价值无涉是韦伯建构自己宗教经济伦理理论的基本原则,在其研究中,力求摆脱价值立场的影响,但是我们不得不说韦伯并没有将这一原则贯彻到底,在他的研究中我们还是很容易就可以看到基督教价值立场的影响。韦伯的宗教经济伦理理论是用西方基督教的"原罪"和"救赎"观念看待东方宗教,用西方宗教观念分析东方宗教现象。印度佛教讲"解脱"、"慈悲"、"救渡",似与基督教的"救赎"还有相近之处,而中国儒家则根本不讲救赎。尽管儒学的天、道观念中也有神义解释,"获罪于天,无所祷也"①,但儒学真正是把"明德、亲民、至善"作为人生追求目标。韦伯用西方宗教模式框架中国宗教,总令人有牵强之感。

当然,这并不意味着韦伯的宗教经济伦理理论,从总体上来说是不成立的或者没有意义的。在比较文化研究中,完全摆脱本民族的价值立场,做到真正的价值无涉是不可能的。我们在注意到韦伯理论的缺陷的同时,更应该认识到他从宗教社会学上就"世界宗教的经济伦理"这一特殊视角,对世界几支主要宗教与人们社会行动方式和思维方式之间的相互作用所进行的比较研究是具有开创性意义的,它表现了韦伯的睿智洞见,为半个多世纪以来全世界研究宗教经济伦理的学者提供了一个重要的理论模式。

---

① 杨伯峻:《论语译注》,北京:中华书局 1980 年版,第 27 页。

第三章　犹太教的经济伦理思想

犹太民族在人类文明史上占有极其重要的地位,为人类文明作出了巨大贡献。近现代犹太人给世界带来商业的繁荣,马克思主义、古典政治经济学、相对论、现代物理学、精神分析学、现象学、科学哲学、现代画派以及犹太文学等多种文化成果。

犹太人是世界上最商业化的民族,犹太商人以其独特的商业观念和经营技巧摘取了"世界商人"的桂冠。犹太商人富甲天下,操纵着整个世界的经济命脉。在美国有句流行语叫"美国人的钱装在犹太人的口袋里"。造成这种现象的原因有很多,但犹太人的宗教信仰在其中发挥的作用是至关重要的。犹太教的信仰对犹太人经济生活的影响也是多方面的。

一、马克斯·韦伯对犹太教经济伦理的认识

马克斯·韦伯认为,犹太人几千年的苦难经历使他们确立了犹太教的宗教信仰,犹太教也塑造了犹太人,承载了犹太人的历史轨迹。犹太人历史的复杂性导致了犹太教成为具有多重性的宗教,其经济伦理具有理性和非理性两个方面。犹太人宗教信仰的多重性,使他们对西方资本主

义文化的发展作出了很大贡献,但同时也限制了这种贡献的程度,使他们不能在近代社会资本主义进程中发挥更大的作用。

(一)犹太教的非理性化因素

马克斯·韦伯认为,不论是哪一种宗教只要没有经过宗教改革,就不能产生现代意义的理性资本主义精神。与基督教新教相比,犹太人的历史没有为犹太教提供进行宗教改革的历史机遇,因此,也就没有一个理性化的过程,不能创造出资本主义发展所需要的理性主义精神。

1. 缺乏弱化宗教组织文化作用的历史机遇

基督教改革,无论是路德宗还是卡尔文宗,改革的重要内容之一都是弱化教会在基督教中的地位和作用,彰显信仰者个人宗教信仰的力量,强调上帝在每个人的心中。路德和卡尔文的目的是通过强化宗教对信仰者个体的信仰虔诚性,强化宗教的社会作用,但是,宗教改革的结果却是双向的:一方面,在相当长的历史时期,宗教改革者实现了自己的目标,强化了宗教对人的精神世界的统摄,突出宗教对个体生活方式的影响,导致了基督教新教禁欲主义生活方式的形成;另一方面,宗教改革也导致了宗教的世俗化,因为弱化宗教组织的作用,导致了宗教总体的世俗化,为世俗社会人本主义思潮的兴起提供了空间,为个性的张扬和解放创造了条件。宗教改革这双向的成果对市场经济的发展,在客观上都产生了积极的推动作用。

而对于犹太人来说,从公元 1 世纪前后,就开始了自己的流浪民族的历史,他们一直作为客民的生存状态,塑造了他们的生活方式和价值观念。在民族流浪的历史中,人口不多的犹太人要想保证民族的独立,不得不强化民族共同的生存意象,增加民族的内在凝聚力,因此,他们没有历史的机遇可以进行宗教改革,弱化宗教组织的作用,为了生存他们不得不不断强化宗教组织的作用。

2. 缺乏形成禁欲主义生活方式的社会基础

长期的客民的生活状态,使得犹太人缺乏生活的安全感,犹太教的信仰虽然也促使他们严格地遵守宗教戒律,但是,不能培养他们禁欲主义的生活方式。他们不会像中国人一样节俭,以求细水长流,给生活一个更长久的打算,他们也缺乏像基督教新教信仰者一样节俭以求不断地增加投资证明自己是上帝选民的宗教动力。动荡的生活促使他们及时享受生活,所以,犹太教不禁止生活享乐,甚至不禁止奢侈,而认为财富是上帝的恩赐,只有追求财富影响信仰时才会受到谴责,他们不将商业的成功看成是上帝的荣耀。犹太人获得神宠的方式不是劳作和禁欲,而是依据上帝的律法行事,营利是上帝的应许。长期动荡的客民生活,也严重地影响了犹太人口的增长,所以,犹太教一直反对独身,鼓励婚姻和生育。与此相关,他们认为性欲的满足也是必需的。犹太人的生活方式与基督教新教排除生活中的一切享乐的禁欲主义生活方式相去甚远。韦伯认为,禁欲主义的生活方式是理性主义生活态度的标志,而理性主义的生活态度是资本主义市场经济发展必备的因素,犹太教由于没有为信仰者确立禁欲主义的生活方式,所以不能成为促使资本主义形成的文化动力。

3. 道德文化缺乏普遍性

在长期的民族流浪的历史中,为了保持民族文化的独立,不被异族所同化,犹太人不得不特别重视民族文化内在凝聚力的建设。这导致了对其他民族的歧视和敌视,对异族的敌视和歧视又进一步促使犹太人强化内在凝聚力,促使犹太人采取双重的道德标准:对内和对外不同,内部讲团结和互相帮助,对外则缺乏感情,在利益冲突中斤斤计较。在西方文化中,犹太人几乎就是吝啬鬼和刻薄者的代名词。

犹太人的道德是二元论的,在民族之内和民族之外是不同的。威廉·汉姆顿指出:"借给犹太人的,不可取利,借给外邦人的可以;每逢 7 年末一年,借给犹太人的,要予以豁免,借给外邦人的允许追讨;同样卖身为奴为婢的,犹太人在服务 6 年之后,第 7 年可以获得自由,不愿离开主人的,须另外履行手续,而外邦人则不可以如此。"①

韦伯认为,资本主义市场经济发展的一个前提条件就是全社会通行

---

① ［美］威廉·汉姆顿:《犹太商人的创业经验与经营智慧》,哈尔滨:哈尔滨出版社2003 年版,第 73 页。

客观普遍的社会行为规范,所以,犹太人的二元伦理影响了犹太文化对资本主义市场经济发展的积极作用,使犹太教不能真正推动资本主义市场经济的进步。尽管犹太教的信仰对犹太人的商业活动有积极促进作用,但是,二元伦理对犹太人的对外经济贸易活动也产生了很大的消极影响。犹太人的商业营利的态度也是二元的,有对内和对外的差别。

所以,韦伯认为,在二元伦理文化下,犹太人发展起来的只能是掠夺式的贱民资本主义或商业资本主义,而不可能形成理性资本主义。

(二)犹太教的理性化因素

虽然韦伯认为犹太教伦理不能产生资本主义文化,但同时他也指出,犹太教有一定的理性化因素,有利于资本主义文化进步的因素。

1.唯一神信仰与理性的生活态度

韦伯认为,犹太民族是最早提出唯一神信仰的民族,唯一神耶和华创造世界的信仰,致使犹太文明产生了天国和现世的对立,使得犹太人的宗教信仰,摆脱了古代宗教的狭隘的感觉经验的直观性,将宗教信仰引入理性的思考,促进了宗教的理性化。犹太教是犹太文化的灵魂,犹太教的理性精神贯穿于犹太人的生活中,使犹太人形成了对待世界的理性态度以及对待自己生活的理性态度,这对犹太人从事商业活动产生了积极影响。

韦伯认为,犹太人在漫长的历史发展中饱受生活的磨难,但是苦难并没有使得犹太人动摇对耶和华神的信仰,而犹太教的信仰总是促使犹太人产生强烈的自责和对上帝的深刻恐惧,犹太教的信仰使他们认为,自己的苦难不是来自敌人的摧残,而是由于自己的罪恶,是神对罪恶的惩罚。所以,历史的磨难不仅没有削弱犹太人的犹太教信仰,反而灾难越沉重,犹太教的信仰就越坚定。坚定的犹太教信仰,增加了犹太民族的内聚力,成为他们渡过难关的最重要的精神动力。犹太人面对磨难的种种冷静的理性主义生活态度,也有利于他们发展资本主义。

2.律法信仰与理性生活方式

犹太教认为,在出埃及的途中,上帝在西奈山上显灵,向摩西颁定了十诫。韦伯认为,这种律法由上帝颁定的信仰意味着,犹太人的先知摩西是典型的伦理先知,摩西将耶和华神的意志转化为明确的客观的戒律,使世俗的人们可以通过对《律法书》的知性理解来理解神意,通过在生活中践履上帝颁定的律法,实现自己的信仰,这样就破除了原始宗教的巫术迷信,使得宗教为人的理性所控制。犹太教主张遵从律法而生活就可以得救,所以历史上的一切变迁都是由耶和华引导的有意义的过程,人们只要把握律法的神意,就能够理解和解释历史。所以,犹太教的信仰不仅使犹太人确立了对待世界的理性态度,而且确立了他们对待社会历史的理性态度,确立了他们理性的社会生活方式。这种理性的社会生活方式当然也是有利于资本主义发展的。

　3. 入世主义的救赎方式

犹太教主张遵从神所昭示的伦理规范就符合神的意愿,意味着人们可以在现世蒙受神的恩宠,人的救赎不是从否定社会生活中获得,也不是通过超越现世来达到,犹太教的救赎方式是典型的入世主义的救赎方式,是一种理性的救赎方式。韦伯认为,犹太教的伦理先知和入世主义的救赎方式决定了犹太教从根本上摆脱了神秘主义色彩,呈现出理性主义宗教的特点。

犹太教的理性主义在很大程度上影响了基督教新教,新教和旧教的区别之一就是新教比旧教更重视《旧约》的内容。犹太教和新教一样很少提倡玄思冥想的、禁欲的遁世观念。所以,犹太教是近代资本主义精神的源泉之一。

二、犹太人的历史和信仰

犹太教作为犹太民族的根本信仰,确立了犹太人生活中一系列基本的价值观念。犹太人古称希伯来人,大约在 3000 年以前,他们就在迦南(现在的巴勒斯坦)创立了自己的文明。迦南地处欧、亚、非三大洲的交汇处,是人类古老文明的发祥地之一,四周强悍民族林立。亚述人、巴比伦人、埃及人、波斯人、马其顿人、罗马人等民族多次用暴力打破和平的秩序,毁灭犹太人的文明成果,使犹太人沦为奴隶。公元前63年,罗马人征服了犹太人,把大多数犹太人流散到世界各地,将他们逼上流浪的征程,失却故国近两千年,处于"客民"的角色,受尽了歧视、凌辱和迫害,直到1948年得以重建以色列王国。在两千多年的流浪中,犹太人顽强地生存下来,始终保持了本民族的文化独立性,而且在世界各地都成为当地最富有的人,这一切都与他们犹太教的宗教信仰相关。犹太教的主要宗教信仰可以概括为以下四个方面:

(一)唯一神信仰

犹太人相信世界上只有一个神——耶和华,他是万事万物的创造者和主宰者,至真、至善、至美,他是无限和绝对,超越时空,全知全能。

谈到一神教的产生时,恩格斯曾经说:"由于十分相似的原因,通过自然力的人格化,产生了最初的神。随着各种宗教的进一步发展,这些神越来越具有了超世界的形象——几乎可以说是蒸馏过程,在人们的头脑中,从或多或少有限的和互相限制的许多神中产生了一神教的唯一的神的观念。"[1]唯一神观念的产生一方面是宗教对世俗社会权力集中的反映;另一方面也是人的抽象思维、理性思维发展的结果。在犹太教和基督教中,上帝是一种理性的意象,是人的理性的自我放大,上帝作为唯一神是绝对、无限,是对世界最高的、最抽象的概括,是人类理性的象征,是人类理性思维的非理性结果,是人追求具体的、暂时的、变动的事物之后的抽象的、永恒的、不变的、本质的、决定性因素的结果。从这个意义上说,犹太人的上帝意象和毕达哥拉斯的数、柏拉图的理念、康德的自在之物、黑格尔的绝对精神一样,都是人类理性智慧的高度结晶。

犹太人将上帝这种理性意象作为唯一崇拜的对象,确立了他们文化传统中的理性主义精神,确立了他们以理性的、科学的、逻辑的、精确的态度对待世界的文化倾向。

---

① 《马克思恩格斯选集》第4卷,北京:人民出版社1995年版,第224页。

（二）选民信仰

古代的各民族都把本民族和民族神之间的关系解释为一种特殊的受神保佑和祝福的关系,犹太人也认为自己是耶和华神的特殊选民,但是他们的特殊历史又使他们赋予人神关系以特别含义。他们认为,神不仅降福而且降灾。生活于强悍民族之林中,特别是后来长期"客民"的角色都使他们渴望所有人都能使其行为受一定规范的约束,他们把人神之间的关系也理解为一种契约关系,他们希望通过立约守约来调节彼此的矛盾,而不是用暴力解决相互的冲突。契约思想是犹太文明中的一个基本内容。

犹太人的宗教经典《塔纳赫》(即《圣经·旧约》)中多次提到犹太人和上帝签约的事,说明犹太人和耶和华神的关系是一种契约关系,而且这种契约应该有一种确实的标志,那就是所有的犹太男子都要行割礼。"神对亚伯拉罕说:'你和你的后裔必世世代代遵守我的约。你们所有的男子都要受割礼,这就是我与你,并你的后裔所立的约,是你们所当遵守的,你们都要受割礼,这就是我与你们立约的证据。你们世世代代的男子无论是家生的,是在你的后裔之外用银子从外人买的,生下来第八日,都要受割礼,你家里生的和你用银子买的,都必须受割礼。这样,我的约就在你们肉体上,作永远的约。但不受割礼的男子,必从民中剪除,因为他背了我的约。'"①也许有人会奇怪万能的耶和华神怎么唠唠叨叨,为什么把同样意思的话,不厌其烦地重复了许多遍? 很显然,其目的是要引起人们的注意。重复是引起人们重视的最简单、最有效的方法。为了引起人们足够的重视,《圣经》的作者把应遵守的行文的一般语法原则都牺牲了。

（三）律法信仰

在犹太人的传说中,摩西带领犹太人逃离埃及,寻找神所应许的"流

---

① 《新旧约全书·创世纪》,南京:中国基督教协会1994年版。

奶与蜜之地"。途经西奈,在西奈山上,摩西于电闪雷鸣之中,接受了上帝颁定的"十诫"。这是犹太人最早的律法,也是《塔纳赫》的核心内容。犹太人也将《塔纳赫》中的《摩西五经》称为《律法书》。后来在《律法书》的基础上,犹太教的拉比进一步研究律法,到公元 6 世纪编定《塔木德》,形成较为系统的法律体系,其中包括民法、刑法、教法、规章条例、风俗习惯、宗教礼仪等方面规定。犹太人将律法视为神的诫命,认为律法的目的是锻炼犹太民族。犹太人将民族历史上的灾难理解为自身违背律法诫命后应该承受的惩罚。

(四)弥赛亚信仰

犹太人相信耶和华神会派使者——弥赛亚,到人间来,实现神的旨意,将拯救灾难深重的犹太人,在人间建立符合神意的国度,让犹太人永享和平、友爱和公正。弥赛亚信仰给灾难深重的犹太人以生活的希望,是他们面对黑暗生活的指路灯,使他们对未来的生活充满了美好的理想,成为他们战胜现实灾难的精神动力。

三、犹太教的经济伦理思想

从古到今,犹太人以精于商务、金融而闻名于世。犹太人经济活动领域非常广泛,包括借贷、典当、商品贸易、有价证券的交易、货币兑换、货币汇划、国家供货、信贷和银行等。具有现代西方资本主义市场经济意义的经济形式,在犹太人的经济活动中很早就出现了。在犹太人和犹太教对资本主义的贡献问题上,许多学者与韦伯不同,他们认为,韦伯对犹太人和犹太教对资本主义贡献的评价太吝啬了,在这个问题上,应该给予犹太人和犹太教更多肯定性的评价,这其中桑巴特的观点最有代表性。

在《犹太人与现代资本主义》中桑巴特得出的结论是,犹太人对资本主义的获利方式作出了关键性的贡献。桑巴特认为,犹太教是一种严肃持事、不重感情的宗教,它禁止同上帝的神秘合一,发展出一种与上帝的规范性契约关系,那几乎就是一种精神簿记。这使犹太人非常适合去赚钱,因而,事实上他们是作为"局外人"深深介入了欧洲人从新大陆掠夺来的贵金属的再分配。除了桑巴特之外,美国学者威廉·汉姆顿的观点也具有代表性。威廉·汉姆顿说:"为什么犹太商人被称为'世界第一商人'?从抽象意义上说,是因为他们同资本主义有着内在的联系。"①

我们也认为,韦伯对犹太教的评价具有西方文化中心论的偏见,我们应该认识到犹太教的信仰在犹太文化的方方面面都产生了深刻的影响,这其中非常突出的一个方面就是,它使犹太人形成了一套富有特色的经济伦理思想体系。挖掘犹太教经济伦理思想对市场经济发展的积极因素,对任何民族市场经济发展都意义重大。

(一)唯一神信仰与对待世界的理性和科学的态度

犹太人的哲学家萨阿迪·本·约瑟夫认为,"上帝的方法和启示与理性是相一致的,这不是因为上帝定义了理性和公正;相反,上帝,按照完全的自由,其自身的行为和启示是依据绝对标准的理性和公正。换句话说,上帝所做的是合乎理性和公正的,因为上帝所做的是在先的理性和公正。因为那是上帝所做,所以上帝所做的不是理性本身"②。

犹太民族是最早提出唯一神信仰的民族,唯一神的信仰后来影响了基督教和伊斯兰教,形成了一神教的宗教文化。对于犹太人来说,唯一神是一个理性的意象,是人类理性把握世界的成果,它与希腊哲学的"第一实体"和"理念"一样是人类理性对世界所做的理性抽象,是抽象掉世界万物的所有具体属性形成的最终的理性观念,犹太人把它理解为世界万物的创造者。一神信仰确立了犹太人的世界观,世界作为理性意象的创造物就应该是合乎理性的,既然是合乎理性的就应该是有规律的、有条理

---

① [美]威廉·汉姆顿:《犹太商人的创业经验与经营智慧》,哈尔滨:哈尔滨出版社2003年版,第41页。

② [英]诺曼·所罗门:《当代学术入门——犹太教》,沈阳:辽宁教育出版社1988年版,第41—42页。

的,而非是一个杂乱无章的一个混沌体,一个神秘莫测的谜团。西方人最初对世界的这种总体观念,确立了西方人处理人和世界关系的基本态度,既然世界是有条理、有规律的,那就是人可以把握的、可以控制的。这种人对世界的态度是事实认识的态度,是科学的态度。《圣经·创世记》以宗教观念的形式表明了这种态度。"神说:'我们要照着我们的形象,按着我们的样式造人,使他们管理海里的鱼、空中的鸟、地上的牲畜和全地,并在地所爬的一切昆虫。'""又说'要生养众多,遍满地面,治理这地,也要管理海里的鱼、空中的鸟和地上各样行动的活物'。"①

犹太人的理性的世界观和生活态度塑造了犹太民族特殊的民族个性,影响了犹太文化的方方面面。人们往往用"萨布拉斯"来形容犹太人,"萨布拉斯"即仙人掌果的意思。仙人掌果外表坚硬带刺,内心甜蜜。希伯来语中有两句话在日常生活中使用频率很高,这就是"Zeyma yesh"(本来就是这样)和"ye-heye besedr"(一切都会好起来的)。这两句话比较形象地反映了犹太人坚强向上的性格。当犹太人在生活中面对各种各样的压力时,他们不是抱怨生活,而是利用一切可以利用的条件改变生活。一般人遇到困难和意想不到的麻烦时,也许会觉得无法忍受或暴跳怒吼,"怎么能这样","我无法相信这一事实"。然而,犹太人会耸耸双肩,摇着头轻声说"本来就是这样",然后用进一步的努力和昂扬的精神以及耐心去克服困难。犹太人在生活中面对了其他民族无法想象的磨难,但是,面对磨难犹太人不是去怀疑对神的信仰,而是反思自己的错误,然后更加兢兢业业、勤勤恳恳地生活。正是这种生活的态度让犹太人一次又一次地战胜生活的磨难,生存下来、发展起来,在世界上流浪两千多年而不被异族同化,能够再建以色列国。不论日常高居不下的通货膨胀、日趋紧张的住房,还是海湾战争遭"飞毛腿"导弹袭击,在以色列政府和百姓中,听到最多的不是无可奈何的"我们该怎么办"或者"上帝保佑我们"、"何日是个头"的抱怨声,而是积极进取的"一切都会好起来"。犹太人不承认那些在别人看来似乎是难以克服的障碍和不可超越的限度,乐

①《新旧约全书·创世纪》,南京:中国基督教协会1994年版。

观主义的决心和人定胜天的信念,不仅使他们建立了以色列国,而且创造了诸如沙漠盛开鲜花等人间奇迹。强调积极面对、办法总比问题多的态度,浸透到以色列生活的各个方面。他们很为自己出色的解决问题能力而自豪,保持乐观主义精神构成犹太人的性格特征。

唯一神信仰以及与此相关的对待世界的理性和科学的态度,影响了犹太文化的诸多方面,包括对教育和科学技术的重视,对法律和契约的重视,以及他们特殊的时间观念、金钱观念等。

(二)重视科技进步对经济的促进作用

经济发展必须依赖科学技术的进步,科学技术是第一生产力,特别是近代以来的大工业的市场经济更依赖于科学技术。理性主义以及建立在此基础之上的人对客观世界的科学态度,是犹太教和基督教为近代资本主义准备的文化前提之一。马克斯·韦伯说:"资本主义的独特的近代西方形态一直受到各种技术可能性的发展的强烈影响,其理智性在今天从根本上依赖于最重要的技术因素的可靠性。然而这在根本上意味着它依赖现代科学,特别是数学和精确的理性实验为基础的自然科学的特点。"[①]他还说:"资本主义精神的发展完全可以理解为理性主义整体发展的一部分,而且可以从理性主义对于生活基本问题的立场中演绎出来。""一种个人主义的资本主义经济的根本特征之一就是这种经济是以严格的核算为基础而理性化的。以富有远见和小心谨慎来追求它所欲达的经济成功。"[②]唯一神的信仰促使犹太人确立了科学对待世界的文化传统,使犹太人非常重视科学技术以及科学技术对经济发展的促进作用。

犹太人自认为是上帝选出来的有道行的民族,他们追求心灵的纯洁高尚。在历史上,他们遭受迫害歧视,为了摆脱这些不幸与烦恼,一些犹太人专心倾注于精神追求。在精神与文化世界中,他们可以自由地探索

---

① [德]马克斯·韦伯:《新教伦理与资本主义精神》,北京:三联书店1987年版,第13页。

② 同上书,第55页。

和思考,取得成功,忘掉失败与痛苦。犹太教宣扬上帝的存在,鼓吹上帝是主持公正的无形力量。后来,许多犹太学者,特别是以爱因斯坦为代表的自然科学家,不再相信宗教中的上帝,但是,他们视科学规律、视被研究的事物间关系的和谐为上帝。这种信念,既激发了他们探求科学知识的热情与虔诚,也锻造了他们简洁完美地描述规律与发现规律的能力。

犹太民族培养了重视专业知识和技艺的传统。古代犹太人有个惯例,父亲必须教会儿子一技之长以便谋生。古代犹太教推崇两种人:有责任心的平民家长与为学问而学问的学者。并且认为,两种人应互相学习,取长补短。犹太教士们认为,无知的人不能成为圣人,不能进天堂,只关注世俗事务、好钱财的人,也只能是平凡的人。劳心者是玉质金资,是最有价值的。

犹太人中科学家层出不穷,为整个人类科学事业的发展作出了突出的贡献。在诺贝尔奖获奖者名单上,犹太人比世界其他任何民族的人都多,经济学奖中三分之一的得主是犹太人。现代的以色列依然十分重视科学技术的发展,重视科学教育,把"科教兴国"作为经济发展的最根本的战略。高科技产业成为以色列经济发展的龙头产业,同时高科技产业带动了整个社会的经济发展。

(三)重视法律在经济活动中的地位和作用

律法信仰是犹太教的基本信仰之一,犹太人认为上帝是一切法律的制定者。《圣经》前五章被称为"妥拉",可以译为律法书:613 条戒律、368 条不准做、245 条必须做。犹太人认为,犹太教律法既适用于犹太人,也适用于全人类,具有普遍的社会性,而不是某一个社会阶层的特殊主义伦理。

律法对于犹太人来说,意味着一种深刻的道德严肃性和个人责任感。律法是神的爱,诚命对于虔诚的犹太人来说,不是痛苦的限制和折磨,而是指引人生的神的福佑。"诚命是灯,法则是光。"①研习律法的目的是实

---

① 《新旧约全书·箴言》6:23,南京:中国基督教协会 1994 年版。

现对诚命的义务,这对于后来西方社会产生了很大影响,法学研究成为西方社会法律生活的一部分。

犹太人很早就开始制定商法,规范商业活动秩序。公元前 5 世纪到公元 5 世纪,两千多犹太学者在"妥拉"的基础上编纂了《塔木德》。维护良好的经济秩序,保证商业活动的公平正当是《塔木德》的根本宗旨,其中涉及诸多关于所有权、债务、抵押、赔偿、公证等现代民法、经济法、商法关注的事项。《塔木德》中的观念被公认为是现代商业法规的思想渊源。

犹太人强烈而明确的律法观念是犹太人成为商业民族的文化前提。人类进入文明社会以后创造了许多调节社会关系的方法,哪一种方法起主导作用,与那个民族的文化背景相关,其中经济运作的模式发挥着至关重要的作用。传统中国是一个以小农经济为主的国度,社会关系是以血缘关系为主的熟人关系,血缘情感是主要的人际情感,所以传统的中国社会以伦理道德作为调节社会关系的主要方式,整个传统文化都体现着浓厚的伦理色彩。而犹太人长期的"客民"地位致使他们失却了从事农业和畜牧业所需的最基本的生产资料——土地,商业成为犹太人不得已的一种选择。在商品经济社会中,以伦理道德作为调节社会关系的主要方式显然是不现实的,实际的物质性的利害冲突需要切实的、强有力的社会机制进行调节,市场经济的社会必须是法制的社会。马克斯·韦伯指出:"近代的理性资本主义不仅需要生产的技术手段,而且需要一个可靠的法律制度和按照形式的规章办事的行政机关,……没有它,绝不可能有个人创办的,具有固定资本和确定核算的理性企业。"[①]犹太人的法律意识通过宗教影响了基督教徒,为资本主义的发展创造了一个文化条件。

重视法律在经济交往中的作用,是犹太人在经商方面所向无敌的原因之一。在古代犹太人便善于经商。公元前二千年,希伯来人住在巴勒斯坦,此地为巴比伦、埃及的中间地带,是古巴比伦人与古埃及人的经商集市最理想之地。受犹太教的影响,犹太人视契约为人与上帝的约定,信

---

① 〔德〕马克斯·韦伯:《新教伦理与资本主义精神》,北京:三联书店 1987 年版,第 14 页。

守不背。他们往往走极端,只重视法律契约,不讲人道。摩西早就觉察到这一不良倾向。他教导人们信奉上帝,讲道德,来转移犹太人对钱的渴望。但是,公元70年后,犹太人失去了祖国,到处流浪,到处受非人的待遇。有不少人不再信仰犹太教的伦理,视外人为敌人、恶人,以不仁对不义。另外,各国规定犹太人不得从事其他职业,他们只好靠经商和放高利贷为生。这就是有些犹太人经商不讲道德的原因,也是他们擅长于经商的历史、政治与社会原因。

犹太人在经商时特别重视法律的作用,但有时显得不够讲道德。他们充分利用许多别人不屑利用的机会而致富,他们中的一部分人甚至只要有机会,只要不违法,哪怕手段有些残忍、刁钻、卑鄙,他们也要大赚其钱。例如,趁发生灾难、战争和各国间汇价浮动以及别人破产之机,落井下石,大发其财。在英文中,犹太人(Jew)一词有守财奴与奸商的含义。这也是韦伯将犹太人发展的资本主义成为贱民资本主义的原因之一。

(四)重视契约在经济交往中的重要性

犹太人的律法信仰,直接导致犹太人重视契约在经济交往中的重要性,犹太人希望用契约来约束人们的经济行为。

犹太人做生意时,签订契约之前一定要对交易的每一个环节都作详细的讨论。在签约时更是谨小慎微,他们会推敲合同的每一个条款,甚至对各条款中的每一个概念都详加考虑,力求字斟句酌。一个犹太商人在临终之前,向儿子传授自己一生的经商秘诀:即使签订了会使自己倾家荡产的契约,也必须去履行。儿子问:一个这样的契约已经使自己倾家荡产,怎么是成功秘诀。这个犹太商人说:还有一句,就是永远也不要签订这样的契约。

契约道德的核心和关键是信守契约。犹太人特别重视信守契约,一旦签约,不管发生任何困难也要履行契约,绝不毁约。他们坚决反对违约行为,有时,交易对手的违约对犹太人有利,犹太人也不会贪图小利,允许违约行为的发生。犹太人强调对一切违约行为都按照契约约定的违约条款进行惩罚。

另外,犹太教的契约精神使犹太人确立了交换意识。交换意识是他们成为商业民族的直接原因。契约是对交换的一种法律保证,契约之中包含着对交换的肯定。犹太人和耶和华神签订的契约是"假如犹太人信守耶和华的约,耶和华就护佑犹太人"。人和神的这种契约关系说明,犹太人理解的人神关系是一种交换关系。将人神关系理解为交换关系,意味着在他们的文化价值系统中,交换观念具有充分的正价值。以积极的态度来理解交换,也导致了他们用交换的态度,来处理各种社会关系。对交换作积极评价,源于他们的客民身份和商业活动,而交换深入他们的信仰之后,又促使他们更积极地从事商业活动。

在犹太教中,律法尽管是摩西申述的,但是,它本身却被绝对化,并赋予了外在的存在形式,即具有绝对的权威,"妥拉"律法中的 613 条诫命和禁律成为对于神的创造与救赎历史的物质表达形式,成为超越自身的绝对真理,由此获得了宇宙本体的意义。律法成为信仰的基础,履约的表现。

契约思想深刻地影响了西方的文化传统,尤其是深刻地影响了西欧中世纪的封建关系。一方面,君王对臣子(骑士)"授土",臣子对君王要"效忠",即臣子在获得权利的同时要尽义务;另一方面,权利和义务是两方面都必须信守的契约。换句话说,臣子不尽义务,不得享受权利;王侯超额索取,臣子也可以反抗。这种封建制度,在古代中国是不存在的。虽然,在春秋战国时代,孟子也曾经说:"君之视臣如手足,则臣视君如腹心;君之视臣如犬马,则臣视君如国人;君之视臣如土芥,则臣视君如寇雠。"①但是,这种臣下对待君主以义为基础的风气,在秦汉之后便不复存在。在中国,上面对下面的权力是绝对的、不可反抗的。这种绝对君权是古代中国专制主义的特点。正是这种特点使得西欧社会那种从古希伯来、古希腊、中世纪继承下来的契约思想,在东方的中国很难发展起来。

到了近代的西欧,契约思想传统在新兴市民阶级那里,一方面成为一种国家学说,即从霍布斯开始的社会契约论;另一方面,则成为市民(资

---

① 杨伯峻:《孟子译注》,北京:中华书局 1960 年版,第 186 页。

产者)构建市场经济组织秩序的方式,即作为民事商事的契约理论。这种契约理论在规范商品生产者的商业活动过程中,自然而然地形成了一种契约道德。在中国社会主义市场经济实践中,履行契约的思想观念比较淡薄,它与中国古代历来就缺乏此种契约思想传统密切相关。

(五)特殊的金钱观念

犹太人将交换意识深入到宗教信仰中,就使他们的商业活动得到了信仰的支持,成为商业化的民族。在德文中 Jude 除了有犹太人的意思之外,还有高利贷者和商人的意思。马克思在《论犹太人问题》中说:"犹太人是空想的民族,是商人的民族,财迷的民族。"①又说:"犹太人的神成了世俗的神、世界的神,期票是犹太人真正的神,犹太人的神只是幻想的期票。"②作为商业民族,犹太人具有一系列有别于其他民族的商业观念。

首先,重视金钱,特别是现钱。金钱是进行商品交换不可或缺的手段,犹太人比世界上任何其他民族都更看重金钱。马克思指出:"犹太人的世俗的偶像是什么呢? 做生意。他们的世俗的上帝是什么呢? 金钱。"③又说:"钱是犹太人的妒嫉之神,在他面前,一切神都要退位。钱蔑视人所崇拜的一切神,并把一切神都变成商品。"④

犹太人看重所有的金钱,他们认为"金钱无姓氏,更无履历表",任何钱都没有净染之分,赚钱的方法只有效果的好坏之分,但没有高低贵贱之分。不论使用什么方式、进行什么经营,只要是在合法的范围内赚钱,就应该心安理得、毫无愧疚。

其次,犹太人认为,钱是靠钱生出来的,不是靠自己勒紧裤腰带攒下来的。犹太人看重钱,所以特别爱惜钱。要想发财必须既开源又节流。犹太人包括许多亿万富翁生活都异常节俭,几乎在世界各地都流传着

---

① 《马克思恩格斯全集》第 1 卷,北京:人民出版社 1956 年版,第 449 页。
② 同上书,第 448 页。
③ 同上书,第 446 页。
④ 同上书,第 448 页。

"犹太人是吝啬鬼"的说法。甚至在一些国家,犹太人就是吝啬的代名词。

但是,犹太人的历史又注定了,更多的犹太人不会安于节俭的生活,他们更相信"钱是靠钱生出来的,不是靠自己勒紧裤腰带攒下来的"。更多的犹太人认为,富有的关键不是节省,而是创造。犹太人知道钱可生钱,"不做存款"是犹太商人的经商秘诀之一,有钱的犹太人从不甘于将钱存入银行坐收利息,而总是将钱用于高回报率的投资或者把自己的钱放贷出去赚取高息。

再次,"厚利多销"是犹太人另一个独特的商业观念。薄利多销是世界上大多数国家的商人都认可的经营原则,但是犹太人却特别反对。他们认为,让利竞销无异于自己在颈上加绳索,让利竞销是和死神赛跑,愚蠢之至。为了达到厚利多销,犹太人精于分析市场和消费者心理。犹太人抓住了"物以稀为贵"的市场规律,总是着眼于高科技产品市场。犹太人抓住了消费者"一分钱一分货"、"便宜没好货,好货不便宜"的心理,总是着眼于高档商品行业。钻石珠宝是犹太人最看好的行当。以色列没有钻石矿藏资源,却拥有世界最大的钻石加工企业,钻石交易有限公司加工生产的钻石占全世界总加工生产量的60%。

(六)特殊的时间观念

犹太人相信唯一神是理性的象征,理性的突出特征是精确、清晰。犹太人在特定的宗教文化氛围中创造了特殊的时间观念。与其他民族相比,他们更珍视时间,认为时间就是生命,就是生活;主张时间使用必须精打细算,他们恪守时间,不见无预约之客,也不拖延会客;将时间与商业经营联系起来,认为时间是资本,时间是金钱,时间是任何交易不可或缺的因素;认为时间具有文化性。

1. 对时间的感受更强

在历史上,犹太人多次被异族征服,使他们的生存空间受到侵犯。公元1世纪前后,罗马人将大多数犹太人流散到世界各地,使犹太人不得不扮演了两千多年"客民"的社会角色。犹太人失却了自己独立的物质空间,民族的存亡像一把悬在犹太人头上的达摩克利斯之剑,为了保障民族文化的延续和独立,犹太人不得不强化耶和华神这一"集体的表象"和"民族共相",同时把与耶和华神立约的律法充当文化的"藩篱"或"疆界"以补偿民族地域的不稳定,弥补实际客观空间的匮乏;他们强调时间的存在,凸显民族历史的悠久,以时间的存在替代空间的存在,时间观念在犹太民族文化中承担着历史和地理双重使命。将时空观念结合是犹太文化的一种特色。爱因斯坦的相对论区别于牛顿的经典力学关键之处正在于对时空的认识不同,相对论正是将时间和空间联系起来加以把握。

2. 文化时间观念

犹太人相信世界是耶和华神在六天之内创造的。犹太人的上帝创世说以及安息日的文化传统赋予自然时间以文化性,犹太人是世界上最早将自然时间进行文化划分的民族。七天为一周期的对时间的文化划分,后来影响了全世界大多数的文明民族。犹太人每天做三次祈祷,分别在早晨、中午和晚上。犹太人以体制和礼仪把自然时间转化为文化时间,赋予不同时间以不同的文化含义,这些文化传统在后来犹太人的生活中产生了重大影响。将自然时间转化为文化时间对于犹太人的商业经营活动也有一定影响。犹太人把经营活动中的时间分成不同的阶段,完成不同的任务。犹太人每天早上上班后大约一个小时为"发布命令时间",他们利用这一个小时处理昨天下班后至今天未上班前送到公司的业务文件。"现在是发布命令时间"是犹太人"拒绝会客"的代用语。"发布命令时间"过去以后,才转为当天工作和会见预约客人的时间。

3. 视时间为交易的必要因素

对时间特殊的价值态度对犹太人的商业活动有相当大的影响,时间观念是犹太人商业观念的一个重要组成部分。犹太人认为时间是每一宗交易必不可少的条件,是达到经营目的的前提。犹太人不论经营什么项目,对于时间在这种项目的每个环节上的作用都非常重视。犹太人重视交易中的签约活动,尤其重视合同中的时间条款。签约时,犹太人总是首先估计自己或对方的交货能力,是否能够按照合同要求的质量、数量和交货期去履行合同。犹太人"时间就是金钱"的观念影响了犹太人的企业管理,一般来说,他们采取的都是时薪制。

4. 严格恪守时间

犹太商人去拜客一定会有预约,按时到达,同时恪守约会的时间,绝不拖延。犹太人用同样的态度对待来客,来访的客人必须有预约,否则会吃闭门羹,对于超过约定时间的访客往往也会很不客气地被打发走。

(七)犹太人的社会协同

犹太人在长期的客民生活状态中,饱受其他民族的歧视乃至残酷的迫害,社会实际生活促使犹太人不得不强化民族内在的凝聚力,强化社会合作、社会协同的作用。这种强化主要是通过强化犹太教的一神信仰实现的,这种一神的宗教信仰确实产生了和谐社会以及凝聚企业人心的作用。

马克斯·韦伯认为,犹太教的伦理二元论限制了其对资本主义市场经济发展积极作用的发挥。他认为,市场经济要求全社会的、具有普遍性的伦理规范,犹太人的历史促使我们对这个问题重新进行反思。犹太教的二元伦理对西方资本主义市场经济制度的确立,也许没有发挥根本性的影响,但是,也不意味着这种二元伦理对市场经济的发展作用一定是消极的,社会历史的实际是犹太教的二元伦理对犹太人的经济发展产生了非常积极的作用。

犹太教通过一系列的宗教制度建设强化社会成员的社会合作意识。《塔纳赫》明确规定犹太人必须将收入的十分之一作为向上帝的献祭,这部分财富除了供养祭司和完成宗教礼仪,也包括由族人分享的部分。犹太教还有所谓安息年和禧年制度,犹太教规定每7年为一个安息年,在安息年土地的拥有者不耕作,也不管理葡萄园和橄榄园,任凭地里的东西自己生长,供他人拾取;每50年为禧年,禧年除了休耕以外,犹太人互相欠的债务可以取消,卖身为奴可以自动解放。

在这种文化氛围中,犹太人特别是有钱的犹太商人,培养了良好的社会责任意识,至少是具有通过捐赠钱财来履行社会责任的意识。慈善即公义的观念在犹太商人的意识中根深蒂固,犹太人流散到世界各地,往往是依赖商人的钱财组成的以犹太圣殿为中心的独立的社区,圣殿的神职人员有人专门担任称为"司幕"的救济员。在人类发展史中,产生了许多犹太人慈善家,如俄国银行家金兹堡、美国金融家索罗斯、犹太富商施特拉斯、英国犹太富商罗思柴尔德等。犹太富商在生意场上可能冷酷无情,但是,在慈善事业中,却慷慨大方,富有同情心。

犹太富商在济贫时,不是简单地解决穷人的生活消费问题,而往往是帮助穷人获得生存的能力,鼓励他们自力更生,并且往往让他们从事与自己相关的行业。当对方站住脚后,自己也有了一个长期的合作客户,这种"一鸡三吃"的济贫方式是犹太人的基本技能,在帮助别人的同时,又扩大了自己的经营。

犹太商人的慈善传统和强烈的社会责任意识,使他们在劳资关系处理方面作出了开拓性甚至是革命性的贡献。在资本主义早期资本原始积累的过程中,血汗工厂比比皆是,资本家残酷地压榨工人的血汗,"从18世纪开始,劳资关系变革的运动发展势头日益强劲,到19世纪末20世纪初,各种旨在协调劳资关系的经济法规,如有关最低工资、养老金、失业补助的法令,相继通过。……在这个过程中,在自己的能力范围内,有不少犹太企业家作出了系列'首次开创'"①。

犹太企业家注重改善工人工作状态和生活状况。1889年英国布隆内尔蒙德公司首先实行了8小时工作制,而当时在其他工厂,工人要工作12小时。但事实上,布隆内尔蒙德公司的做法大大刺激了工人的工作积极性,工人在8小时创造的财富比工作12小时并不少,劳资双方取得了共赢。

(八)重视教育和学习对社会发展的影响

犹太民族是一个弱小的民族,同时又是一个伟大的民族。这个民族的人口从来没有超过两千万人。这个数字在数亿、数十亿的世界人口中

---

① [美]威廉·汉姆顿:《犹太商人的创业经验与经营智慧》,哈尔滨:哈尔滨出版社2003年版,第144页。

是微不足道的,但是,这个民族群星璀璨、智者如林,在人类发展史上曾涌现出不少影响世界发展、影响人类文明进程的巨匠大师。

在思想领域,古代先知以其忧患意识和先知预言,为犹太民族开启了思考世界的重要方法,并进而影响到基督教乃至基督教文化对世界的认知,在很大程度上影响了全人类的思想和思维方式。在自然科学领域,犹太人对现代科学的贡献令人瞠目,这个民族拥有现代理论物理学之父——爱因斯坦、原子物理学之父——尼尔斯·玻尔、原子弹之父——奥本海默等划时代的科学家。在文学、哲学、政治、经济各领域,犹太人都拥有许多领人类文化之先的伟人,如马克思、弗洛伊德、卡夫卡等。

犹太人为什么能够产生这么多伟人? 并不是因为他们有特别的脑袋瓜。爱因斯坦的头颅经科学家检验,脑容量比一般人还少。世界专家们一致认为,犹太人对教育和学习的高度重视,是出伟人和人才的根本原因。每个犹太家庭的父母,为了子女的求学,往往不惜倾家荡产,同时国家和政府对教育也有严格的规定和优惠政策。以色列的《义务教育法》规定,5—16 岁的儿童少年必须接受义务教育,如本人愿意,到 18 岁仍可享受免费教育。重视教育,是犹太民族的优良传统。

有不少犹太人对书有特别兴趣。他们视书如命,每天必须读书,以增长知识。犹太人不仅好读书,也爱看报。以色列全国 500 万人口,平均每 5 人就有一份耶路撒冷邮报。每个村镇都有优雅的图书馆和阅览室,人均占有图书馆和出版社居全球首位。

犹太人的家教很重视读书。当孩子稍微懂事时,母亲就会翻开《圣经》,滴一点蜂蜜在上面,然后叫小孩去吻《圣经》上的蜂蜜,让孩子意识到书本是甜的,从小爱书。犹太家庭的孩子,几乎都要回答大人这样一个问题:"有一种没有形态、没有颜色、没有气味,任何人都抢不走的宝贝,你知道是什么吗?"要是孩子回答不出来,大人就会告诉他:"孩子,它比金子、宝石更值钱,只要你活着,它就永远跟着你,它就是智慧。"犹太人历来尊崇学者,使教师和学者得到极高的声望。对一个犹太家庭来说,没有比家庭中有一名或几名博士更为荣耀的了。可见,犹太人多伟人并不是偶然的。

马克斯·韦伯说:"从来没有一种经济伦理只取决于宗教。"①我们从来也不希望从犹太教中找到犹太人经济伦理的全部奥秘,但是我们认为,从犹太教中寻找犹太人经济伦理的奥秘和从犹太人的经济生活中寻找犹太教的奥秘同样重要。宗教文化是一个民族最原始的文化,而原始文化往往具有"种子"文化的意义。一个民族文化的进程往往受多种历史文化因素的影响,但那些"种子"的信息往往是后来民族文化必然遵循的内在逻辑,它决定着一种文化的特质。

①　[德]马克斯·韦伯:《儒教与道教》,北京:商务印书馆1995年版,第6页。

第四章　天主教的经济伦理思想

　　基督教产生于公元 1 世纪 50 年代,是以信仰耶稣基督为救主的宗教。从基督教的《圣经》可以知道,基督教完全接受了原犹太教的社会规范,同时也接受并扩展了诸如一神论、弥赛亚等犹太教教义。基督教最初是犹太人反对罗马殖民统治的宗教,但是,到公元 4 世纪,基督教逐渐得到罗马帝国统治者的青睐,罗马皇帝君士坦丁确立基督教为国教。1054年基督教分裂为天主教和东正教两派。

　　天主教以罗马为中心,也称为罗马公教,在近代社会以前,它影响除东欧东正教范围外的整个欧洲两千多年,在当时西方社会意识形态中占据主导地位,成为西方社会发展的文化基础。马克斯·韦伯在其世界宗教的经济伦理研究中,认为天主教的经济伦理没有对资本主义发展产生根本的影响。很多的学者也认为,资本主义是在批判天主教文化的基础上发展起来的,因此天主教的文化与资本主义文化是相悖的。但是,这种观点很显然只认识到了历史文化发展的革新,而忽略了其继承性的重要性。天主教的经济伦理思想对近代资本主义市场经济的发展产生的作用是双重性的,其积极意义不可低估。把这个问题,放到中国文化现代化的进程中加以理解其意义更大。天主教为西方社会提供的文化因素,在西方社会现代化中,可以被忽视,因为它们是固有的,而对于中国社会现代化来说,那些文化观念可能正是我们缺乏的,经济伦理观念正是这些观念中最基本的那些方面。

一、天主教的基本信仰

天主教的基本信仰共有十二条，一般也被称作"信经十二端"。一是相信天主圣父创造天地。天主教认为，天主是圣父、圣子、圣灵三位一体，天主是第一个位格，简称圣父，是宇宙万物的创造者和主宰，并对人赏善罚恶。二是相信天主圣子、主耶稣基督，是天主三位一体中的第二位格，简称圣子。他是圣父的独生子，圣父差遣他来到世间，为拯救有罪的世人脱离罪恶，得到永生。三是相信天主圣子降世成人，他的母亲是童贞女玛利亚，天主教尊玛利亚为"童贞圣母"。童贞女玛利亚受圣灵感动而怀孕，当时她已许配给约瑟，但尚未出嫁。约瑟本想悄悄把她休了，但天主的使者在他梦中显现，指明玛利亚之孕从圣灵而来，让他娶她为妻，并为她所生之子取名耶稣。四是相信耶稣为世人受难而死。耶稣 30 岁左右遵从天父之意在加利和犹太各地传教，并拣选了 12 个门徒，遭到犹太教上层分子的嫉恨，后来被其门徒犹大出卖，被罗马帝国驻犹太总督彼拉多钉死在十字架上。五是相信耶稣死而复活，他在死后第三天复活。耶稣复活表明他的确是天主的儿子，战胜了死亡，是世人的救主。六是相信耶稣升天。天主教相信，耶稣复活后第四十天升天，天主教认为，凡信仰耶稣者，死后灵魂能升入天堂。七是相信末日审判。天主教认为，在世界终结前，天主将要对世人进行审判，这就是末日审判，凡信仰天主并行善者可升入天堂，不得救赎者下地狱受刑罚。八是相信天主圣神。天主圣神简称圣灵或圣神，是天主三位一体，即圣父、圣子、圣灵中的第三个位格，与圣父、圣子一起同为一个独一真天主。圣神于耶稣升天后第五十天降临，坚固耶稣使徒们的信心，圣神如同教会的灵魂，指引教会前进，勉励他们成圣。九是相信圣而公教会诸圣相通功。天主教认为，教会是耶稣基督亲自创立的，由相信耶稣的道理、服从耶稣的人结成的团体，教会中的人能够彼此相通功。若教会中的一个成员行了善功，即做了善事，其他成员也有份；犯了大罪的人，在教会中不能全相通功，但若向神父忏悔了，则还能全相通功。十是相信赦罪。天主教认为人类有原罪，这是因为人类始祖亚当和夏娃在伊甸园中，受蛇（撒旦）引诱违背天主命令吃了禁果，此罪由亚当传至后人，成为人类一切罪恶和灾祸的根由。教会有赦罪的权柄，信仰耶稣基督，接受洗礼的可以赦罪；犯了罪后向神父告解表示忏悔的，神父可以代天主赦罪。十一是相信人死后肉身在世界末日时复活。天主教认为，在世界末日到来时，死过的人一起复活，根据各人所行的善恶在天主面前接受审判。十二是相信永生。天主教认为，人的物质生命是暂时的，而灵魂可以得到永恒的生命，凡是信耶稣者，圣灵进入内心，获得拯救，死后灵魂可升入天堂，得到永生。

二、对天主教经济伦理的不同认识

对于天主教对资本主义发展的影响，不同的学者有不同的认识。以韦伯和托尼为代表的学者认为，天主教的作用主要是消极的，以熊彼特和桑巴特为代表的学者认为天主教的作用主要是积极的。

（一）对天主教经济伦理消极性的认识

在韦伯的世界宗教的经济伦理研究中，韦伯对天主教经济伦理没有专门进行研究。韦伯关于天主教经济伦理的认识分散于他对其他宗教经济伦理的论述中，对基督教新教经济伦理的分析，在许多方面是将天主教和基督教新教对比进行的。

作为经济学家和社会学家，韦伯对德国社会经济曾经进行广泛的调查。在分析调查材料的过程中，韦伯发现，在德国东部天主教教徒大多为波兰人，新教徒大多是德国人，在土壤肥沃的地区，天主教徒大多集中在庄园区，新教徒大多集中在乡村，而在土壤贫瘠的地区则相反，天主教徒大多集中在乡村，新教徒大多集中在庄园区，在土壤肥沃的地区；乡村的小自耕农的生活好于庄园区的雇农，而在土壤贫瘠的地区，庄园区的雇农的生活好于乡村的小自耕农。总之,新教徒的经济状况好于天主教徒。另外,通过对德国总体情况的调查,韦伯发现,新教徒在近代经济生活中拥有较多的所有权和管理地位,"工商界领导人、资本占有者、近代企业中的高级技术工人,尤其受过高等技术培训和商业培训的管理人员,绝大多数是新教徒"①。

在韦伯看来,天主教徒和新教徒经济状况差异的原因似乎是他们的职业,而他们职业状况差异的原因则来自于他们所受的教育。韦伯发现:"在巴登,在巴伐利亚,在匈牙利,可以发现天主教徒父母同新教徒父母为子女提供的高等教育种类大不相同。在高等学校中,在校生和毕业生中天主教徒的比例,一般都低于他们在总人口中的比例;这一事实,的确大半可以用他们继承的财产差异来解释。但在天主教徒毕业生中,毕业于特别训练技术人才和工商业人才学校的人数比例,以及毕业于一般培养中产阶级从业人员学校的人数比例,比新教徒的还要更低。天主教徒乐于选择的是文科学校所提供的人文教育。——上面那种解释不能适用于这一情况,与此相反,这一情况却正是天主教徒很少有人从事资本主义企业活动的一个原因。"②

那么,又是什么导致了天主教徒和新教徒在子女教育方面选择的差异呢?

韦伯在社会调查中发现,天主教徒在近代工业的熟练工人中占少数,工厂从青年手工业者中吸收熟练工人,吸收的往往是新教徒而不是天主教徒;在手工业者中,天主教徒更趋于一直待在他们的行业中,即更多地成为本行业的师傅,而新教徒却更多地被吸引到工厂里,以填充熟练技工和管理人员的位置。天主教徒之所以不愿意离开他们原有的行业,是因为他们不愿意改变现有的生活状态,生活的理念更保守,新教徒则更愿意尝试新的生活,而这种生活理念差异的原因就是他们的宗教信仰。所以,

---

① [德]马克斯·韦伯:《新教伦理与资本主义精神》,北京:北京三联书店1987年版,第23页。

② 同上书,第25页。

韦伯认为:"对于这些情况无疑只能这样解释:由环境所得的心理和精神特征(在这里是家族共同体和父母家庭的宗教气氛所首肯的那种教育类型)决定了对职业的选择,从而也决定了一生的职业生涯。"①"天主教更注重来世,其最高理想更具禁欲苦行色彩,这无疑会将其信徒培养得对现世的利益无动于衷……天主教更为恬静,更少攫取欲;天主教徒宁愿过一辈子收入不高但尽可能安稳的生活,也不愿过有机会名利双收但却惊心动魄、担当风险的生活。俗话说得有趣,'吃好睡好,两者择一'。用在这里,就是新教徒宁愿吃得舒服,天主教徒则乐意睡的安稳。"②也就是说,韦伯认为,是天主教和新教的经济伦理观念的差异特别是职业观念的差异,决定了他们对子女所受教育的选择,并进而决定了年轻一代人的职业以及他们不同的经济状况。

韦伯认为,天主教的经济伦理构成了中世纪经济生活的准则,这种准则与赚钱和营利的价值取向相悖。韦伯指出:"虔诚的天主教徒在从事营利生涯时,会发现自己处于(或濒临于)一种违反教皇诫令的状况中。他的经济活动只有在特定'事项'的原则下,才不会在告解室里遭到盘问;也只有在一种松弛的、模棱两可的道德之基础上,这些活动才可能被允许。因此,就某个程度而言,营利生涯本身不得不被视为该受谴责的,或者,最佳的解释也不过是上帝并不积极鼓励而已。"③韦伯认为宗教经济伦理若要对经济发展产生真正积极的作用,就必须做到将经济追求嫁接上宗教的价值。经济上的实现是宗教功德的确证,基督教新教的预定称义论,正是因为具有这种效果,才提供了资本主义精神。韦伯认为,相比较而言,天主教对营利的态度,显然不能为世俗经济活动提供这种宗教意义。

韦伯深入探讨了西方社会现代化的经济伦理原因,他断言天主教的

---

① [德]马克斯·韦伯:《新教伦理与资本主义精神》,北京:北京三联书店1987年版,第25页。

② 同上书,第26—27页。

③ [德]马克斯·韦伯:《宗教社会学》,桂林:广西师范大学出版社2005年版,第298页。

经济伦理对资本主义发展产生的影响主要是消极的,近代资本主义的发展是基督教新教经济伦理的产物。如果比较天主教和基督教新教对资本主义发展的影响,得出基督教新教更有利于资本主义发展的结论,是可以理解的,但是,把这种观点放到世界宗教的经济伦理对资本主义发展的总体构架中认识,其片面性就自然显现。在分析中国宗教的经济伦理对资本主义发展的影响时,韦伯主要是把中国宗教的经济伦理与基督教新教的经济伦理加以对比,如果把天主教的经济伦理与中国宗教的经济伦理加以比较,天主教经济伦理对资本主义发展的积极意义自然就显现出来。当然,这并不是说韦伯根本没有认识到这一点,在《新教伦理与资本主义精神》一书的导言中,韦伯把欧洲文明与人类的其他文明进行了科学、科学理论、几何学、数学、物理学、医学、化学、政治学、法学、历史学、音乐学、建筑学、美术、教育、行政管理等多方面的文化对比,认为其中最根本的差异就是,在文化的各方面,西方文化的异质品质就是具有理性主义精神,这些理性主义精神正是西方资本主义得以发展的根本原因。对于这些理性主义文化的创造,韦伯显然不认为天主教是没有任何贡献的,实际上,西方文化的这种理性主义精神可以追溯到希腊文明、希伯来文明和古罗马文明,天主教的文化正是在它们的基础上发展起来的。

英国学者托尼认为,天主教对资本主义的消极影响首先来自于其社会理论。天主教的社会理论是一种社会一体化理论。天主教神学家认为,一个社会团结一致,应该有一个统一的信念。社会成员应该把社会公共利益看得高于一切,社会成员在社会生活中,不应该把物质利益和经济利益作为自己的主要追求,而是应该把义务作为自己价值追求的根本取向,各个阶级都能够履行其应该承担的社会职能,才能享受相应的权利,获得应有的幸福。托尼认为,在这样的社会理论的指导下,从 12 世纪到 16 世纪,每逢经济危机,人们便总是谴责社会成员的自私自利、尔虞我诈,将经济危机的原因归为个人主义,但是,到了 17 世纪,系统的个人主义理论体系形成,人们逐渐认识到个人主义是市场经济发展的理论基础,天主教的社会一体化理论对资本主义发展的影响主要是消极的。

托尼认为,中世纪思想的"贡献在于,它坚持社会是一个精神有机体,而不是一架经济机器,经济活动是一个巨大而复杂的统一体中的一种从属的部分,它为实现主体的道德目标提供物质手段,应当受这些目标的控制和约束"①。也就是说,天主教认为,社会应该以宗教为核心,而不是以世俗的经济生活为核心,世俗的经济生活是狼群争夺腐肉的搏斗,人为了生存,确实不能摆脱物质生活,但是,人只能把物质生活作为维持生命的手段,不能把物质利益作为生活的目的,过分的追求物质利益,一定影响心灵向善。托尼以圣安东尼诺的理论为证,圣安东尼诺认为,财富为人而存在,而不是人为财富存在。所以,追求维持生存所必需的财富是正当的,追求更多的财富则不是进取,而是贪婪,贪婪乃是弥天大罪。上帝让不同地方有不同物品,所以贸易是合理的,但贸易的目的必须是追求公众利益,所得的利润应该是劳动报酬,价格应该公平,不能过分贪婪。

当然,托尼也认识到了天主教的经济伦理观念有一个发展变化的过程,"15 世纪圣安东尼诺的经济学说,远比圣托马斯的理论复杂现实,而直到中世纪的末尾,这一体系中最为确定、最为典型的部分,例如价格理论、高利贷理论也绝非静止不动,而是一直处于修改扩充之中"②。托尼认为,天主教经济伦理观念确实是向有利于资本主义市场经济的方向不断发展的,但是,从总体上说,天主教的经济伦理对资本主义市场经济的发展产生的影响是消极的。

另外,托尼还认识到,天主教的社会实践和他们的经济伦理理论之间存在很大差异。天主教在坚决反对高利贷、不允许教徒从事高利贷的时候,罗马教廷在某种意义上却是当时欧洲最大的金融中心;在各国政府的岁入以劳役和实物支付的时候,罗马教廷则接受各地捐赠的现款和汇款。天主教教廷的社会行为使他们对社会生活中的商业牟利行为不得不睁一眼闭一眼,加之,他们为了适应社会实际情况,不得不从《圣经》中寻找新理论依据为商业行为辩护。所以,天主教保守的经济伦理理论对社会实

---

① ［英］R. H. 托尼:《宗教与资本主义的兴起》,上海:上海译文出版社 2006 年版,第37 页。

② 同上书,第10 页。

际的消极影响并不十分严重,当时,欧洲的商业中心绝大多数是天主教城市,欧洲的主要金融家是天主教银行家。

(二)对天主教经济伦理积极性的认识

西方经济学家熊彼特把经院哲学分为三个阶段,即9—12世纪末、13世纪和14—17世纪。他认为经院哲学经过三个阶段的发展,其"经济学可以很容易地容纳新生资本主义的所有现象"①。

熊彼特认为,9—12世纪末是经院思想积聚力量的时期,讨论的主要是知识理论和哲学问题,从表面来看,和经济分析没有直接关系。但是,当时讨论的主要哲学问题是关于概念问题,代表性的观点是唯实论和唯名论,许多经济学家认为,唯实论和唯名论的争论对后来社会经济学发展影响深远。对经济学发展影响深远的社会全体主义和个人主义与此相关,经济学家认为社会全体主义建立在唯实论的基础上,个人主义建立在唯名论的基础上,中世纪是以社会全体主义为核心,而近现代社会则是个人主义的。熊彼特认为,这样的观点很牵强,他以为中世纪个人主义影响也很大,骑士是欧洲社会的理想人格,没有比骑士更个人主义的了。熊彼特认为,"经院社会学和经院经济学严格地说是个人主义的"②。所以,天主教与近代西方经济学主要价值导向是一致的。

13世纪基督教经院哲学发生了革命性的变化,亚里士多德的哲学通过阿拉伯人被发现,成为后来三百年中经院哲学的理论构架。托马斯·阿奎那正是在亚里士多德哲学的基础上将经院哲学发展到顶峰,当然,他在很多方面也丰富和发展乃至改变了亚里士多德的观点。以阿奎那为代表的经院哲学认为,政府完全是为了功利目的产生和存在的,政府为了公共利益而存在,统治者的权力来自人民,是人民授予的,人民拥有至高无上的权力,不称职的统治者应该被废黜。熊彼特认为,"圣·托马斯的全部社会学,都具有个人主义倾向和功利主义倾向,都始终强调凭理智可以

---

① 龙秀清:《西欧社会转型中的教廷财政》,济南:济南出版社2001年版,第15页。
② [美]约瑟夫·熊彼特:《经济分析史》,北京:商务印书馆1991年版,第136页。

察觉的公共利益"①。托马斯的学说为 17、18 世纪乃至 19 世纪的政治学和法学奠定了基础。

14—17 世纪是经院哲学第三个也是最后的时期。熊彼特认为这个时期,经院哲学在经济学方面取得了更多的成就。在交换价值理论方面,后期的经院哲学与亚里士多德和托马斯将公正价格理解为正常的竞争价格不同,主张公正价格是任何竞争价格,只要交易是自觉自愿进行的,价格就是公正的,而不管交易会给双方实际上导致什么样的结果。经营不管是亏损还是营利,都应该是市场机制不受阻碍运行的结果,而不应该是公共机构和垄断企业操纵的结果。对价格的人为干预,哪怕是有限度的干预也是不应该的。在这里我们可以看到后来西方自由放任主义的经济学的原初理论阐述。关于货币理论,后期经院哲学提出了严格意义上的金属货币理论,其理论实质与亚当·斯密的货币理论没有什么不同,熊彼特认为经院哲学与亚当·斯密和穆勒的古典经济学思想具有亲和力,经院哲学家和自由主义经济学家具有难以理解的血亲关系。

桑巴特认为资本主义精神的来源是多元的,天主教对资本主义精神产生也有很大影响。旧教教义对意大利的资本主义诞生产生过重大影响,罗马教廷的财政政策、租税制度支持资本主义发展。罗马教廷的这种政策是受了托马斯·阿奎那神学理论的影响。阿奎那为了调和法律与福音的矛盾,提出宗教的法律伦理,这种法律伦理是为了使得人生普遍趋于合理,所以应该由这种神圣永恒的教义来支配世界、自然、宇宙,来制约人的情感与欲望。对上帝敬畏的人,才能使得人生合理。这种伦理观对资本主义发展有促进作用,也被亚当·斯密所继承。

美国法学家伯尔曼则主要从天主教教会法确立西方法律传统的角度,说明了天主教对资本主义发展的影响。他指出:"在 11 世纪晚期、12世纪和 13 世纪早期的西欧,无论是作为一种政治制度的法律还是作为一种智识概念的法律,其性质都发生了根本性变化。法律被挖掘出来。在政治上,首次出现强大的教会和世俗的中央当局,其控制力通过委派的官

---

① ［美］约瑟夫·熊彼特:《经济分析史》,北京:商务印书馆 1991 年版,第 145 页。

吏从中央延伸到地方。与此部分地相联系,出现了专业的法学家阶层,包括职业法官和执业律师。在智识方面,西欧同时经历了下列过程:首次创立了法学院,首次有了法律专著,自觉对继承下来的极其繁多的法律材料进行了整理,而且还把法律概念发展成为一种自治的、完整的、不断发展的法律原则和诉讼程序体系。"①伯尔曼认为西方社会市场经济的经济体制、民主政治的政治体制都是以西方法律制度的建设为基础的,西方法律制度的完善是因为西方具有专业的法学家阶层、系统的法学理论、不断完善的法律原则和诉讼程序体系等一系列良好的法律文化传统;而这些传统是在11—13 世纪形成的,在这个过程中,天主教教会及其信仰发挥了巨大作用。同时,天主教教会的法律机构在具体的立法方面也作出了巨大贡献,为资本主义革命奠定了法律基础。伯尔曼认为,"如没有 12 世纪到 15 世纪发展起来的宪法性法律、公司法、契约法、财产法和其他法律部门,当代理论家们认为与资本主义画等号的从 17 世纪到 18 世纪的经济和政治变革则是不可能发生的"②。

而关于天主教的高利贷禁令,许多学者认为它并没有真正阻止高利贷,没有阻止商业营利行为。布罗代尔曾形象地说,尽管有高利贷的禁令,但是,人们偷偷去高利贷者家里,就像去妓女家里一样,尽管不光明正大,但照去不误。鲁弗甚至认为,高利贷的禁令促使商人和银行家采取更隐蔽的方式进行贷款活动,结果导致了汇票等现代金融技术的发展。

三、传统天主教的经济伦理思想

20 世纪五六十年代以来,西方学者逐渐认识到西方中古社会是一个发展的过程。期间商业经济比较发达,11—13 世纪的商业经济更是发展

---

① [美]哈罗德·J. 伯尔曼:《法律与革命——西方法律传统的形成》,北京:法律出版社 2008 年版,第 82 页。
② 同上书,第 40 页。

迅猛,亨利·皮浪认为,它甚至可以与19世纪的工业革命相比。与商业社会的发展相应的,天主教的教会经济伦理也存在一个不断发展变化的过程。它与社会商业经济的发展,既有相互抵触的一面,也有相互促进的一面。当然,西方中古社会的商业经济发展的原因,不能全部归为教会经济伦理,教会伦理的作用也许是从相反的方向产生了刺激作用。在这个过程中,教会和世俗王权的抗衡给第三阶层提供了广阔的生存空间。

(一)早期天主教的经济伦理思想

《旧约》与《新约》对财产和财富的评价存在相当大的差异,甚至存在一定程度的对立。《旧约》视财富为神对人的恩宠标志,神对义人赐予财富,确保他们有一种美满幸福的生活。财富的获得通常以一些值得嘉许的人品为前提,如勤劳、智慧、节俭等。财富是一种善和祝福,但不是至善,更高的善是灵魂的宁静以及健康等。爱不能用财富买到,而且财富也有一定的危险性,拥有财富时,保持对神的虔敬就有很多的困难,舒适安逸的生活容易导致心灵的闭塞。

《旧约》强调私人财产权应该得到尊重,侵犯私人财产所有权的人应该受到惩罚,摩西十诫的第七诫是不可偷盗,第十诫则是对贪恋他人财物的谴责,“不可贪恋你近人的房屋、田地、仆婢、牛驴以及你近人的一切事物”①。《旧约》强调有财富的人应该有爱心和社会责任感,应该照顾寡妇、孤儿和穷人。《旧约》中的这些观念显然是与犹太人的生活状况密切相关的。

基督教创始之初,由于它是犹太人下层反对罗马人统治的民间组织,所以对财富具有一定的歧视心理,《新约》中就有“你们富有的是有祸的,因为你们已经获得了你们的安慰”②和“骆驼穿过针的眼,比财主进神的国还容易呢”③的说法。当然,耶稣也认为,物质财富对于人们的生活幸

---

① 《新旧约全书·申命记》5：21,南京:中国基督教协会1994年版。
② 《新旧约全书·路加福音》6：20,南京:中国基督教协会1994年版。
③ 《新旧约全书·马可福音》10：25,南京:中国基督教协会1994年版。

福和自由是不可缺少的,他并不单纯歧视财富,只是他认识到了财富的危险。一是财富和金钱一旦成为人们一切追求的目的,就会熄灭人们心里的真理之光;二是财富会给人一种虚假的安全感,会阻碍人对上帝的信仰。人只有在对上帝的信仰中才能得到真正的心灵的幸福和安宁,也就是说,并非占有财产是有罪的,而是说崇拜财产是有罪的。

基督教认为财富是基督让人们托管的,人们只有管理权而没有所有权,所以金钱只能用于实现上帝的目的。上帝托付每一个人管理多少金钱没有一个既定的原则。基督教的托管原则要求人们不要轻视金钱,而要重视金钱,因为管理金钱的职责来自于上帝,一个基督徒必须小心谨慎、恪尽职守,把金钱管理好。在花钱方面,一个人应该严格计算自己的生活基本需要,凡是超出生活基本需要的都是不正当的。基督徒有帮助他人的义务。在帮助他人的时候,不能仅仅是施予财富,而且必须具有真正的爱心。

早期教会坚持《圣经》中的经济伦理思想,反对不利于诚实的经济活动,禁止教士获取利息,把高利贷看成是罪恶行为,甚至反对一切取利的商业行为。比如,奥古斯丁担心贸易会使人不追求上帝,教皇利奥一世认为买卖人很难不陷入罪恶。到850年教会规定放贷取息的一般教徒也要革除教籍,查理大帝的教会法规也规定禁止收取利息。

早期教会对商贸采取怀疑态度的原因在于,商业在当时社会经济中所占比例不大,但是商业短期积聚财富的性质对人们有巨大的吸引力。教会反对人们过分关注物质财富,所以对商业持保留态度。它主张人应该通过辛勤劳动,满足自己的物质生活欲望,商业往往是不利于勤劳美德养成的。

(二)中古天主教经济伦理思想

12、13世纪西方商品经济获得巨大发展,城市扩大,贸易增长,为适应社会发展的需要,天主教神学家的经济伦理思想也发生了巨大变化。托马斯·阿奎那是这个时期神学家的代表。阿奎那把古基督教教父的思想同亚里士多德和罗马法融合为一个有机整体,在基督教的意义上,对职业、劳动、报酬、财产、贸易、收取利息等进行了深入研究,形成了对天主教至今仍然有影响的理论。他认为,职业劳动对于维护经济繁荣和社会安定是必需的,为了维护家庭私有制也是必要的;只要有仁爱,不一定要过禁欲的生活;公正是仁爱最低限度的先决条件。

12、13世纪,随着西方商品经济的巨大发展,商业活动成为普遍的社会活动,教会对商业的态度也发生了变化。从反对所有的商业活动和利润,转向将利润分成正当和不正当的,主张只要人们付出了时间、劳动,获得的利润就是正当的,商人通过谨慎而明智的商业活动获得利润也是正当的,只有不劳而获才应该受到谴责。到15世纪,神学家加耶坦甚至认为拥有非凡经营能力的商人可以提升到社会的顶层。更多的神学家也从商人的获利动机来评判商人的行为,认为只要不是仅仅为自己牟利而牟利,就不应该谴责,而为公共福利牟利还应该得到肯定,是光荣的。

教会主张商人的商业活动可以允许,但是,商人的商业行为必须正当合理,交易必须按照公正价格执行。公正价格作为一种教会法的观念始于1100年,早期教会法学家和大公会议都没有关于公正价格的规定,公正价格是天主教法学家从罗马法借鉴而来的。罗马法对于销售价格有两个原则:一是特大损害原则,即所售价格不足公平价格的一半时,商人有权收回物品,中世纪法学家将其扩大为对交易双方都适用的原则;二是双方自愿讨价还价的原则。教皇亚历山大三世在敕令中规定,卖主在接到不足公正价格一半的价格时,可以取消买卖,卖主可以使价格增加50%。

关于公正价格问题,许多学者认为教会强调以公正价格交易,影响了商人的利润空间,是不利于资本主义发展的。但实际上,教会法对公正价格的规定,就是自由市场的一般价格或者国家规定的通行价格,50%的加价空间已经不小,教会的规定已经对商人非常有利;教会主张公正价格,反对暴利的规定,也有利于在全社会形成公平合理交易的社会秩序,这种秩序是资本主义市场经济发展所需要的。因此,教会关于公正价格的规定对于资本主义市场经济发展的影响是积极的。

基督教教会关于高利贷的认识也有一个随着社会经济发展而不断变化的过程。农业社会必然把高利贷视为洪水猛兽,所以基督教从4—11

世纪都反对高利贷,这是与当时社会总体价值观吻合的。《圣经·申命记》23：19—20、《圣经·出埃及记》22：25、《圣经·利末记》25：35—37以及《圣经·路加福音》6：34—35,通常被作为谴责高利贷的圣典依据。教会反对高利贷,起初只是针对教士,到公元800年后才扩大到俗人。11世纪后,随着商业活动和高利贷现象的增加,教会更加强烈地抨击高利贷,认为高利贷是最应该受到诅咒的行为。高利贷商人嗜钱如命、贪得无厌、懒惰、形同盗贼、违背公正,应该受到天谴;如果他们不退还利息,就不能忏悔,如果不忏悔就不能得到饶恕,最终不能进入天国。

12世纪以后,面对高利贷活动的兴盛,教会人士也有人主张对高利贷放宽禁令。这些更加开明的教会人士认识到,传统天主教的高利贷理论过分保守,在现实中不能得到真正的贯彻执行;事实上,教会和教皇都已经成为新兴商业阶级的债权人和债务人。当时西欧社会有两种借贷方式:一种是高风险、高利息的担保或抵押借贷,利息率在20%—40%;另一种是低风险、低利息的商业借贷,利息率在7%—15%。商业借贷不仅不会对人们的生活造成伤害,恰恰相反,对促进商业经营非常有益。反对商业贷款很显然是错误的,因而教会主张将商业借贷和担保或抵押借贷区别对待。12世纪罗马法的兴起,为商业借贷提供了合法依据:罗马法规定年利率12%的借贷是合法的。从此教会对高利贷的认识开始发生了根本转变,它只是反对那些众所周知的、公开的、过分贪心的、明目张胆的高利贷行为。

天主教中古时期的经济伦理虽然与资本主义市场经济的发展有诸多矛盾之处,但是,教会出于自己的财政状况的考虑也不能完全固守,不得不减少它对世俗市场经济发展的制约力度。随着市场经济的发展,教会的经济伦理观念不断变化,制约市场经济的因素逐渐被剔除。

四、现代天主教的经济伦理思想

近代以来,随着西方社会的急剧变化,天主教的思想也开始发生变化。19世纪中叶天主教开始关注经济伦理问题的探讨,20世纪70年代以后天主教的社会理论和经济伦理思想产生了明显变化,各大教会对经济伦理学积极参与,形成了系统的经济伦理学的思想体系。1991年教皇保罗二世发布的社会通谕《百年》,是现代天主教经济伦理观念的集中反映。

(一)现代天主教经济伦理思想的世界观基础

现代天主教神学认为,人生而和上帝具有内在的联系,能够辨认和热爱上帝;但是,人不能用自然的力量达到和上帝的内在一体,不可能用自然的力量使自己参与神圣的本质,因为人是有限的,神是无限的,有限不能达到无限。人由于原罪丧失了原有的正义和神圣,只有通过基督的舍身,堕落的人在上帝面前才可以获救。人在犯罪的时候,并不是善的天性全部都堕落了;人的宗教道德本性受到了伤害,但是没有被毁灭。人是有理智、有意志的生命,所以人要参与到自己获救的过程中,并且应该尽最大的努力。上帝和人的活动同时进行,相互渗透,获救成为了一种神圣的和人性的事业。

现代天主教神学认为,应该严格地区分被创造的尘世财富意义上的世界和感官欲望意义上的世界。尘世财富作为手段供人类使用,人类拥有了这些财富更容易达到自己的目的。人应该理性地克服杂乱放荡的肉欲,但是可以理性地享受尘世的快乐,理性地享受尘世,不是远离上帝,而是向上帝接近。天主教徒和被创造的世界及其财富的关系,是一种自然的关系。

现代天主教神学的世界观和人生哲学,为经济伦理思想提供了哲学和宗教伦理的基础,天主教上帝创造世界、人生的根本目的是参与上帝创造世界的计划的思想为所有天主教徒提供了工作的意义和价值,是他们敬业的哲学和伦理学基础。

(二)现代天主教经济伦理思想的价值源泉

现代天主教神学认为,天主教经济伦理思想的价值源泉是自然法和福音。

　　天主教经济伦理学知识和规范的直接源泉是自然法。"自然法是自然道德律的一部分,这个道德本身不是别的,就是对永恒法则、对理性和对由理性安排的上帝意志的参与。"①自然法是直接来源于人类和生物本质的,也是上帝期许的存在。自然道德律对人类与自身、与他人和与上帝的行为进行理性的整理和调整,它是国家制定法律的依据。法律似乎是国家意志的体现,往往通过国家机器强制执行,但实际上国家意志和国家强制不是法律的本质,法律的本质是自然道德律的体现。

　　现代天主教神学强调,天主教的自然法与启蒙运动哲学的自然法不同。启蒙哲学拒绝自然法的形而上学依据,认为共同体是通过个体契约建立的,并进一步提出对人性、民主的要求,认为理性的进步使理想得到实现。现代天主教神学则认为启蒙哲学的自然法必然导致功利主义的理性主义、逻辑形式主义和历史相对主义,而天主教的自然法就不会有这样的结果。现代天主教神学认为,从上帝期望的经济本质中,从事物的本质中,可以推断出上帝在经济方面要求的义务,并且使得对现有的、受历史条件制约的经济方式进行评价成为可能。这就是天主教一直坚持的自然法。

　　除了自然法,福音也被作为天主教经济伦理思想的源泉。因为"在《旧约》和《新约》中宣布的道德律就其本质要求而言,同自然的道德律相一致。……尤其是涉及自然法的准则,它在福音中被作为前提得到使用"②。尽管福音提供的规范很少可以直接用于经济伦理,但是,耶稣在登山宝训中倡导的最终的道德思想和动机应该指导人们所有的行为,其中当然也包括经济行为。

(三)现代天主教的经济观

　　现代天主教神学认为,社会经济是自然法的事实,"经济是作为上帝

---

①　[德]席林:《天主教经济伦理学》,北京:中国人民大学出版社 2003 年版,第 24 页。

②　同上书,第 29 页。

想要的必然性出现的。但是,除了人们感受到为更高目标服务的召唤外,经济工作是普遍义务,没有人可以摆脱它"①。人不能无所事事地生活,劳动是一种美德。劳动相对于财富的优先性是理所当然的。

现代天主教神学认为,社会经济发展有自己的规律,经济学有自己的独立性,在具体的经济运作过程中,经济应该遵循自身的规律,但是,这并不意味着经济活动可以脱离道德评价。企业经营自然要营利,但是营利不是企业活动的唯一目的,甚至不应该是主要的目的。企业必须为人服务,应该对人的物质、理智、伦理、精神以及宗教各方面的发展都有所裨益。

现代天主教神学认为,对经济生活起最终决定性作用的原则是仁爱。在社会生活中,不是通过自我利益和自由竞争,而是爱的原则和被爱被当做最低标准的公正的原则,社会才获得符合理性的秩序。在社会生活中,不能将社会从属于经济,相反经济应该为社会服务,社会问题必须置于经济问题之上。经济是社会生活的基础,而社会公正则是经济生活的基础,公正地构建一个法律体系保障社会秩序,社会公正是这种社会秩序的灵魂。

现代天主教神学接受了诸多现代经济学的思想,认为市场经济能够动员社会经济的所有力量,能够为社会物质和文化需求提供更好、更充分的供给。在市场经济的竞争中,企业精心、合理地安排资本和原料的使用,压缩开支、降低成本,为市场提供物美价廉的产品。当然,现代天主教神学也认为,市场竞争也需要社会规范。古典自由主义经济学认为市场竞争不需要限制,自由竞争就能够导致社会众多利益的和谐,是对人性的歪曲和误解。没有社会的规范,竞争必然陷于无序,无序的竞争必然导致社会付出高昂的代价,伤害社会公平、扰乱社会秩序,甚至是严重破坏生态秩序。

早期天主教徒具有原始共产主义的倾向,但这并不意味着天主教是反对私有制的。天主教神学家席林认为,从古基督教到阿奎那再到教皇

---

① [德]席林:《天主教经济伦理学》,北京:中国人民大学出版社 2003 年版,第 50 页。

利奥十三,他们关于私有制的认识都是一致的,财产共有和财富共享只是存在于教会组织经济状况特别困难的时期。因此,只有在不如此不能保障教会人员生存的时候才是合理的。至于在一般社会中,只要人们的肉欲还占统治地位,私有制就是符合神意的。

早期天主教徒具有原始共产主义的倾向,这大概与早期教会组织经济困难以及宗教组织弘扬教徒之间兄弟一样的感情有关。但是,天主教所弘扬的理想的天国世界,也还是没有私有财产的,这对于西方社会思想家关于理想社会的认识影响深远。不过,在西方文化中,共有或公有只是一种宗教理想,现实社会中人们则坚信私有财产的神圣性,马克思主义的共产主义理想社会只是到近代社会才出现在社会理想文化中。马克思主义之所以能够被中国人接受,与马克思主义的集体主义和共产主义思想密切相关。在自然经济状态下,中国人进入文明社会后,没有打破原始的宗族关系,血缘关系是中国社会的主要社会关系。在这种社会生活中,不可能形成明确的公正的利益观念,人们一方面不可能没有私有财产意识,另一方面又有一种基于血缘情感的对利益计较的拒斥,认为在利益上不分彼此才是真正感情的体现,人们向往人际交往中不分彼此的亲热,把仗义疏财作为最高尚的品行,在道德上对私利进行否定,所以在中国人这里就一直没有私有财产神圣的信念。中国人的理想社会是原始共产主义的大同社会,共产主义在中国的传播契合了中国内在的价值信念,但是中国人没有认识到马克思主义的共产主义与中国人的大同社会有本质的区别,没有认识到马克思主义的西方现实社会私有财产神圣的文化背景。中国人用传统文化的公私界限模糊的价值观和大同社会的原始共产主义理解马克思主义的共产主义,导致了社会主义建设中,一度对私有财产和私有制度的极度拒斥和批判,平均主义成为经济建设的指导思想,劳动者的劳动积极性受到严重挫伤,经济效率急剧下降。

现代天主教神学认为,理想的社会是共产主义的,现实社会应该是私有制的;共有或公有是一种理想的价值导向,但在实际生活中必须尊重私有财产。共有或公有的理想价值观念与实际生活中对私有财产的尊重,在我们的社会实际生活中都应该大力提倡。倡导共有或公有的理想价值观念,可以培养富人的社会公正意识、社会公益意识、社会慈善意识;倡导实际生活中对私有财产的尊重,可以减少社会生活中的仇富意识,培养社会成员对社会财富创造者的尊重、向往,促成全社会积极创造物质财富的良好氛围。

现代天主教神学认为,经济运作形式和具体政体形式一样,在宗教和道德价值上是中性的。尽管天主教不会对不同的政体和经济形式作同样的评价,但是,价值立场基本上是中立的。天主教不主张过分强调资本的意义,也不主张反对一切非劳动收入。所以,现代天主教神学认为,现代资本主义作为一种经济形式本身并不卑鄙,不应该受到谴责。

(四)现代天主教的物质财富观

现代天主教经济伦理继承传统天主教的物质财富观,认为不论是人类文化创造还是个人人生的目的,都是为了完善上帝创造世界的整体计划,而不是追求物质财富。物质财富只是人们实现特定理性目标的手段,物质财富使生命、文化的存在和发展拥有了物质基础。人类在社会生活中必须排列清楚价值次序,从亚里士多德到托马斯·阿奎那都强调,在拥有生活必需品的情况下,"思想追求本身得到的评价比物质追求高"①。天主教主张这样的思想应该贯彻始终,人类经济和经营的最终目标不在其本身,最终目标应该是超越经济的。它是人类行动的最终目的,是人性的绝对目标,而人性的最终目标是使人类和上帝相似,拥有最高的仁慈,财产具有工具的性质,它从属于个人的发展、团体的需要以及对上帝创世计划的促进。

天主教社会通谕将私有财产权作为天赋权力,以及社会秩序中不可或缺的因素,天主教"梵二"会议将私有制作为一项非常必要的社会制度。天主教神学认为,财产是一个人自我实现的重要手段,没有财产,一个人就不能自由地使用工作所需要的物质材料,就不能充分发挥主动性

---

① [德]席林:《天主教经济伦理学》,北京:中国人民大学出版社2003年版,第12页。

和创造性。私有财产是一个人独立自由的保障,一个人没有私有财产奠定生活的基本物质基础,就难免不仰人鼻息。私有财产是一个人为人子女、父母,履行赡养父母、养育子女职责的保障,同时,只有拥有一定的财富,才有能力对处于困境的朋友援之以手,才能更好地从事社会慈善事业。

天主教神学认为,由于人只是上帝财富的管理者,所以拥有财富的人都有责任把自己的财产同时看成公共财产的一部分,不仅要用它增加自身的利益,而且有责任利用它为公共利益服务。富人应该用他们多余财富帮助穷人,圣托马斯和利奥十三世都认为,富人帮助穷人不仅是应该具有的怜悯的义务,而且是公正的义务。出于同样的原因,富国应该帮助贫穷的国家。

天主教神学反对贪婪和浪费,贪婪是对物质财富和财产的无序渴求,是七罪宗之一。贪婪不仅本身就是罪恶,而且最能滋生罪恶,会吞噬人们善的心灵。《圣经·新约》说:"贪爱钱财乃是万恶之源。"①浪费是一种对财产的不负责的使用,是对物质财富的奢靡挥霍,是一种具有反社会性质的罪恶。

(五)现代天主教对个人与社会之间关系的认识

现代天主教神学认为,天主教的经济伦理原则与自由主义的个人主义和马克思主义的社会主义都是对立的。在社会经济发展中,自由主义的个人主义和马克思主义的社会主义都是错误的。"自由主义的个人主义的错误在于:它把国家和社会分割开来;马克思主义的根本错误在于:它把两者合而为一。当然他们的结果是一样的:压制个体和个性,因为个人和国家的对立是不可调和的。"②只有天主教个人与社会有机结合的观点才能够保护个性和个人,才能为个体提供和保障符合人类尊严的自由,

---

① 《新旧约全书·提摩太前书》6:6,南京:中国基督教协会1994年版。
② [德]席林:《天主教经济伦理学》,北京:中国人民大学出版社2003年版,第17页。

才能保障经济健康自由的发展。

现代天主教神学认为,自由主义的经济学主张经济是可以自律的,自身利益和自由竞争的自然力量可以维护和保障经济秩序;这种主张没有认识到经济的社会本质和道德本质,自由竞争本身不能真正维护良好的经济秩序。庇护十一世指出:"因此,无论如何必要的是:使经济再次从属于真正的、起作用的秩序原则。这一任务不能由随着自由竞争出现的经济统治力量来承担,因为它显示出一种盲目的力量和猛烈的强力;这种力量,如果应该有益于人类,就需要严厉的约束和明智的领导,但它不能由自己来约束和领导自己。因此,必定只有更高级和更高贵的力量,也就是社会公正和社会之爱,才能够对那种统治力量进行严格的和公正的调整。"①

现代天主教神学家席林认为,马克思主义的社会主义的思维方式和自由主义的思维方式看起来是对立的,但实际上密切相关。"社会基督教的传统既拒绝个人主义,也拒绝社会主义,……个人主义不懂得:公共利益代表着和必然代表一种独立的重要性,因为否则国家就不能实现自己的目标。因此,个体必须和整体相适应,他必须使其个人利益从属于公众利益,并根据情况作出牺牲,只要共同体的目标使其成为必要。只有这样,个体才能实现他的使命。……社会主义不懂得:国家和社会是因为人的缘故才存在,而不是倒过来;为具有个性的人服务,始终是国家的最终目标。"②

席林认为马克思主义的观点是机械的、唯物的和决定论的,与天主教的社会有机理论相对立。很显然,席林没有真正理解马克思主义。社会是个人存在的方式,是每一个人存在的方式,因此社会不能将某一个人而必须将所有的人作为自己的目的;当将所有的人作为目的不能实现时,他必须将更多的人作为目的。所以,社会利益不是个人利益机械的累加,社

---

① ［德］席林:《天主教经济伦理学》,北京:中国人民大学出版社 2003 年版,第 18 页。

② 同上书,第 329 页。

会具有独立存在的甚至是先于个人的价值,这是个人应该为社会作出牺牲的原因,这也是要求个人为社会作出牺牲的唯一正当理由。认为社会利益与个人利益相比较总是处于价值优先的地位,显然是荒谬的。这是人在自我实现的过程中,丢失了自我。在社会生活中,应该特别注意不能把社会利益当成伤害个人利益的充分理由。实际上,在任何时候,以社会利益伤害个人利益理由都不是足够充分的,最多只能是社会不得已的一种选择。当然,个人只能以社会的方式存在,所以任何个人都没有理由损害社会,对社会的损害就是人对自我存在方式的损害。不仅如此,为了社会的和谐,任何个人都必须约束自己的行为。只要这种约束在所有社会成员那里是公平合理地分配的,社会就有权对个体的行为进行约束,因为这种约束可以保障人类的最大利益。马克思主义认为,个人和社会关系就是这样一个辩证统一的关系,天主教的社会理论不能真正理解个人和社会对立统一的辩证关系,它对马克思主义的谴责显然是无的放矢。

天主教伦理将仁爱、博爱作为最根本的道德原则,特别强调自我牺牲的意义和价值,但是它仍然强调"必要的和合理的自我利益不可以被蔑视和遭到贬低"。所以,天主教的价值观也是与东方儒教整体主义价值观有根本区别的。

本能的自存自保和理性地认可正当自我利益绝不能在道德上被定性为恶,因为这是违背人的本性的。不论社会道德是否认可个人利益,个人都不可能发自内心地否认个人利益,所以,真正的道德只能合理地规范个人利益。这种理性的个人利益实际上包含了他人利益和社会利益,因为理性的人一定知道,只有合理地约束个人利益才能真正实现个人利益,个人利益和他人利益、社会利益不是完全矛盾的。

中国传统伦理否定个人利益的正当性和合理性,但是,这样的道德教育不会使人真正放弃个人利益,甚至他会使人更自私。因为,这样的做法否定了个人利益和他人利益、社会利益的合理界限,既然什么个人利益追求都不道德,而个人利益又不能不追求,那么,人们对个人利益的追求就没有内心认可的道德和法律的约束。所以,尽管我们竭力倡导整体主义的价值取向,但是,社会生活中对社会利益的践踏比比皆是,中国市政建设中不得不面对诸多的钉子户就是明显的例证。钉子户不是社会道德个人主义和利己主义的产物，而恰恰是整体主义价值观的产物。所以，《物权法》的出台，用法律保护人们的最根本的个人利益——财产权，并不会让中国人更为自私自利。

（六）现代天主教神学的企业家理论

企业家理论是现代经济学的研究成果，天主教神学对企业家的关注也是晚近的事情。1964 年教宗保罗六世在意大利曾经对企业家发表一次特别讲话，盛赞企业家在生产管理中的作用，这是天主教神学对企业家问题明确关注的开始。在此之前，天主教神学对企业家的认识主要是从雇主的角度展开的。

现代天主教神学主张应该充分认识企业家在现代经济发展中的作用。教宗若望·保禄二世认为："如果没有精明强干的实业家去组织劳动力和生产方法，以提供社会繁荣进步所必需的商品和服务，那么今日社会所能享受到的福利程度则是不可想象的。"[①]现代天主教神学认为，一个完美的企业家，应是一个组织者、发明者、发现者和征服者。企业家的工作是开拓、发展和供应市场，他们为社会提供社会所需的商品和服务，承担着重要的社会功能和社会责任。社会需要的商品是多样化的，所以，社会也需要数量最大化的私有企业。私有企业数量最大化，会促进经济权力的广泛分配，防止权力集中在寡头和国家手中。

企业家在经营过程中，追逐利润是正常的，没有利润，企业就不能维持和发展，这不仅是企业家的损失，也是雇员的损失；追求企业营利，可以增加就业机会，可以为社会提供更多的商品和服务，可以为社会创造财富。所以，追求企业营利，对于企业家来说，不仅不是一种罪恶，反而是一种社会责任。只要企业家在获得丰厚的利润时，能够改善雇员的待遇，承担社会责任，那么，企业家对利润的追逐不仅不能被谴责，反而应该进行

---

① ［德］卡尔·白舍客：《基督教宗教伦理学》，上海：上海三联书店 2002 年版，第 780 页。

褒奖。不能说少数人获得了利润中的更大的部分,就一定是不合理的。

现代天主教神学主张,企业家应该进行人本管理,让企业成为一个真正的人的群体;企业家应该关心雇员,时刻谨记经济发展目的的人性价值;企业家应该清楚地认识到劳资双方需要互相关心、互相团结。

现代天主教神学的企业家理论对于我们理解现实中国的企业家问题有很多启示。现今我们很多企业家喜欢说自己的企业解决了多少就业岗位,养活了多少人。与此同时,社会生活中还有另外一种声音,认为企业家养活了工人是胡说八道,不是企业家养活了工人,相反是工人养活了企业家。实际上,这两种观点都有片面性,企业生产是企业家和工人合作完成的,没有其中哪一方面,企业生产也不能实现。企业生产的实现是合作的结果,不是对抗的结果,同样,企业效益的增进也来自于合作,而不是对抗。不论是强调企业家养活了工人,还是强调工人养活了企业家,都是用对立的思维模式来看待企业生产。这样对企业生产的认识不能真正反映企业生产的本质,自然就对企业生产不能产生积极的影响。在整个企业生产中,企业家不仅进行管理,同样投入了劳动,而且,企业家投入了资本,要有对市场的预测、对生产的组织、对市场的拓展等,在整个生产中显然付出更多,也承担着更大的风险。所以,在最终的利益分配中,获得更多的利益也是公平合理的。

在中国社会主义市场经济建设中已经出现了许多的企业,这些企业自然有自己的领导,从他们领导企业的角度看,也可以说他们是企业家。但是,我们还是不得不说中国社会很缺乏企业家,缺乏具有真正企业家内涵的企业家,缺乏具有远见卓识的经济领袖式的企业家,更缺乏拥有正确的社会历史观、个人人生观的思想巨人式的企业家。仅仅会经营企业、赚钱还不能说是真正的企业家,真正的企业家还必须具有社会责任感,有比赚钱更神圣的人生目的。企业家应该是经济建设时代的社会楷模和民族英雄。

(七)天主教神学的工作伦理思想

传统天主教神学认为,工作属于创世的原初秩序。《创世记》说,上帝六天创造,第七天休息,这作为一种模式,形成了人们一周六天劳动、安息日休息的生活习惯。《旧约》中的思想说明人具有劳动和休息的双重义务和权利。劳动是一个普遍的责任,是人生天然的组成部分,虔诚的天主教徒都应该勤奋地操持某种工作。工作当然也是辛苦的,它是上帝对人的惩罚之一。艰苦和无成果的工作有可能导致罪行,因此《旧约》强调应该用社会立法的方式保障做工者能够及时获得劳动报酬。

《新约》也强调人不能过分专注于工作和生意,对于一个人来说,更重要的不是通过劳动创造并占有多少物质财富,更重要的是要关注自己的精神世界。过分关注工作和生意,会导致人对物质财富的贪心,使自己的灵魂迷失。人应该积极工作,但是积极工作的动机应该是侍奉上帝,通过积极劳动获得上帝的奖赏,工作的终极意义不在世俗的秩序中,而是在天国的目的中。

现代天主教神学在传统天主教神学的基础上,提出现代天主教神学的工作伦理。主张人人都有诚实劳动的责任,因为人人都要在上帝创世计划的发挥中与上帝合作;工作不仅是体力劳动,而且是一切严肃的、有目的的活动,包括参加宗教活动、慈善行为等。

现代天主教神学认为,一个人应该负责任地选择自己的职业。为此,他必须清醒地认识自己的天赋和能力,在实事求是地评价自己的能力和天赋的基础上,选择自己相信可以更好地为上帝服务的职业。一旦选定职业,一个人就应该尽心尽责地为做好职业准备,在职业实践中,应该尽心尽力完成自己的本职工作。

现代天主教神学认为,人们不仅有工作的义务,也有工作的权利。这种权利来自于人的自我保存的权利,来自于人们要承担供养依赖自己生活的人,也来自于人们应该参与上帝创世的计划。因为人们有工作的权利,所以国家和政府有责任制定促进社会成员全面就业的政策,公民有权期望政府制定政策,以尽可能好的方式促进愿意工作,特别是所有需要通过工作得到报酬维持生活的人实现自己的就业目标。如果需要通过工作得到报酬维持生活的人有能力、有愿望工作,而得不到工作机会,那么他有权利要求所在社区给予援助。

现代天主教神学认为,生存权不仅是劳动权利的依据,而且也是获得合理工资权利的依据。现代天主教神学反对仅仅从经济学的角度,把工人劳动作为单纯商品对待的做法,也反对完全以市场供需作为工资的依据。教宗利奥十三世认为,工人的最低工资不能低于维持其本人及亲属最低的生活标准,法律应该倾向于使工人的工资水平保持在除去一般生活开销以外还有一些积蓄的水平,使他们能够购置一些属于自己的财产。教宗约翰二十三世和教宗庇护十一世进一步补充了教宗利奥十三世的工资理论,主张工资标准应该综合社会多方面的因素制定。确定工资标准应该首先考虑交换正义的原则,即要求服务与回报之间应该对等,工作应该得到一份与其提供的服务和花费的精力相称的工资,这份工资也必须足以为他的家庭提供基本的生活条件,能够购买有益健康的食品、租用或购买住宅,能够承担足够的医疗保障和子女教育。确定工资标准还要考虑社会正义的原则,工资应该与国家经济总体上的发展和增长的需求成比例,工资的水平也应该随着国家经济的发展不断提高。当然,为了国家经济的可持续发展应该适当限定工资的水平。

现代天主教神学认为,工业社会中工作时间过长、假期过少、安全措施不足、妇女负担过重以及使用童工等,都会导致对劳动者合理权益的伤害。教宗利奥十三世反对将工人作为赚钱的工具,呼吁国家通过立法保障劳动者的权益,主张国家有义务不让劳动者在宗教与道德上受损害,应该充分保障劳动者的自由时间,保证他们有时间履行宗教义务和恢复体力。

现代天主教神学还注意到,现代化大工业生产使劳动非人性化,个人在劳动中失去了个人的身份和意义;机械化、专业化与自动化使工人与产品相疏离,劳动者很难在工作的完成中获得愉悦和自豪。这都使劳动者降低了工作兴趣,难于确立对工作的认同感,阻碍敬业精神的形成。现代企业在管理上,应该通过企业文化建设,增加劳动者工作的乐趣、工作的成就感,使劳动者充分感受到劳动的主动性和创造性。

现代天主教神学认为,工人有组织工会和罢工的权利。第二届梵蒂冈大公会议强调,自由建立工会的权利必须被列为一项基本的人权,因为工会是维护工人权益的最有效的工具。工人通过工会成为社会权利的拥有者,与资本权利相抗衡,打破资本权利的垄断,有利于社会整体公正的实现。为了更好地实现工会的功能,工会应该尽量减少与政党之间的联系,不受制于政党的政策,保持其特定的社会角色。尽管现代天主教神学认为,工人有罢工的权利,但是教宗利奥十三世将罢工视为一种应该尽可能避免的恶,因为停工对于雇主和雇员来说都是一种伤害,同时它有可能带来暴力和社会混乱。所以,罢工只有在目的合理合法,其他公平与和平的解决方法已经穷尽,并且手段和方法在道德上可以接受时方可使用。即使这样,也应该尽量少使用。

(八)天主教神学的消费伦理思想

现代天主教神学认为,随着社会经济的不断发展,人们生活水平的不断提高,物质财富的不断丰富,人们更容易受到奢侈生活的引诱。因此,消费伦理变得越来越重要。消费者奢侈的消费有悖于节俭的美德。消费者必须明确,消费行为不仅应该符合人生目的所指明的物质和文化使命,而且应该符合社会公益的要求。

现代福利社会的特征是自由消费的观念盛行。自由消费观念刺激利己主义和自私心态的发展,使人们的社会责任感被大幅度削弱,进而伤害了社会的内在凝聚力。同时,自由消费也刺激了消费量的大幅度增加,社会资源被过速消耗,生态危机日益严重。因此,解决生态危机不仅要关注社会生产,更应该关注社会成员的消费行为。

五、对天主教经济伦理的总体反思

天主教的经济伦理思想有一个悠久的发展历史,也有一个复杂的发展变化过程。在西方社会发展中,天主教经济伦理思想的作用也是多方面的,它对西方社会经济乃至整个社会发展都产生了深远影响,从公元4世纪开始,它为西方社会经济发展提供了一个总体的价值导向。

　　西方资本主义市场经济的发展,是在批判天主教经济伦理思想的基础上展开的。天主教的经济伦理思想中存在不利于资本主义市场经济发展的文化因素,这是毫无疑问的。马克斯·韦伯和托尼等人的研究,充分地肯定了这一点,对此也进行了充分的论述。但是,西方资本主义市场经济的发展,同时也是在天主教经济伦理所塑造的文化基础上展开的,没有天主教西方社会就不可能形成资本主义市场经济发展的历史文化基础。

　　美国法学家伯尔曼曾说:"包括马克思主义在内的19世纪所有的意识形态,都不期然而然地致力于贬低、否认和无视近代西方的制度和价值在前新教时代、前人文主义时代、前民族主义时代、前个人主义时代和前资本主义时代的深厚根基,他们全都试图掩盖发生于11世纪晚期和12世纪的西方历史的断裂。"①显然,历史进步既有革新也有继承,以往我们确实更多地看到了西方近代社会与中世纪社会的差别,看到了西方近代社会是在批判天主教文化的基础上发展起来的,但是,我们忽视了历史的连续性和继承性。没有天主教作为文化基础,近代西方资本主义的产生是不可想象的。伯尔曼只是强调了天主教教会法对后来资本主义法律制度的影响,实际上,天主教作为西方文化的基础对后来资本主义社会的影响是全方位的。

　　马克斯·韦伯和托尼等人认为基督教新教的经济伦理思想提供了资本主义精神,但新教本身就是在对天主教改革的基础上形成的,没有天主教的经济伦理思想,基督教新教的经济伦理思想的产生是难于想象的。天主教的经济伦理思想本身就蕴涵着推动资本主义市场经济发展的积极因素,桑巴特和熊彼特等思想家对这些因素的阐发,与韦伯和托尼的思想同样重要。这些文化因素是我们中国传统文化所缺少的,因此在全面构建社会主义市场经济体系的过程中,全面认识天主教的经济伦理意义十分重大。

---

　　① 〔美〕哈罗德·J.伯尔曼:《法律与革命——西方法律传统的形成》,北京:法律出版社2008年版,第40页。

第五章 基督教新教的
经济伦理思想

基督教新教是以 16 世纪宗教改革思想家马丁·路德和加尔文为思想渊源的所有的基督教派系的总称,与天主教和东正教一起构成基督教的三个主要派系。马克斯·韦伯的世界宗教经济伦理研究就是从研究基督教新教的经济伦理思想开始的。韦伯认为,正是基督教新教为资本主义发展提供了精神动力,基督教新教伦理就是所谓资本主义精神,并且只有基督教新教才能为资本主义发展提供精神动力。尽管,我们不能同意他的只有基督教新教才能为资本主义发展提供精神动力的思想,但是,我们也认为基督教新教伦理确实拥有更多的有利于市场经济发展的因素。我们要挖掘各种宗教伦理有利于市场经济的发展的文化因素,基督教新教的经济伦理是其中最重要的部分。

一、基督教新教及其主要宗教信仰

(一)基督教新教的基本情况

基督教新教是 16 世纪后以马丁·路德和加尔文的思想为基础的宗教改革各教派的总称。目前基督教新教全球约有 5.9 亿教徒,其中北美洲1.7亿,非洲1.6亿,欧洲1.2亿,拉丁美洲0.7亿,亚洲0.6亿,大洋洲0.1亿,约占全球基督徒总数的27%。

新教的改革精神可以追溯至14世纪的宗教改革先行者,即英国的威克里夫派和罗拉德派,波希米亚的胡斯运动和意大利的萨伏那洛拉的信徒。16世纪20年代,马丁·路德在德国发起了宗教改革运动,迅速席卷了整个德国。在瑞士,加尔文的归正运动更进一步地加深了宗教改革的影响。到了16世纪中叶,主要宗派都已经可以与旧教抗衡。因为教权与王权的权力争夺,新教在形成的过程中,受到许多民族国家或世俗政权的支持与保护。16世纪末到17世纪,新教的主要宗派在教会的组织与崇拜仪式上已有基本雏形。在教义的认定上,经过长期的争论教义也逐渐成为体系。17世纪中叶,英格兰的清教徒运动要求以加尔文主义改革妥协保守的圣公会,结果把新教运动又推进了一步,产生了脱离圣公会的新教派,如英格兰的长老会、公理会、浸会、公谊会等。随着向美洲移民,新教也成为美洲宗派的大宗。

新教各派有许多与天主教对立的共同特征,在教义上表现为强调因信称义和预定称义,即主张凭着信心可以蒙恩称义,或者能否称义皆由上帝预先决定。新教的称义学说否定了天主教得救必须以教会、神职人员、圣事为中介的主张,主张信徒皆可为祭司,不仅可以相互代祷,还可宣传福音。同时,新教认为《圣经》具有最高的权威,信徒可以借助圣灵的指引直接与上帝相遇,接受对启示的光照,从而否定了天主教坚持的教会释经权,为此新教各派都注重用民族语言诵经,取消了拉丁语《圣经》的垄断地位。新教反对圣母及圣徒崇拜,一般也不赞同炼狱之说。在礼仪圣事上,新教各派反对天主教的繁文缛节,摒弃了弥撒仪式,重视讲道诵经,信徒共同唱赞美诗。将天主教的七项圣事精简为两项,即圣餐和洗礼。教堂的陈设布置一般比天主教简朴。

(二)基督教新教的主要信仰

基督教新教派别众多,在信仰、组织制度和宗教礼仪方面也存在诸多区别。当然,也有一些基本的方面,各派的思想大致相同。

1. 因信称义和预定称义

因信称义是德国宗教改革家马丁·路德提出的。因信称义的意思是,凭着信仰而得以在上帝面前称为义,信仰是对上帝的信仰,对上帝派遣基督道成肉身、为人受难、拯救世人的信仰,在上帝面前称义就是获得上帝的拯救,使人脱离罪恶而可以称为义人。也就是说,信徒得以被称为义不是依靠任何人为的善行或修炼,而是源于神主动的恩典和赏赐,使世人因着圣灵奇妙的工作而向神悔改认罪并信靠主耶稣基督。

在路德的时代,天主教在基督教神学之父奥古斯丁因信称义的学说基础上,提出了因行称义的思想,主张天主教徒要得救,不仅要有信仰,而且要有善行——按时做弥撒、帮助别人、购买圣物和赎罪卷等。路德认为天主教教会出售圣物和赎罪卷的行为是欺诈行为,他重新提倡因信称义的学说。路德的依据是使徒保罗在《罗马书》中的话,保罗说:"因为世人都犯了罪,亏缺了神的荣耀;如今却蒙神的恩典,因基督耶稣的救赎,就白白的称义。神设立耶稣作挽回祭,是凭着耶稣的血,借着人的信,要显明神的义;因为他用忍耐的心宽容人先时所犯的罪,好在今时显明他的义,使人知道他自己为义,也称信耶稣的人为义。"[①]

2. 信徒皆祭司

因信称义是路德思想的中心。因为凭着信仰得以在上帝面前可称为义,每一个信徒自己就可以祈祷和忏悔,可以通过《圣经》获得神意,每一个信徒就都是神职人员,信徒没有必要通过神职人员作为自己与上帝之间的桥梁,这就否定了天主教教会的权威。

《圣经·彼得前书》说:"惟有你们是被拣选的族类,是有君尊的祭司、是圣洁的国度、是属神的子民,要叫你们宣扬那召你们出黑暗、入奇妙光明者的美德。"[②]新教神学家认为,这是信徒人人是祭司的经典依据,也就是说,基督徒可以用耶稣基督的血,在主面前坦然无惧地侍奉他,它并不是说信徒们可以轻看专业的神职人员,或高抬平信徒的地位,而是鼓励

---

① 《新旧约全书·新约全书》,南京:中国基督教协会 1994 年版,第 171 页。
② 同上书,第 266 页。

所有平信徒,同心合一来敬拜神。

3.《圣经》为最高的权威

基督教新教神学家认为,《圣经》是上帝的默示,每一个基督徒都可以通过《圣经》直接接受神意,而且只有通过《圣经》才能接受真正的神意,它是基督教最高的权威。在此之前,天主教的神职人员垄断着《圣经》的解释权,《圣经》只有希腊文和拉丁文,为了便于信徒阅读《圣经》,路德倡导各民族用自己的语言翻译《圣经》。"路德首先将《圣经》翻译为德语,路德翻译的《圣经》非常杰出,因为他能够运用流畅恰当的德文,将希腊原文中高深的神学意义极为传神地表达出来。因为他所翻译的《圣经》,把多种方言语组合成为一个标准的德语体系,所以路德被称为德国语文的创造者。"①

4.唯有洗礼和圣餐礼是圣礼

圣礼,天主教也称为圣事。新教和天主教的圣礼观很不同,一般来说新教只承认洗礼和圣餐礼为圣礼。路德在宗教改革后,初期本来是承认告解礼的,后来因为他发现告解礼不符合圣经之教导而否定了告解。圣餐礼被视为圣礼,是根据《圣经·马太福音》记载的有关耶稣在最后晚餐中说过的话:"他们吃的时候,耶稣拿起饼来,祝福,就擘开,递给门徒,说:'你们拿着吃,这是我的身体';又拿起杯来,祝谢了,递给他们,说:'你们都喝这个;因为这是我立约的血,为多人流出来,使罪得赦。但我告诉你们,从今以后,我不再喝这葡萄汁,直到我在我父的国里同你们喝新的那日子。'"②因为新教一般认为《圣经》是绝对的权威,所以凡是《圣经》提及他们都遵守。新教对圣礼的简化,也是否定天主教教会权威的一种方式。

---

① 《马丁·路德文选》,北京:中国社会科学出版社 2003 年版,第 487 页。
② 《新旧约全书·新约全书》,南京:中国基督教协会 1994 年版,第 32 页。

二、马克斯·韦伯对基督教新教
经济伦理思想的认识

（一）马克斯·韦伯对资本主义以及资本主义精神的界定

1. 对资本主义的界定

马克斯·韦伯的学术研究有一个非常突出的特点，就是他在研究具体问题之前或者之后，往往有对自己的研究方法的反思，说明自己研究所使用概念的内涵以及自己研究的特色和局限性。他关于基督教新教经济伦理的研究，集中在《新教伦理与资本主义精神》一书中，其核心观点是新教伦理就是资本主义精神，是他所说的现代资本主义或者理性资本主义的精神。

韦伯认为只有理性资本主义才是真正的资本主义，现代资本主义；在现代资本主义之前曾经存在多种资本主义的形式，如贱民资本主义、商业资本主义、掠夺资本主义、投机资本主义、冒险资本主义等，所有这些资本主义都是非理性资本主义。韦伯认为，其他民族也曾经产生具有资本主义性质的企业和企业家，但是"他们的活动在过去主要地具有非理性的和投机性质，或趋向于凭借武力以获利，尤其是获取劫掠品，无论这些劫掠品是直接通过战争还是以剥削附属国，长期劫掠其财政收入的形式而取得的"①。唯有西方社会的基督教新教信仰者，创造了现代理性资本主义。新教伦理是现代资本主义精神，其他宗教的经济伦理对资本主义发展也有积极的影响，但对现代的理性资本主义影响不大，只是对非理性资本主义有价值。

韦伯认为，现代资本主义的最突出的特点就是理性主义，"对财富的贪欲，根本就不等同于资本主义，更不是资本主义精神。倒不如说，资本

① ［德］马克斯·韦伯：《新教伦理与资本主义精神》，北京：三联书店 1987 年版，第 10—11 页。

主义更多地是对这种非理性欲望的一种抑制或至少是一种缓解。不过，资本主义确实等同于靠持续的、理性的、资本主义方式的企业活动来追求利润并且不断地再生利润"①。他还指出，对于现代资本主义来说，"在任何时候都具有重要意义的事实是，要以货币形式进行资本核算"②。韦伯认为，资本主义作为一种经济运作方式，就是理性地生产、交换和消费，精确地计算每个经济活动的投入和收益之间的差额。这种理性的经济运作方式，同时需要一系列的社会理性文化作为它发展的基础：以理性逻辑推理和经验实证为基础的自然科学，如数学、医学、物理、化学等；具有理性精神的史学、法学和政治学；理性的、和谐的音乐、美术、建筑科学艺术；具有现代意义的、理性的、系统的、专门化的科学职业以及训练专业人员的教育体制；具有理性的行政管理系统，具有自由劳动的理性的资本主义组织形式，理性的工业组织将事务与家务分离开来；具有理性的簿记方式以及公民、资产阶级这些概念，其中比较重要的是具有理性精神的法学和法律制度以及政治制度、以理性逻辑推理和经验实证为基础的自然科学、理性的工业组织、专门化的科学职业以及训练专业人员的教育体制等。

2. 什么是资本主义精神

马克斯·韦伯认为，给资本主义精神这样的概念下定义是一件困难的事情，因为资本主义精神是一种历史个体，不能用属加种差的方法给这样的概念下定义，只能通过对历史事实进行抽象概括来完成。通过对以富兰克林为代表的思想家相关思想的概括，韦伯揭示了他所理解的资本主义精神，同时，他强调不要把它理解为资本主义精神的全部。

首先，韦伯强调资本主义精神是一种理性主义精神，是一种把赚钱作为自己责任的理性伦理精神。韦伯说："如此看来，资本主义精神的发展完全可以理解为理性主义整体发展的一部分，而且可以从理性主义对于

---

① ［德］马克斯·韦伯：《新教伦理与资本主义精神》，北京：三联书店1987年版，第8页。

② 同上书，第9页。

生活基本问题的根本立场中演绎出来。"①韦伯认为,从表面上看,人们往往将资本主义精神归结为一种贪婪的赚钱的欲望,而事实上,这种欲望是人们在任何时代都有的。韦伯指出:"事实上,这种伦理所宣扬的至善——尽可能地多挣钱,是和那种严格避免任凭本能冲动享受生活结合在一起的,因而首先就是完全没有幸福主义的(更不必说享乐主义的)成分搀在其中。"②

其次,金钱观。资本主义精神是一种与金钱观念密切相关的思想,是一种把赚钱作为自己的伦理责任的一种精神,一种要用钱赚钱的精神。认为金钱具有滋生繁衍性,金钱可生金钱,滋生的金钱又可再生,如此生生不已;把金钱作为一种价值标准,倾向于用金钱衡量社会生活中的各种价值,主张时间就是金钱,所以浪费时间不仅意味着在那个时间消费了金钱,而且是没有在那个时间赚到钱。

再次,信用观。信用就是金钱,善付钱者是别人钱袋的主人,信用可以在任何时候、任何场合聚集起他的朋友们所用不着的所有的钱;信用是立身之本,要千方百计地增加自己的信用,而任何有伤自己信用的事情都要慎重,不可以去做。

又次,勤俭观。不要把现在拥有的一切都视为己有,生活中要量入为出,要将支出与收入作详细记载;要树立节俭公正的形象,节俭公正的形象可以给自己带来信用。

最后,职业观。韦伯说:"事实上,这种我们今日如此熟悉,但在实际上却又远非理所当然的独特观念——一个人对天职负有责任——乃是资产阶级文化的社会伦理中最具代表性的东西,而且在某种意义上说,它是资产阶级文化的根本基础。它是一种对职业活动内容的义务,每个人都应感到、而且确实也感到了这种义务。"③资本主义的发展是与社会成员对自己职业的伦理认同为前提的,资本主义的社会主体不可能是不讲

---

① 　[德]马克斯·韦伯:《新教伦理与资本主义精神》,北京:三联书店 1987 年版,第56 页。

② 　同上书,第 37 页。

③ 　同上书,第 38 页。

道德的人。"资本主义无法利用那些信奉无纪律的自由自在的信条的人的劳动,正如它不能利用那些在与他人往来中给人以完全不讲道德的印象的人一样。"①

(二)马克斯·韦伯对路德的经济伦理思想的认识

马丁·路德和加尔文是宗教改革的两面旗帜,基督教新教的众多教派大多都是以两人的思想为基础展开的,所以,可以说路德和加尔文的经济伦理思想是新教伦理思想的代表。韦伯对新教伦理的分析,也主要是分析他们的思想。

1.路德教的职业观

韦伯发现,在德语 Beruf(职业、天职)和英语 Calling(职业、神召)两个概念中,都有上帝安排的任务的意思,但是,"无论是在以信仰天主教为主的诸民族的语言中,还是在古代民族的语言中,都没有任何表示与我们所知的'职业'(就其是一种终生的任务,一种确定的工作领域这种意义而言)相似的概念的词,而在所有信奉新教的主要民族中,这个词却一直沿用至今"②。路德在翻译《圣经》的时候赋予了职业以"天职"的思想,随着新教的传播,天职的思想也被新教的信仰者迅速接受。"个人道德活动所能采取的最高形式,应是对其履行世俗事物的义务进行评价。"③所以,天职的思想赋予了世俗的日常活动以宗教的意义,"这样,职业思想便引出了所有新教教派的核心教理:上帝应许的唯一生活方式,不是要人们以苦修的禁欲主义超越世俗的道德,而是要人完成个人在现世里所处地位赋予他的责任和义务。这是他的天职"④。

2.路德对天主教的世俗义务观的批判

在对待世俗活动的态度问题上,路德最初所持的观点和天主教神学

---

① [德]马克斯·韦伯:《新教伦理与资本主义精神》,北京:三联书店 1987 年版,第40页。
② 同上书,第58页。
③ 同上书,第59页。
④ 同上。

家托马斯·阿奎那基本没有区别，认为世俗活动是肉体的事情，在道德上是中性的，假如世俗的活动不违背信仰的话，天主教神学家主张对他们持淡然和冷漠的态度。路德也认为在各行各业里，人们都可以得救；既然短暂的人生只是朝圣的旅途，因此，没有必要注重职业的形式。这样，追求超出个人需要的物质利益，必然显示出没有得到上帝的恩典，并且很明显，物质利益只有牺牲他人利益才能获得，所以要受到直接的谴责。但是，随着路德思想的发展，路德发生了重大变化，开始对天主教的世俗职业观念进行批判。"路德认为，修道士的生活不仅毫无价值，不能成为在上帝面前为自己辩护的理由，而且，修道士生活放弃现世的义务是自私的，是逃避世俗责任。与此相反，履行职业的劳动在他看来是胞爱的外在表现。"①他对世俗活动的评价也越来越高。在个人从事的具体职业中，他越来越认为履行神意安排给人的特定义务是上帝的专门旨意。

天主教认为理想的生活是宗教生活，引导人们放弃世俗的追求，至少对世俗的生活不能热衷，要持一种冷漠的态度，认为过分关心世俗生活和物质生活不利于精神境界升华。贬低世俗生活的价值，无疑对社会经济的发展具有非常不利的影响，路德的天职思想赋予世俗的日常活动以宗教的意义，解决了世俗的工作与自己的宗教信仰的矛盾，从而为资本主义市场经济的发展清理了宗教伦理的障碍。

3.路德职业思想的局限性

韦伯认为，路德的职业观念是以《圣经·哥林多前书》中保罗淡漠现世的末世论思想为基础的，所以路德的职业观念基本上是传统主义的。韦伯指出，路德早期认为"在各行各业里，人们都可以得救；既然短暂的人生只是朝圣的旅途，因此，没有必要注重职业的形式。这样，追求超出个人需要的物质利益，必然显示出没有得到上帝的恩典，并且很明显，物

---

① ［德］马克斯·韦伯：《新教伦理与资本主义精神》，北京：三联书店1987年版，第59页。

质利益只有牺牲他人利益才能获得,所以要受到直接的谴责"①。即使到了后来,路德的职业思想与真正的资本主义精神也没有直接的关系,"路德的职业观念依旧是传统主义的。他所谓的职业是指人不得不接受的、必须使自己适从的、神所注定的事。这一点压倒了当时存在的另一思想,即从事职业是上帝安排的一项任务,或者更确切地说,是上帝安排的唯一任务。在以后的发展过程中,正统的路德派更多地强调这一点。因而,当时唯一的伦理观是消极的:世俗工作不再低于苦行活动;人们宣扬要服从权柄,安于现状"②。至于其思想对后来资本主义发展的影响,韦伯认为它一定是路德始料不及的。

实际上,伦理观念的改革,尤其是宗教伦理观念的世俗化,不是任何一个宗教教派的改革家所关心的中心问题。宗教改革家的目的都是纯宗教的,伦理观念内的改革建立在宗教信仰的前提下,而宗教往往是社会保守性力量,宗教改革的目的当然不是宗教世俗化,弱化宗教信仰,恰恰相反,它的目的是强化宗教信仰的社会作用。所以,即使是促使社会革新的理论,改革的后果往往与它的初衷相差很远,其理论形式至少是重新强调传统价值,因而宗教改革也往往是以原教旨主义的方式出现的。

(三)马克斯·韦伯对加尔文宗的经济伦理思想的认识

加尔文是 16 世纪著名的宗教改革家,基督教新教著名的宗教领袖。以其思想为依据的基督教新教多个教派统称为加尔文宗,也称为长老宗、归正宗、加尔文派、加尔文教,预定论是其最主要的信仰。在 16、17 世纪,在西方最发达的国家,如荷兰、法国、英国等,加尔文教引起了重大的政治斗争和文化斗争。韦伯认为,与路德教相比较而言,它对资本主义发展产生了更多积极的影响。

1. 加尔文宗的主要信仰

预定称义论是加尔文宗的核心信条,认为基督受死以行救赎,不是为

---

① [德]马克斯·韦伯:《新教伦理与资本主义精神》,北京:三联书店 1987 年版,第 62 页。

② 同上书,第 63 页。

全体世人，而是为上帝所特选的将被救赎者，谁是上帝所特选的，谁会被上帝弃绝，与个人本身的行为无关，全由上帝决定；上帝是世界万物的创造者，也是世间万物的统治者，世界上所有的东西都是由上帝决定的，人也是上帝的造物，人的一切也都是由上帝预前决定好的，既包含今生的生活。也包括彼岸的生活。也就是说，一个人是不是能够得救称义在他出生之前，上帝已经决定了。

为了说明预定称义论，韦伯引证了 1647 年《威斯特敏斯特信纲》的权威性阐述：

"第九章（论自由意志）第三条：人，由于他堕入罪恶状态，所以完全丧失了达到任何崇高的善的意志能力以及与此相伴随的灵魂得救。因此，一个自然人，完全与善背道而驰而且在罪孽中死去，便无法依靠自己的力量改变自己，或为这种善做任何准备。

"第三章（论上帝永恒天命）第三条，按照上帝的旨意，为了体现上帝的荣耀，一部分人与天使被预先赐予永恒的生命，另一部分则预先注定了永恒的死亡。

"第五条，人类中被赐予永恒生命的，上帝在创世之前就已根据他恒古不变的意旨、他的秘示和良好愿望而选中了耶稣，并给予他永恒的荣耀，这完全是出于上帝慷慨的恩宠与慈悲，并没有预见人或耶稣的信仰、善行及坚韧，也没有预见任何其他条件或理由使上帝给予恩宠或慈悲，一切归功于上帝伟大的恩宠。

"第七条，上帝对其余的人感到满意，按照上帝意旨的秘示，依据他的意志，上帝施予或拒绝仁慈，完全随其所愿。使他统治自己的造物的荣耀得以展现，注定他们因为自己的罪孽感到羞辱并遭到天谴，一切归于上帝伟大的正义。　.

"第十章（论有效的神召），第一条，所有上帝赐予永恒生命的人，也只有那些人，上帝都会在他预定神召的时候，以圣言或圣灵进行有效召唤（将他们从浮生罪恶与死亡的状态中选召出来）……剔去他们的铁石之心，赐予他们肉体的心，更新他们的意志，并以上帝的无上威力，使他们坚定地从善。

"第五章(论天命),第六条,至于那些不信教的恶徒,前世的罪恶使他们不辨善恶,而且铁石心肠,上帝,作为正直的裁判,不仅拒绝给予他们以恩赐——这恩赐本可以照亮他们的眼睛、软化他们的心肠,而且上帝有时甚至收回他们原有的天赋,致使他们暴露在有可能导致罪恶的腐化之前;此外,上帝还放纵他们的欲望,用尘世的诱惑和撒旦的魔力引诱他们,于是这些人心肠愈硬,甚至上帝用来软化他人的方法也只会使他们心肠变得更硬。"①

2. 加尔文宗与路德教、天主教信仰的异同

加尔文与路德都是天主教的改革者,他们的思想有许多相近之处,都反对天主教过分强调教会、宗教仪式以及个人善行对于得救的作用,都主张个人是否得救与教会、宗教仪式以及个人善行没有关系。但是,相比较而言,在很多方面加尔文的改革更彻底。

(1)加尔文与路德的思想基础不同

韦伯认为:"对于加尔文来说,令人敬畏的教令并不是像路德认为的那样,从宗教经验中发展而来,而是出于他自己思想的逻辑需要。因而,随着这一宗教思想的逻辑一致性的不断增强,这一教令的重要性也因而得到不断发展。其全部意义在于上帝,而不在于人;上帝不是为了人类而存在的,相反,人类的存在完全是为了上帝。一切造物(当然包括加尔文所深信不疑的事实,即,只有一小部分人被选召而获得永恒的恩宠),只有一个生存意义,即服务于上帝的荣耀与最高权威。以尘世公正与否的标准来衡量上帝的最高旨意不仅是毫无意义的,而且是亵渎神灵的,因为只有上帝才是绝对自由的,即不受制于任何法律的。我们只有根据上帝自己的意愿,才能理解或仅仅知晓上帝的意旨,我们只能牢牢抓住永恒真理的这些碎片。"②

路德很重视宗教经验的意义,他认为信仰就是要达到与神合一的神

---

① [德]马克斯·韦伯:《新教伦理与资本主义精神》,北京:三联书店1987年版,第75—76页。

② 同上书,第77—78页。

秘的、最高的宗教体验。加尔文教的预定称义论是加尔文思想逻辑发展的产物,它拒斥一切神秘主义的东西。加尔文认为,人与上帝的神秘合一是不可能的,神性真正进入人的灵魂是不可能的,因为人是有限的,神是无限的,而有限不能包含无限。韦伯认为,加尔文教比路德教更具有理性主义宗教的特点,这也意味着,加尔文的思想比路德的思想对资本主义的发展意义更大。

(2)对恩宠状态的理解不同

加尔文宗和路德宗的信仰者面对的根本问题都是确证自己处于恩宠状态,但是,加尔文和路德对恩宠的认识不同。他们不仅对恩宠的获得方式和确证存在状态的方法认识不同,而且对恩宠状态本身的认识也不同。路德主张因信称义,而加尔文认为是否称义与人无关,完全是由神决定的。加尔文宗认为恩宠是恒一的,路德宗则认为恩宠可以失却,可以再得。

路德认为,要确证自己处于恩宠状态就要达到与神合一的境界,使灵魂成为圣灵的容器;加尔文认为,确证自己受恩宠的方法只能是凭借一种有助于增添上帝荣耀的基督徒行为,神秘行为可以产生怎样的作用,只有在上帝的意志中才有答案,而上帝的意志体现在《圣经》和世界的自然秩序中。所以,韦伯说:"宗教信仰者既可以因为他觉得自己是圣灵的容器也可以因为觉得自己是神的意愿的工具而确信自己已处于恩宠状态。在前一种情况下,他的宗教生活倾向于神秘主义和感情主义,而在后一种情形里则倾向于禁欲行为。路德教接近于第一种类型,而加尔文宗则无疑地属于后一种类型。"①

加尔文教徒奉行"一切为上帝的荣耀",使他们确立了纯粹理性主义和禁欲主义的生活方式,笛卡儿"我思故我在"的理性哲学信条,在加尔文教信仰者中,转化为行为的伦理指南。韦伯认为,理性主义和禁欲主义的生活方式,在西方社会有历史传统,天主教也主张这种生活方式,但是,

---

① [德]马克斯·韦伯:《新教伦理与资本主义精神》,北京:三联书店1987年版,第86—87页。

加尔文将这种生活方式推到了极端。加尔文宗的禁欲主义与天主教的禁欲主义的区别,表现在福音商议的消失,以及随之而来的从禁欲向世俗活动的转变。天主教只是让僧侣过严格的理性主义和禁欲主义的生活方式,而加尔文宗让所有的人都采取这样的生活方式,这意味着不是只有僧侣的生活方式是神圣的、理想的生活方式。加尔文宗不是要僧侣世俗化,而是要世俗宗教化,要俗人也成为圣僧。

加尔文教的信仰者确立了一种纯粹理性的生活态度,他们排斥一切肉体的享乐、感情和神秘主义的东西,用理性驱逐魔力,用理性控制情绪和本能,使一切行为在理性的约束之下,过一种冷峻、矜持、深沉、一切都在预料中的生活。正如韦伯所指出的:"清教徒就像所有理性类型的禁欲主义一样,力求使人能够坚持并按照他的经常性动机行事,特别是按照清教教给他的动机行事,而不依赖感情冲动。就清教这个词的形式上的心理学含义而言,它是试图使人具有一种人格。与很多流行的观点相反,这种禁欲主义的目的是使人可能过一种机敏、明智的生活:最迫切的任务是摧毁自发的冲动性享乐,最重要的方法是使教徒的行为有秩序。"①

(3)对宗教仪式和教会的态度不同

天主教认为教会和神职人员是一般信仰者和上帝之间的桥梁,只有在宗教仪式中,通过神职人员,一般信仰者才能和上帝沟通。圣灵只能与神职人员合一,一般信仰者只能通过神职人员了解上帝的意志。《圣经》是神启,是上帝意志的体现,只有神职人员具有阅读尤其是解读《圣经》的资格。

路德宗认为,天主教夸大了教会、神职人员和宗教仪式的作用,主张因信称义;但是,路德也不完全否定宗教仪式的价值,认为教会和宗教仪式对得救有一定的意义。

加尔文宗认为,人是否能够称义完全取决于上帝,所以,教会和宗教仪式对得救没有意义,人的活动只是荣耀上帝,参加教会活动也是荣耀上

---

① [德]马克斯·韦伯:《新教伦理与资本主义精神》,北京:三联书店1987年版,第86—87页。

帝的一种方式。加尔文的"预定论"将人们通过教会获得拯救的道路完全堵塞了,是否得救完全依赖上帝。"预定论"使信仰者处于永恒的敬畏、焦虑的紧张中,表现在行为上就是极端的禁欲主义,谨小慎微、兢兢业业。

(4)对善行的理解不同

天主教认为,人必须把自己的信仰体现为善行,才能真正得救,而善行就是参加宗教仪式,严格遵守上帝的戒律。天主教的禁欲主义是以苦身修行为灵魂救赎的手段,主张从社会生活中退隐出去,认为财富是灵魂的诱惑,是救赎的威胁,追求财富导致道德堕落。人是罪恶的,所以人也难免有恶行,做了错事就要忏悔,通过忏悔获得上帝的饶恕、拯救,天主教徒的生活似乎是恶行——忏悔——救赎——新的恶行的多次循环。

由于路德宗不完全否定宗教仪式的价值,认为教会和宗教仪式对得救有一定的意义,所以,路德宗对善行的称义价值也不完全否认,认为人是否被恩宠是可以因为罪恶而消失的,也可以通过悔悟后虔诚的信仰而重新获得。韦伯对此指出:"对路德教派的开创者们来说,必须信仰上帝的恩赐是可以取消的(可失性),也是可以通过悔悟后的谦卑和绝对信赖上帝的旨喻及圣事而重新赢得的。"①

加尔文宗的禁欲主义和天主教禁欲主义有共同之处:"禁欲主义的目的是使人可能过一种机敏、明智的生活:最迫切的任务是摧毁自发的冲动性享乐,最重要的方法是使教徒的行为有秩序"②,也有不同之处。加尔文宗认为,是否得到救赎完全取决于上帝,善行无助于救赎。世俗的禁欲主义行为,不是交换上帝救赎的筹码,进入天国的门票不能通过世俗行为的善良交换。预定称义的信仰,使加尔文宗的信徒注定一生得忍受不能得到救赎的紧张,这种紧张使他们一生兢兢业业、勤勤恳恳。加尔文宗要求信徒不是做一个善行,而是要一辈子行善。加尔文宗的信徒只能过那种严酷冷峻的生活,时时刻刻保持理智的冷静,不能有冲动而使自己犯

---

① [德]马克斯·韦伯:《新教伦理与资本主义精神》,北京:三联书店 1987 年版,第77 页。
② 同上书,第 91 页。

错误,天主教那种富有人性的通过忏悔解脱心灵压抑的机会被完全取消了。然而,也正是这种信仰导致了加尔文教徒内在的心理张力,这种心理张力在资本主义发展中变成了源源不竭的精神动力。

3. 加尔文宗信仰的经济伦理意义

韦伯认为,预定称义论对历史文化发展产生了非常重要的作用:这种思想导致了英国君王与清教徒的矛盾,促使英国国教的分裂;导致加尔文宗含有政治危险招致权势的屡次打击;17 世纪英国的多次宗教会议都把它作为核心议题,使其具有教会的法规性。更重要的是,预定称义论的思想在基督徒那里确立了理想主义的生活方式和个人主义自我生存状态,同时它又使世俗职业活动神圣化,而这些正是理性资本主义发展不可或缺的文化因素。

(1)预定称义论与个人主义自我生存状态

韦伯认为,因为预定称义论强调人类只有一部分能够被得救,其余将被罚入地狱,而哪些人会得救,哪些人下地狱,是上帝早已经预前决定了。"教士无法帮助他,因为上帝的选民只能用自己的心灵来理解上帝的旨喻;圣事无法帮助他,因为尽管上帝规定用圣事增添自己的荣耀,因而人们必须严格地执行,但圣事并非获得恩宠的手段,而只是信仰的主观的'外在支柱';教会也无法帮助他,因为尽管人们相信'离群者乃不健康之人',意即,回避真正教会的人永不可能是上帝的选民,然而取得外在性的教会成员的资格也仍然要接受末日的审判。他们应该属于教会并遵守教规,但不能以此得救,因为这是不可能的,而只是为了上帝的荣耀,他们也被迫遵守上帝的戒规;最后,甚至上帝也无法帮助他,因为耶稣也只是为了上帝的选民而死的。"①每一个信仰者的命运除了和上帝预前的安排相关,与任何其他事情都无关,每一个信仰者都必须孤独地承受自己的命运,忍受自己是不是上帝选民带来的心理孤独和焦虑,只有个人虔诚的信仰能够帮助自己减缓这种心理的孤独和焦虑。这种孤独感成为有幻灭感

---

① [德]马克斯·韦伯:《新教伦理与资本主义精神》,北京:三联书店 1987 年版,第79 页。

及悲观倾向的个人主义的一个重要根源,"而这种个人主义,即使在今天也可以从有清教历史的民族的民族性格或习俗中发现,这与后来启蒙运动看待世人的眼光形成鲜明的对比"①。西方的历史发展表明,个人主义为市场经济的经济制度与民主政治的政治制度奠定了社会基础。

(2)预定称义论与理性主义的生活方式

预定称义论本身就是理性逻辑的产物。韦伯认为,加尔文的逻辑是:"如果假定人类的善行或罪恶在决定这一命运时会起作用,则无异于认为上帝的绝对自由的决定能够受人类的支配;而上帝的决定又是永恒地固定了的,因此,这是于理不通的自相矛盾。《新约》中所描述的那个天界里的圣父,是那样富有人情味和同情心,他会为一个罪人的幡然悔悟而由衷地感到欣慰,恰如一个妇人为银币的失而复得而欣喜一样。但这个上帝已经不存在了,取而代之的是一个超验的存在,是人类理解力所无法企及的存在。"②所以,对于加尔文宗来说,其全部意义在于上帝,而不在于人;上帝不是为了人类而存在的,相反,人类的存在是为了上帝。人是不是能够得救完全取决于上帝,教会、神职人员、宗教仪式以及人的一切努力等都没有意义,一切与神秘主义相关的魔力性的东西必须从世界上排除,这是预定称义论的必然逻辑结论,加尔文宗的信仰者只能过一种绝对理性化的生活。"真正的清教徒甚至在坟墓前也拒绝举行宗教仪式,埋葬至亲好友时也免去挽歌及其他仪式,以便杜绝迷信、杜绝靠魔法的力量或行圣事的力量来赢得拯救这种想法。"③而社会生活的理性化正是资本主义文化的核心特点。

预定称义论所昭示的上帝的绝对超验性,不仅把魔力从世界中排除出去,而且它宣称"一切和肉体有关的都是堕落",于是,加尔文教的信仰者就必须把一切诉诸感官和情感的成分都采取彻底否定的态度。人们往

---

① [德]马克斯·韦伯:《新教伦理与资本主义精神》,北京:三联书店 1987 年版,第80 页。

② 同上书,第 78 页。

③ 同上书,第 79—80 页。

往认为,基督教新教的改革是基督教信仰的弱化、世俗化,也许这确实是基督教新教的改革长期影响社会以后的结果,但在改革之初,加尔文宗不是让所有神职人员都世俗化。恰恰相反,加尔文宗让世俗生活中的所有人都要变成圣僧,加尔文宗信仰者的生活状态比天主教信仰者更具有禁欲主义色彩,更强调理性对本能、欲望、情感的约束和控制。新教徒的禁欲主义为资本主义社会的原始资本积累提供了开源节流的双向渠道。

(3)预定称义论与世俗职业活动的神圣化

预定称义论主张,在社会生活中,人的一切都与得救与否无关,尘世的存在只是为了荣耀上帝,所以,基督徒的尘世生活要服从上帝的圣诫。而圣诫要求基督徒取得社会成就,基督徒世俗社会成就的获得是增加上帝的荣耀,这些世俗的活动也包括职业劳动,也就是说,基督徒兢兢业业、勤勤恳恳地完成职业劳动,是符合上帝的意愿的,完成本身的职业责任是增加上帝的荣耀,是一个基督徒的本分。因此,在对世俗的职业劳动意义的肯定方面,加尔文比路德又向前走了一步,在路德的理论中,只是说明了世俗的职业劳动与基督教的宗教信仰不矛盾,而在加尔文这里,圆满地完成职业责任成了基督徒本质的属性,它是他们在世俗社会生活的唯一目的,是神圣而崇高的。所以,可以说,预定称义论为基督徒提供了敬业精神的宗教文化基础。

同时,尽管加尔文强调自己是上帝的选民只与自己对上帝的确信有关,而与自己的行为无关,对于个人来说,只要确信上帝已经选定就应该满足了,不能通过个人的行为反证自己被选招,那是不正当的探求上帝秘密的行为,个人没有必要为自己是否被选招而焦虑;但是,韦伯认为,加尔文的这种观点并不能真正解除基督徒对自己到底是不是被选招的焦虑,为了摆脱这种焦虑,获得被选招的自信,他们只能兢兢业业地工作。韦伯指出:"为了获得这种自信,紧张的世俗活动被当做最合适的途径。只有世俗活动能驱散宗教里的疑虑,给人带来恩宠的确定性。"①

---

① [德]马克斯·韦伯:《新教伦理与资本主义精神》,北京:三联书店1987年版,第85页。

（四）马克斯·韦伯对清教经济伦理的认识

清教是在加尔文宗的基础上发展起来的基督教新教的派别之一。"清教徒"源于拉丁文的"清洁"一词，他们要求清除国教会中天主教残余，纯洁宗教信仰。清教对英属北美殖民地的建立起过重要作用，并对17世纪以后英、美等国的政治、经济、思想、文化、宗教等各方面也产生了深远影响。韦伯以清教神学家巴克斯特的伦理思想为代表，分析了清教的思想对资本主义发展的影响。

1. 清教的主要信仰

清教徒只承认《圣经》是信仰的唯一权威，强调所有信徒无论平民还是国王在上帝面前一律平等。他们信奉加尔文"成事在神，谋事在人"的预定论，主张建立无教阶制的民主、共和的教会，反对国王和主教专权。他们接受加尔文教教义，要求废除主教制和偶像崇拜，减少宗教节日，提倡勤俭节约，反对奢华纵欲。因其要求在圣公会内未能实现，自16世纪70年代起，就脱离了圣公会，建立独立教会，选举长老管理宗教事务。他们赞许现世财富的积累，提倡节俭、勤奋的进取精神。这些观点反映了新兴资产阶级的愿望和意志。

2. 清教的经济伦理思想

韦伯认为在基督教新教的各派当中，清教的伦理思想对资本主义发展作用最大。在《新教伦理与资本主义精神》一书中，韦伯通过对清教伦理的分析，对基督教新教伦理对资本主义发展的影响，进行了概括和总结。

（1）清教的财富观

清教的思想受加尔文的影响很深，但是在财富问题上，清教与加尔文有很大不同。它们不仅比加尔文宗甚至比天主教更反对追求物质财富，"加尔文认为，聚敛财富并不会阻碍教会发挥作用，相反的，它将大大提高教会的威望，而这是十分可取的；由此，他允许教职人员为谋取利润而动用其资产。而在清教徒的著作里，对追逐金钱财富的谴责非难却是俯首即拾，无穷其多，我们可以拿它们与中世纪后期的伦理文献作一番比较,后者在这一问题上的态度要开明得多"①。但是,它们反对追求物质财富的道德理由却是"占有财富将导致懈怠,享受财富会造成游手好闲与屈从于肉体享乐的诱惑,最重要的是,它将使人放弃对正义人生的追求。事实上,反对占有财富的全部理由就是它可能招致放纵懈怠"②。对于清教徒来说,只有劳作而非悠闲享乐才能增加上帝的荣耀。

清教徒认为,即使是法律上归属自己的财富,也不真正属于自己,"人只是受托管理着上帝恩赐给他的财产,他必须像寓言中的仆人那样,对托付给他的每一个便士都有所交待。因此,仅仅为了个人自己的享受而不是为了上帝的荣耀而花费这笔财产的任何一部分至少也是非常危险的"③。人必须服从于自己的财产,对每一笔财产负责,财产越多自己的责任就越大,也更神圣,因为那样更能够荣耀上帝。这正是清教徒为什么越是有钱,就越是节俭乃至吝啬的原因。

清教的财富观看起来不如加尔文的财富观对资本主义发展有利,但实际上并非如此。清教的财富观消除了个人为了自我占有和享乐追求财富的动机,但是,它强调人必须勤奋、节俭、不停地劳作,所以它并没有消除人们实际创造财富的动力。创造而不消耗至少是尽可能少地消耗财富,恰恰对财富的聚集有更大的作用,因为它不仅为开源而且为节流提供了精神支持。这对后来西方社会发展产生了很大影响,这种财富观对于西方社会慈善事业的发展更是意义重大。许多富豪在经济经营中斤斤计较,在慈善活动中却慷慨大方,这与基督教新教的宗教信仰有很大关系。

(2)清教的时间观

清教强调勤奋,反对悠闲享乐,所以特别珍惜时间,认为虚掷光阴是万恶之首,是不可饶恕的罪孽。"人生短促,要确保自己的选择,这短暂的人生无限宝贵。社交活动,无聊闲谈,耽于享乐,甚至超过了对健康来

---

① [德]马克斯·韦伯:《新教伦理与资本主义精神》,北京:三联书店1987年版,第122—123页。

② 同上书,第123页。

③ 同上书,第133页。

说是必不可少之时辰(至多为六至八小时)的睡眠,凡此种种皆位于应遭受道德谴责之列。"①清教当然不主张时间就是金钱,利用时间也不是为了赚钱,但是,为了荣耀上帝就必须尽可能多地劳作,无为的宗教玄想冥思都是应该反对的。而辛勤的劳作不可能不创造财富,积攒金钱。

(3)清教的劳动观

清教认为人必须恒常不懈进行艰苦的体力和脑力劳动,艰苦劳动的目的是有效地节制欲望。清教徒认为上帝认可的生活是理智的、清心寡欲的生活,所以,要压抑一切本能欲望和情感,包括人的性欲。人的性欲只能是为了上帝允许的繁衍的目的。"除了粗茶淡饭和冷水浴外,用来抵御一切性诱惑的药方与用来抵制宗教怀疑论和道德上的寡廉鲜耻的药方一样,那就是'尽忠职守'。不过,最重要的乃是更进一步把劳动本身作为人生的目的,这是上帝的圣训。圣·保罗的'不劳者不得食'无条件地适用于每一个人,厌恶劳动本属堕落的表征。"②无论是富人还是穷人都不可不劳而食,即使富人已有足够的财富,也不能拒绝劳动。

清教的劳动观与天主教的劳动观的分歧十分明显。天主教的最著名的哲学家托马斯·阿奎那在解释圣·保罗的"不劳者不得食"时,只是把劳动理解为维持个人和社会存在的必要的自然条件。在天主教中,宗教的玄思冥想显然比劳动具有更重要的宗教价值。

(4)清教的职业观

托马斯·阿奎那认为,社会的劳动分工和职业分工是神安排的,每个人在世界上的位置是自然法则决定的,是随机的和偶然的,天主教并不特别强调遵守这种职业分工具有重大的宗教意义。路德认为,职业是上帝安排的,人必须尊重上帝的安排,把职业作为上帝的神召,遵循上帝的安排是人神圣的责任。清教的神学家巴克斯特认为,私人经济活动中也有神意的体现,要从劳动分工的成效来洞悉上帝的安排。分工是劳动的专

---

① [德]马克斯·韦伯:《新教伦理与资本主义精神》,北京:三联书店1987年版,第123页。

② 同上书,第124页。

业化,专业化有利于提高劳动效率,上帝安排职业分工,表明上帝认可劳动效率的提高。

清教徒不是像路德教徒那样盲目地遵守上帝的安排,而是对任何决策都要有一个可以理解的事理。清教徒认为只要不是为了个人享乐,而是为了公共利益和正当个人利益,同时不妨碍他人利益,从事多种职业是可以的。不论是从事一种职业还是多种职业,只有能够为社会提供更多数量的财富,才是上帝认可的。如果拒绝上帝为你指出的容易赢利的途径,就是拒绝成为上帝的仆人,是罪恶的。如果追求财富是履行上帝认可的职业责任,那么,这种行为是正当的、应该的、必需的。

总之,清教的职业观为近代的专业化劳动提供了道德依据,用神意解释追逐财富也为企业家的行为提供了道德理由。

(5)清教的法律观

清教希望社会呈现严格的秩序,每个人都过循规蹈矩的生活,所以,清教徒特别重视法律的作用,特别欣赏《旧约》中对行为规范化、法律化的赞美。以往基督教徒所认为的摩西的戒律不适用于基督徒是不对的,只要抛开摩西戒律中具有历史局限性的东西,摩西律法作为成文的自然法规始终是有效的。

市场经济与民主政治等现代西方社会制度中最关键的因素,都与现代法律制度的建构关系密切。清教徒重视法律的作用,希望将人们的行为规范化、法律化的追求,对于资本主义社会发展的影响显然是不可低估的。

(6)清教徒的生活方式

清教徒确信自己是上帝特殊的选民,作为上帝特殊的选民应该具有特殊的人格和生活方式。严肃刻板、坚忍耐劳、严于律己是清教徒的典型人格,他们反对沉溺于一切世俗的享乐,对生活中不具备直接宗教价值的东西怀有敌意,其中甚至包括体育运动。韦伯指出:"清教徒对一切沾染有迷信味道的事物,对魔法获救或圣礼获救之残余痛恨至极,而这种仇恨也波及圣诞庆典、五朔节花柱游戏以及所有自然的宗教艺术。……清教徒厌恶戏剧,并且由于一切性感的东西和裸体都被严格地排除在他们所能容忍的范围之外,所以关于文学或艺术的激进观点也不可能存在。闲谈、奢侈品、自负的炫耀,所有这些观念都是无客观目的的非理性态度的表现,因而也就不符合禁欲主义的要求,尤其是它们并非为了上帝的荣耀,而是为人服务的。"①

韦伯认为,清教伦理塑造了资本主义市场经济发展所需要的社会主体——经济人,他指出:"资产阶级商人意识到自己充分受到上帝的恩宠,实实在在受到上帝的祝福。他们觉得,只要他们注意外表上正确得体,只要他们的道德行为没有污点,只要财产的使用不至遭到非议,他们就尽可以随心所欲地听从自己金钱利益的支配,同时还感到自己这么做是在尽一种责任。此外宗教禁欲主义的力量还给他们提供了有节制的,态度认真,工作异常勤勉的劳动者,他们对待自己的工作如同对待上帝赐予的毕生目标一般。最后,禁欲主义还给资产阶级一种令其安慰的信念:现世财富分配的不均本是神意天命;天意在这些不均中,如同在每个具体的恩宠中一样,自有它所要达到的不为人知的秘密目的。"②

3.清教经济伦理的局限性

韦伯发现,清教徒的这些伦理思想在他们处于从比较低的社会地位时得到比较好的贯彻执行,但是,当他们聚集了大量的财富以后,拒绝对物质财富的享受对于他们来说就不容易做到了。财富的增长往往与傲慢、愤怒以及对现世东西的热爱一起增长,对财富的追求必然导致原来附着其上的宗教和伦理的含义逐渐消失。韦伯预言资本主义发展到最后阶段必然是"专家没有灵魂,纵欲者没有心肝;这个废物幻想着它自己已达到了前所未有的文明程度"③。

---

① [德]马克斯·韦伯:《新教伦理与资本主义精神》,北京:三联书店1987年版,第132页。

② 同上书,第138—139页。

③ 同上书,第143页。

三、对基督教新教经济伦理的其他认识

马克斯·韦伯的《新教伦理与资本主义精神》发表后,引起很大的反响,资本主义发展的动力问题成为许多学者关注的热点问题。有的学者支持韦伯的观点,进行了更进一步的研究,如美国的学者罗宾斯的《敬业——美国员工职业手册》;有的学者总体上支持韦伯的观点,又对韦伯的观点进行了补充,如英国学者托尼的《宗教与资本主义的兴起》;也有的学者提出了反对的意见,如德国历史学派的经济学家桑巴特的《奢侈与资本主义》。综合这些学者的观点,能够使我们对基督教新教的经济伦理有更全面而深刻的认识。

(一)桑巴特对韦伯的批评

1.关于清教和犹太教伦理的不同认识

桑巴特反对韦伯的清教教义是资本主义背后的道德力量的说法,相反,他认为资本主义是推动清教教义形成的力量。桑巴特认为,主要是犹太教的伦理为资本主义发展提供了精神动力,资本主义精神主要由下列因素培育而成:犹太教的理性主义观点、犹太教的条文主义、犹太教宗教领袖的商业精神、允许犹太人和非犹太人之间存在不同道德原则的训诫等。在犹太教的影响下,远在16世纪就形成了资本主义精神。

桑巴特认为,清教伦理不仅不能推动资本主义的发展,相反,为资本主义的发展设置了许多障碍。在《资本主义的精华》一书中,桑巴特指出,清教一直是资本主义的对立物,尤其是资本主义经济观的对立物,资本主义是某种世俗的东西,它必将受到所有认为现世生活只是来世生活准备阶段的人的憎恶和谴责。清教教义与中产阶级的美德毫无关系,清教教义的鼓吹者完全反对所有发财致富的行为。清教教义极度谴责自由竞争,清教教义几乎不鼓励人们从事有长远打算的具有冒险性的事业。桑巴特认为,在加尔文教控制的地区教会是明确敌视资本主义的。

韦伯认为,主要是清教伦理为资本主义的发展提供了精神动力,而犹太教伦理几乎没有产生作用,桑巴特的观点正好相反。但是,不论是桑巴特还是韦伯,他们都不能忽视的是,清教是犹太教的发展形式。实际上,新教的各派与天主教相比,他们都更重视《旧约》,在许多方面,新教对旧教的批判,都使他们更接近犹太教的精神,尽管这一点是新教的神学家不愿意承认的。关于新教与犹太教的这种共性,韦伯在《新教伦理与资本主义精神》中是有所论及的,所以,我们很难不想象两位思想家乃是为了论战的需要而互相反对。我们可以问桑巴特,如果清教是资本主义的反对力量,犹太教何以成为资主义的推动力量? 当然,这个问题也可以变换一下再问韦伯,如果犹太教是资本主义的反对力量,清教何以成为资主义的推动力量?

在准确评价犹太教伦理和清教伦理对资本主义发展的作用问题上,韦伯也许更有道理。这一方面是因为,他对犹太教伦理的作用不是持完全否定的观点,只是对犹太教伦理的作用认识不足而已;另一方面,韦伯对自己的研究是作了限定的,当他讲新教伦理是资本主义精神的时候,他所指的资本主义是理性资本主义,资本主义主要是作为一种经济的理性组织;另外,韦伯认为,由于犹太人的人数以及社会地位导致了,即使犹太教是有利于资本主义发展的精神,它对西方资本主义发展的实际意义也不大,这不能不说也有一定的道理。当然,韦伯说桑巴特的书是一本关于该论题的最糟糕的书,这是刻薄、不实之词。实际上,桑巴特的研究让人们看到在韦伯观点的另一面还存在着合理的因素。

在关于新教对资本主义发展的消极意义问题上,韦伯也不是完全否认。韦伯不认为新教的信仰是指向世俗的,只是他认为这并没有妨碍它对世俗社会产生作用,在社会近代化的进程中,宗教改革者都不想宗教世俗化,都想进一步强化宗教信仰,但是结果却都导致了宗教的世俗化。所以,桑巴特可能更多地重视了问题的外在表现,而韦伯的认识则更深刻。清教虽然反对发财赚钱,但实际上导致了发财赚钱;不论加尔文教流行的地区是不是敌视资本主义,社会历史的实际情况是加尔文教流行的地区资本主义发展得早且快,尤其清教国家——英国和美国——的资本主义发展更是具有世界领先的地位。

2. 对节俭和奢侈的经济伦理意义的不同认识

韦伯认为清教徒的生活方式是最有利于资本主义发展的,尤其是理智约束本能和情感的理性主义倾向导致的反对享乐、追求节俭的品德,为资本原始积累发挥了重大作用。而桑巴特则认为,节俭不是资本主义发展的主要动力,相反,奢侈促进了资本主义的发展。桑巴特在《奢侈与资本主义》一书中对奢侈如何促进资本主义发展进行了历史的考证和理论的论证。

(1)桑巴特对奢侈意义的阐述

桑巴特首先分析了15、16世纪欧洲宫廷奢侈的生活方式及其对经济发展的刺激。他认为,15、16世纪的欧洲,一方面是,经济上衰落的旧贵族,需要保持其优越的生活;另一方面,世俗生活中取得财富成功的资产阶级需要取得旧贵族在身份、地位上的认同。二者的结合产生了资产阶级新贵族。旧贵族则通过联姻,从社会下层获得保持社会地位所必需的大量钱财,资产阶级新富人通过发挥金钱的威力而成为新贵族。宫廷是社会的统治机构,其生活方式往往是世俗生活的典范,尤其是世俗成功者实现其理想生活价值的示范。为了实现宫廷的奢侈生活方式,资产阶级不得不拼命赚钱,资产阶级发展起来后,需要一个生活价值的实现渠道,提升其社会地位,显示其社会身份,奢侈的宫廷生活成为他们模仿的对象。于是,奢侈的生活方式成为吸引资产阶级发展经济的动力。

在桑巴特的著作中,桑巴特看到了,在13、14世纪一直到17世纪资产阶级财富的积累过程中,美洲和非洲的贵金属大量汇集欧洲以及强制贸易、抢夺、奴隶贸易、战争、投机等发挥的作用,但是,他不承认节俭对资产阶级财富积累的作用。韦伯认为,海外掠夺不是资本产生的根本方式,奢侈更不能推动经济的发展,因为早期拥有海上霸权的国家如西班牙资本主义的发展并不突出,海外掠夺的大量金钱正是用于奢侈性消费,从而阻碍了资本主义的发展。

确实,金钱和财富可以成为资本,但还不是资本。资本之为资本在于其滋生性,也就是说,只有在有投资意识的人手中,金钱才能成为资本;如果把金钱用于奢侈的生活消费,金钱自然不能滋生金钱,金钱自然也就不是资本。从这样的角度讲,节俭对于资本积累没有作用,而奢侈导致资本积累当然是不对的。

其次,桑巴特在《奢侈与资本主义》中探讨了奢侈消费对城市发展的影响。他发现,16、17世纪以及18世纪,资本主义早期的大城市基本上都是消费型城市,城市的扩展基本上应归因于消费向某个国家的城市中心的集中。在城市扩展过程中,奢侈性消费起着重要的支配作用,而工业缺乏推动大城市发展的内在动力。

在影响城市产生的诸多原因中,消费尤其奢侈性消费应该只是一个影响因素,甚至不是一个关键的因素。桑巴特断然否认工业在城市产生中的作用,这显然是错误的。早期城市的消费性特征可以理解,城市首先作为政治中心进而形成消费中心。在技术落后的条件下,生产是小规模进行的,从而不能成为城市扩张的动力。但是,城市的扩张是社会经济发展的重要动力,而消费并不能成为城市扩张的动力。在王权制度下,利用赋税的转移可以维持非生产性的城市,但城市扩张所需要的积累没有来源。在资本主义社会中,市场是组织经济生活的基础,生产性产业在城市中发展是必然的,而且必然成为城市扩张的重要动力。

奢侈性产业能否成为维持城市的源泉是值得怀疑的。从消费角度看,消费不能自我维持。从生产角度看,显然,奢侈性产业所追求的精细化和精致化都成为其自我扩张的障碍。克服这种障碍的力量来自市场,但市场必然使生产性产业而不是非生产性行业得到更有效的扩张。

城市的功能是多样的,导致城市产生和发展的原因也是多样的,在历史的不同时期,不同的因素,对城市发展产生的作用是不同的。消费仅仅是城市的功能之一,在资本主义之前,附属于政治的城市消费功能居于重要地位,进入资本主义时代,城市的非消费功能事实上在不断扩张,生产在城市发展中的影响日益增加。

当然,桑巴特也认识到了奢侈具有一定的消极性。他认为,奢侈是一种破坏性的力量,是斩杀富人的刽子手。桑巴特指出:“由于所有的快乐被推向极端,富人失去享受快乐的能力。感官不感到满足,它们已经迟钝。我们不再遇到令人兴奋的变化,而是面对怪诞的使人生厌的铺张浪费;这就造成了时尚、衣着、风俗、举止、而在没有恰当原因的情况下持续不断变化。富人很快就对新的快乐感到麻木。他们房中的陈设像舞台设备一样可以随意改变;穿着成了真正的任务;吃饭则是为了炫耀。在我看来,奢侈对于他们就如同贫穷对于穷人样,是一种苦恼啊!为奢侈而牺牲任何事物,这太值了!巴黎那些富人的巨大灾难就是疯狂的消费,他们总是花得比预计的要多。奢侈以如此可怕的消费形式出现,以致没有哪份财产不被其逐渐消耗掉。从没有一个时代像我们现在这样恣意挥霍!人们浪费自己的收入,挥霍尽财产;每个人都试图让人吃惊的铺张排场,在邻居中出人头地。"①

(2)节俭和消费的不同伦理价值

财富的聚集、经济的发展既要开源又要节流,创造和节俭无疑都是必要的。要创造就要有创造的动机,满足物质消费的欲望显然是人们进行创造最直接的动力。因此奢侈的生活是促进经济发展的因素。所以,从总体的角度看,一般很难说到底是节俭还是奢侈对经济发展更重要。不论是节俭还是奢侈,都具有历史的相对性和时代的规定性,在经济发展的不同时期,它们的作用是不同的。在创业时期,节俭的意义更大,当经济发展到一定的水平时则必须要消费,甚至靠奢侈性消费拉动生产。在中国,《管子·侈靡》首先阐述了奢侈的价值。管子认为,在社会财富分配不均,社会财富积累在少数人手里,面临经济萧条、商业萎缩的条件下,富人的奢侈消费可以成为启动经济的契机。在西方的经典文献中,孟德维尔第一次系统探索了作为个人的恶的奢侈消费的积极作用——刺激和扩张市场需求,维持经济的持续和稳定增长。凡勃伦的炫耀性消费理论,系统探索了奢侈消费的经济意义。凯恩斯的有效需求理论则为奢侈性消费进入宏观经济学提供了一个便利的渠道,至少在其财政政策实施中,奢侈

---

① [德]维尔纳·桑巴特:《奢侈与资本主义》,上海:上海人民出版社 2005 年版,第90 页。

性消费可以成为扩张总需求的一个砝码。

节俭和奢侈对于经济发展的不同侧面的影响显然也不同。在资本主义起源、资本原始积累问题上,节俭的作用显然更大,而对于资本主义经济的进一步发展,奢侈性消费显然要发挥更多的作用。随着资本主义的发展,节俭的美德一定会成为明日黄花,这韦伯也是不反对的。但桑巴特认为,在资本主义形成初期,奢侈具有决定性的作用——奢侈创造市场。桑巴特的逻辑是这样的:企业成功需要有最低限度的销售额,销售额取决于商品周转速度和每次周转的交换价值,而周转的交换价值又取决于单位交换价值和销售量;单位商品交换价值决定于商品的集成化和精细化程度,只有奢侈品由于其较高的集成化和精细化程度而具备较高单位价值的特性。所以,只有奢侈品生产和交换才能扩大市场,才能为资本主义的产生奠定基础。在中世纪及其以后几个世纪,对普通商品的需求没有什么变化,因而对资本主义的产生无足轻重;而奢侈品在资本主义起源中扮演了重要的角色。奢侈对于早期资本主义发展肯定是有价值的,但是,桑巴特断定对于日常必需品的生产不能真正促进资本流动,是不能成立的。在物质产品不够丰富的时候,社会最大的需求是日常必需品,而不是奢侈品。

(二)R. H. 托尼对新教伦理的认识

英国学者托尼和韦伯一样,认为基督教新教的伦理促进了资本主义的发展,而且,他也同样认为,加尔文教的伦理比路德教的伦理发挥的作用更大,而在加尔文教的各派中,清教的作用最大。但是,对于基督教新教的哪些因素促进了西方资本主义的发展,托尼有非常独到的见解。韦伯在《新教伦理与资本主义精神》中,更多的强调新教的劳动是一种天职的观念的意义,强调这种思想为基督教新教信仰者提供了生产劳动的精神动力,是基督教新教信仰者敬业的精神基础,强调天职的观念导致的基督教新教信仰者的节俭乃至吝啬的生活方式对资本积累的价值。而托尼认为,宗教改革的最大意义是摧毁了天主教的社会理论和个人人生哲学的理念,确立了一种新的社会理论和个人生存伦理,从而改变了西方的社会秩序，而这种新的社会秩序是资本主义市场经济发展所必需的。

1. 基督教新教摧毁了天主教的社会理论

托尼认为，托马斯·阿奎那把天主教的社会理论发展成一个完备的理论体系，阿奎那认为上帝是世界的创造者，世界的自然秩序是上帝意志的体现，当时的社会秩序是一个结构极其严谨的有机组织，国家和政治制度是人类道德秩序的自然体现，也是上帝意志的自然体现。社会成员有共同的信仰、价值信念和统一的精神追求，社会是一个有机的统一整体。托马斯主义的社会理论，把上帝超验的启示、自然法则、人的理性以及人的道德信念融合在一起，把社会生活中相互冲突的力量通过对上帝的信仰导向共同的目标，使冲突的各方受到自然法则和神学法则的规范，社会制度与基督教道德协调一致、和睦共处。

托尼认为，阿奎那的社会理论从理论上对自然法和上帝意志的融合，并不能实际上真正弥合自然法则和基督教信仰的道德价值体系实在的矛盾冲突。基督教新教改革就是将天主教社会理论中的这种矛盾揭示出来，最终摧毁了阿奎那精心构筑的社会理论大厦。路德把阿奎那融合在一起的自然和神恩对立起来，使人们对待生活的态度发生了根本的转变，尤其是使对待经济生活的态度发生了根本的转变，人们不再认为经济生活和精神生活是格格不入的。

基督教新教对社会的本质和个人人生的价值都进行了新的诠释，他们认为，自愿遵守上帝的律法是基督徒生活唯一真实的基础，基督教的团体并不在于共享圣餐和圣饼，而是使每个人的意志普遍地、自愿地服从上帝的意志，避免与邪恶接近。在基督教团体中，成员与团体的关系是与上帝立约的两相情愿。基督教新教确立了新的社会秩序观念和个人生活理念，"一方面，它们表现为一种新的宗教表述模式，其特征是由非神职人员进行布道、语言以及后来被热情的大众虔敬的宗教笃信和不在教会机构内展示神恩。在社会组织层面上，由分享圣餐者订立誓约的做法主要意味着同现存的教会和社区等联结纽带的决裂。通过一起订立誓约，清教徒还和现存主要社会流行的生活制度联系中心——教会、村庄、或教区——相分离,从而也与英格兰社会流行的社会身份相分离"①。

随着宗教改革,中世纪的社会秩序观念开始分崩离析,道德自主、享有权利、拥有财产的个人成为一切社会秩序观念的源泉。"把个人作为自己的主人"、"根本没有义务为邻人的利益而推后自己的利益"等观念逐渐被西方社会接受,社会的基础不再是人们一致的精神目标,尊重个人尤其是尊重个人财产权的个人主义、自由主义的思想成为各种社会制度设计的指导思想。个人主义的出现是基督教欧洲的政治和社会信念的重大转变,是一场思想革命,影响了社会实践,其突出表现在社会经济、政治和法律制度的建构中。

2. 新教使世俗经济活动摆脱了天主教伦理的限制

托尼认为,路德和加尔文的称义理论特别是加尔文的称义理论,彻底否定了善行和称义之间的联系,否定了教会和宗教礼仪的意义,认为基督徒有《圣经》和他自己的良知的指引就足够了,在某种意义上,世俗生活与宗教生活的区别已经消失,隐修生活被世俗化了。从此所有的人在上帝面前处于相同的地位,这一进展包含了此后一切革命的萌芽,它是如此巨大,以至其余一切都显得无足轻重。当然,这并非宗教改革者的本义,加尔文是要把世界变成修道院,而结果却是修道院越来越像世俗社会;加尔文的本义是强化基督教信仰,结果却使人们的行为,尤其是世俗的经济行为摆脱了天主教道德的约束,为资本主义市场经济的发展开辟了道路。

韦伯重视的是新教的此岸世界和彼岸世界紧密交织的拯救模式,这种模式把基督徒的个人行为引向尘世活动,同时又不通过仪式使其神圣化。韦伯强调,新教尤其是清教的预定称义论造成了清教徒巨大的心理焦虑,它和用强制的方式、用尘世的行为证明自己是上帝的选民一样,这两者促成了新教徒秩序井然的、理性主义的生活方式,为现代资本主义精神铺设了道路。韦伯强调此世活动与来世担忧之间新的连接,强调此世活动具有新的意义,可以为信徒提供新的动力,这种动力对资本主义企业

---

① ［英］R. H. 托尼:《宗教与资本主义的兴起》,上海:上海译文出版社 2006 年版,第13 页。

活动十分重要。而托尼强调的是新教如何把尘世活动和救世过程相分离，把社会伦理放到救世活动的范围，导致它摆脱了基督教普救论的限制，而这种限制曾妨碍了中世纪的贸易和商业。

托尼和韦伯的区别是形式上的，而不是实质性的，他们强调了一个问题的两个方面。基督教新教要进一步强化人们的宗教信仰，强化宗教对人的精神和灵魂的统治，但是，摆脱了教会和各种外在宗教仪式的约束，精神迎来了自由，这是基督教改革家没有预料的。基督教新教的派别众多，其前期和后期观念也相去甚远，后期个人主义和自由主义的倾向更是令早期的加尔文主义者结舌瞠目。

3. 新教确立了以个人经济利益为基础的社会理论

托尼和韦伯关于新教对资本主义发展的影响的认识非常不同。韦伯主要强调新教的天职观念，使新教徒将劳动作为一种天职，强调生产，此世的禁欲主义，以及对消费、尤其是奢侈消费进行限制对资本主义发展的意义。而托尼更感兴趣的是社会伦理和行为，而不是个人动机。托尼认为，作为社会形式的现代性的本质在于贵族和农民基督徒共同利益的解体，相互义务感的解除，使人们把赤裸裸的个人自我之间的利害关系和冷酷无情的现金交易作为理解人类关系的唯一源泉。

加尔文的预定称义论把是否称义完全归为上帝，与个人完全无关，强调个人只需要对自己负责，没有人能够拯救自己的兄弟，宗教的本质就是用自己的灵魂和上帝去接触。托尼认为，这是一种不可缺少的非常珍贵的宗教思想，但是，这种宗教思想也非常容易导致一种他非常不喜欢的观点，即社会生活任何人不能帮助自己，自己不能帮助任何别人，每个人只需要对自己负责，而没有对他人和社会的责任。这样的思想与经济行为可以不受宗教道德约束的思想结合在一起，就导致了个人经济利益、个人物质利益像一个魔鬼一样从魔瓶中释放出来。个人主义、自由主义和物质主义是新教改革的产物，它们在社会生活中的影响日益加大，最终成为西方社会理论的基础，成为社会制度设计的价值指导和出发点。

尽管托尼和韦伯都认为，新教改革促进了资本主义的发展，但是对这种作用的评价却非常不同。韦伯对新教伦理充满了赞许和欣赏，而托尼却充满了抵触。托尼反对个人主义和自由主义,他心目中的理想社会是人人有共同的道德精神目标,人人互相帮助的温馨社会。托尼更是反对物质主义,认为对于人来说最重要的是精神,人的本质是他的精神和灵魂。所以,托尼非常欣赏马克思对资本主义的批判。但是,托尼认为,马克思主义具有它想医治的对象同样的毛病。马克思主义把物质考虑当做人的生活、希望和潜力的基本内容,这样就把人贬低了。托尼认为,马克思主义对资本主义精神的谴责只是说资本主义没有让工人得到和他们的产出相同的东西,但是,工人为什么必须得到和他们的产出相同的东西呢? 工人有权利得到和他们的产出相同的东西吗? 工人得到和他们的产出相同的东西是公平的吗? 工人不应该承担相应的社会责任和义务吗? 工人不应该有承担相应的社会责任和义务的意识吗? 托尼对马克思的批评很显然非常片面,马克思主义对资本主义精神的谴责并不只是说资本主义没有让工人得到和他们的产出相同的东西,马克思也同样批判资本主义的拜物教,马克思确实更重视人的物质生活,这与马克思对当时工人生活状态的关注有关。早期资本主义资本原始积累导致了资本家对工人残酷的压榨,工人不能保持正常的物质生活,对于人来说精神生活固然重要,但是,当基本的物质生活不能满足的时候,人们显然很难有真正的精神追求。

(三)哈罗德·J. 伯尔曼对新教伦理的认识

1. 伯尔曼对韦伯的批评

美国法律史学家哈罗德·J. 伯尔曼认为,在基督教新教对西方资本主义发展的影响问题上,人们都存在很多的误解。伯尔曼指出:人们都认为,"16、17 世纪西方政治和经济的'崛起',和 20、21 世纪精神和道德的'滑坡',都被归于国家主义、个人主义、资本主义和世俗主义的动力,而它们的历史萌芽都与路德宗和加尔文宗新教有联系"①。但伯尔曼认为,

---

① ［美］哈罗德·J. 伯尔曼:《法律与革命——新教改革对西方法律传统的影响》,北京:法律出版社 2008 年版,第 24 页。

路德宗和加尔文宗新教对西方后来社会生活的影响,恰恰不是表现在这些方面,"新教的正义和秩序图景所孕育的并不是所谓的主义——不是国家主义、个人主义、资本主义和世俗主义,而毋宁是国家利益、个人责任和机会、市场经济和公共精神。并且,不是16、17世纪基督教新教的崛起,而是19、20世纪初期基督教新教(以及罗马天主教)的衰落,导致了新的国家、个人、私有财产积累和理性计算至上的排他性迷信,即各种主义"①。

伯尔曼认为,人们的这些错误认识大多源于韦伯。韦伯尽管是法律社会学家,但他没有认识到基督教新教对资本主义法律制度的影响,实际上,基督教新教伦理对西方资本主义发展的影响,主要是路德宗和加尔文宗分别影响了德国和英国法律制度以及法学理论的发展。"如果韦伯研究了17世纪英格兰的法律制度发展状况的话,他将会得出截然不同的结论。当我们看到那些法律人以及他们所创造的各种制度时,我们看到的不是在终极毁灭或救赎图景前股悚惶惶的奉行禁欲主义的个人。相反,我们看到的是具有社会意识的人创制出了共同体主义的法律制度,比如股份公司、银行信用和信托制度。他们知道,市场经济的成功建立在信任、信用和共同进取精神的基础上,而不是像很多人后来所认为的那样是建立在个人贪欲的基础上的。……韦伯所谓的17世纪和18世纪早期资本主义精神,并非如他所设想的那样是'世俗禁欲主义'的结果,而是当时所谓的公共精神的结果,这种公共精神进而并不是反映为命定论和神召的个人主义教义,而是契约和契约共同体的加尔文宗集体主义教义。"②作为法学家韦伯之所以不能认识到基督教新教对法律思想和制度的影响,是因为受到自己的分析法律的方法的影响。"不论是在分析新教还是分析资本主义时,韦伯都没有能够分析法律的价值,如公司结构、信托制度、设立并调整慈善组织的法律规则或者是统治宗教和商业社团的那些宪法原则中所蕴涵的法律价值,部分原因是他的所有作品中都在

---

① [美]哈罗德·J.伯尔曼:《法律与革命——新教改革对西方法律传统的影响》,北京:法律出版社2008年版,第24—25页。

② 同上书,第28页。

事实和价值之间作了区分,再加之他把法律归并到事实的领域。"①

　　马克斯·韦伯确实没有像伯尔曼那样,对基督教新教在资本主义法律制度建构中的作用作出深入细致的分析,但是,因此断言韦伯完全忽略了基督教新教对法律思想和法律制度的积极贡献是不公平的,认为韦伯没有认识到基督教新教教会组织对资本主义经济共同体的影响也是不切合实际的。由此进一步认为韦伯所谓的资本主义精神并非如他所设想的那样是"世俗禁欲主义"的结果,就更加错误了。韦伯对资本主义精神的阐发,更多的是强调这种精神对经济生产的组织形式以及物质财富积累和创造的价值,没有太多涉及其他方面而已。从推动资本主义市场经济发展的精神动力方面而言,韦伯的分析更准确,他并没有断言整个资本主义就是新教伦理的神召观念和禁欲主义观念的产物。

　　2. 伯尔曼对新教伦理价值的阐发

　　伯尔曼也认为新教伦理对资本主义发展具有重要价值,但不是表现在韦伯所说的那些方面。他认为:"实际上,养育 17、18 世纪创业精神的不是加尔文宗的救赎信条,而是他关于基督徒共同体之本质的信条——用技术性的神学字眼来说,不是加尔文宗的救赎论,而是加尔文宗的教会论。加尔文宗——和路德宗——对信众聚会之统一体和团契的信仰,有助于形成以神为中心的紧密结合的立约共同体。……同样,16、17 世纪的经济企业……也基本上是共同体主义的,而不是个人主义的,当然,也不是'禁欲苦行的'。"②路德宗和加尔文宗最大的贡献在于推进了西方法律传统的转型。

　　(1)路德宗对德国法律传统的影响

　　伯尔曼认为,路德宗教改革废止了教会对世俗社会的管辖权,路德把教会只是作为信仰者无形的共同体,而不是立法机构。人们不是通过教会,而是自己就能够面对上帝。"路德声称,……在同上帝的关系上,每

---

　　① ［美］哈罗德·J. 伯尔曼:《法律与革命——新教改革对西方法律传统的影响》,北京:法律出版社 2008 年版,第 28 页。
　　② 同上书,第 26—27 页。

一个人都是一个'私自的个人'并且单独对'神的话语'——《圣经》作出呼应。"①世俗社会包括宗教组织都应该接受世俗国王制定的法律,当然,这并不意味着宗教神学在世俗社会不存在了。基督教的信仰是隐性的存在,作为一种价值观念是世俗社会法律制度制定的依据。在世俗社会中,法律的作用表现在三个方面:"第一,靠着法律所蕴涵的道德原则,叫罪人得以知道他们的罪,并叫他们忏悔;第二,以制裁相威胁来阻止罪人的反社会的行为;第三,通过它的原则和程序,教育并指引人走在正义和共同幸福的大路上。"②为了实现法律的这三种职能,德国各公国的统治者制定了系统的法律制度,不仅管辖世俗社会的婚姻、慈善以及惩罚罪错等事务,而且管理路德宗的宗教事务。德国的法律制度虽然是德国各公国统治者颁布的,但是它们大多是由路德宗精通法学的神学家起草,由路德宗法学家将路德宗的信仰贯穿在各种法律条款中的。路德宗法学家"把法律的各个不同领域建立在'十诫'的基础上。……把刑法建立在'不可杀人'的律条上,把财产法建立在'不可偷盗'的律条上,把家庭法建立在'不可奸淫'的律条上,把契约法和侵权法建立在'不可做假证'和'不可贪图'等律条上"③。

路德宗不仅影响了德国法律制度的制定,而且确立了富于德国特色的法律科学和法律哲学。"路德宗法学家强调这个法律体系的统一性,并将之划出分支,第一层是公法和私法,第二层是私法范畴内的财产和债,然后,在债内又划分为契约、侵权和不当得利。这种分类建立在梅兰登的主题方法论上,它与此前的经院哲学方法不同,而是首先从适用于所有科学的一般主题或真实出发,然后从适用于单独的科学分支——法律科学就是其中之一——的特殊主题出发,并把每一个主题进一步细分为

---

① [美]哈罗德·J.伯尔曼:《法律与革命——新教改革对西方法律传统的影响》,北京:法律出版社2008年版,第6页。
② 同上书,第7页。
③ 同上书,第8页。

属和种。"①这种法学方法适合于大学的法律教学,正因如此,德国形成了法院将疑难案件的卷宗交给大学法学院,由大学教授形成最终判决的"卷宗递送制度"。

"路德宗法学家还推出了一套新的法律哲学,它把视法律为体现立法者意志之正式规则的实证主义理论,和通过诉诸路德宗法官的神启良知来实施规则的自然法理论结合起来。"②路德宗法学家推出的法律哲学,对后来西方法学发展的影响更大。他们试图将法学的实证主义理论和自然法理论结合起来,但结果却是人们越来越关注实证主义理论和自然法理论的差异,以至于到 20 世纪形成了实证主义法学理论的统治地位。

(2)加尔文宗对英国法律传统的影响

路德宗宗教改革使世俗的国王摆脱了罗马天主教的禁锢,世俗的国王逐渐成为欧洲社会的绝对权力者。他们是社会的立法者、最高法官和最高执法者,自己豁免于法律。17 世纪英国加尔文宗宗教改革攻击的目标就是王室权力至上的观念,加尔文主义主张贵族式的政府体制。"1640—1689 年的英国革命确立了议会超越王权之上的主权地位。"③

英国加尔文宗的宗教改革推动了英国社会革命,1640 年革命、1642—1649 年内战、1649 年清教徒共和国的建立、1688—1689 年光荣革命都与加尔文宗的影响有关。加尔文宗改革不仅推动了英国社会的政治革命,也影响了英国法律制度和法学理论的发展。"这场革命还给英国的法律体系带来了一次根本而持久的转型。法官们不再根据君主的意志而去留,而是获得了独立和终身任职。都铎王朝所确立的所谓特权法院——其中尤其是星室法院和宗教事务高等法院臭名昭著——被废除了,普通法法院取得了超越衡平法院和海事法院的最高地位。陪审团审判也进行了改革:陪审团不再由法官主导,并确立了证据上的证人证据的

① [美]哈罗德·J. 伯尔曼:《法律与革命——新教改革对西方法律传统的影响》,北京:法律出版社 2008 年版,第 7 页。

② 同上书,第 8 页。

③ 同上书,第 9 页。

原则。诉讼的古代形式保留下来,但现在是用来帮助实现英国财产法、契约法和侵权法的现代化。"①英国的加尔文宗思想促成了一个新的历史法学派,它充实了罗马天主教和路德宗哲学在内的各种自然法和实证主义理论的阵营。

另外,加尔文宗特别强调人类的历史就是神自己目的展现的历史,历史注定要体现神寄予人的使命。上帝控制着人类社会的一切,而法律是上帝控制世界的工具。加尔文宗的这一信仰进一步强化了西方注重法制的社会传统。

加尔文宗特别强调基督教共同体的团体属性,强调基督教共同体是一个神圣盟约的存在。清教徒继承和发扬了加尔文宗的这一信仰,强调这个共同体的成员应该勤劳工作、禁欲、节俭、遵守纪律、注重自我修养,"还强调人类关于公共责任、社区服务、团体企业、相互信任,以及其他诸种牵涉公共精神之品质的契约的神圣性"②。

不论是对于路德宗还是对于加尔文宗,伯尔曼都特别强调它们的教会理论对于西方经济共同体的影响以及它们的信仰对西方法律制度和法律思想的影响。市场经济的经济体制、民主政治的政治体制以及注重权力保护的法律制度,其内在价值取向是根本一致的,西方资本主义市场经济的发展是以相应的法律制度的建构为基础的。伯尔曼从基督教新教影响西方法律制度和法律思想的角度说明基督教新教对西方社会发展的影响,其价值不可忽视。

---

① [美]哈罗德·J. 伯尔曼:《法律与革命——新教改革对西方法律传统的影响》,北京:法律出版社 2008 年版,第 10 页。
② 同上书,第 11 页。

第六章　儒家的经济伦理思想

儒家的宗教性问题,目前还是学界没有定论的一个话题。关于儒家的宗教性问题,我们认为,在中国历史发展中,儒家确实有一个被不断宗教化的过程,但儒家不是儒教。马克斯·韦伯从儒家伦理是中国传统伦理根本的角度,认为儒家伦理是宗教伦理。韦伯世界宗教的经济伦理研究的总目的,是要说明只有基督教新教的经济伦理才能够为资本主义市场经济发展提供精神动力,而其他文化体系则不能。从这个意义上说,儒家经济伦理的研究自然不可回避。我们的宗教经济伦理研究的目的是为中国市场经济寻找精神文化资源,从这个意义上说,儒家伦理是中国传统伦理的根本,我们当然也不能回避对儒家经济伦理的研究。

一、马克斯·韦伯对儒教经济伦理的认识

马克斯·韦伯儒教经济伦理研究是通过其世界宗教经济伦理研究的总体理论模式进行的。在他的研究中,儒教被归属于入世神秘主义宗教,儒教伦理被定性为信念伦理,儒教的社会行动模式是传统行动。总之,儒教经济伦理缺乏基督教新教伦理的理性主义精神,对资本主义市场经济发展的作用主要是消极的。

（一）马克斯·韦伯的儒教经济伦理观

马克斯·韦伯儒教经济伦理研究是其世界宗教经济伦理研究总体理论体系的一个重要组成部分，其研究的目的在于说明只有基督教新教伦理创造了资本主义精神，而其他文化体系都不能做到这一点。所以，他的儒教经济伦理研究是与基督教新教伦理研究对比进行的。

1. 儒家的宗教性质

韦伯认为中国的儒家就是儒教，他不同意只将儒学作为单纯的伦理思想体系，这首先是因为儒家对鬼神巫魅并不是持完全否定的态度，而是态度暧昧——"不语"。另外，儒学作为一种伦理上的终极价值，能够在两千多年的时间里一直规范着中国人的行为与思想，其影响丝毫不逊色于任何一种宗教伦理；儒学作为一种信仰方式在中国人的思想上起到了判明方向的价值取向的作用，在人们的行为上起到了戒律、规范的伦理作用。从这个意义上说，完全可以将儒学作为一种宗教。在中国，儒教一直是占据统治地位的意识形态，被历代统治者奉为进行统治的指导思想，它对中国的社会发展的影响是别的宗教无法比拟的。

2. 儒教和基督教新教的伦理影响的社会阶层不同

韦伯认为，一种宗教尽管可以影响整个社会，但是，一种宗教主要是一个特定的社会阶层价值观念的反映，不同的宗教往往代表不同阶层的价值取向。韦伯认为，儒教伦理是中国知识阶层的伦理，主要是代表士大夫阶层的价值观，而基督教新教的伦理则是市民阶级的伦理。

韦伯认为，儒教伦理是中国士阶层的伦理观念，是中国官僚阶层的身份伦理，或者说是君子的特殊修养。官员应该保持与自己的身份地位相适宜的生活方式和行为方式，必须抑制自己的激情，表现出优雅举止和从容风度。他们不屑于从事具体的、实用的、工艺性的活动，他们耻于言利，不能形成系统的、合乎理性的经济伦理思想体系，他们是"万金油"式的官僚，而不是西方社会中具有专业知识和技能的公务人员。因此，儒教伦理在很大程度上，令大多数一般社会成员可望而不可及，与基督教新教相比，不利于促成经济生活的理性化和体系化。

基督教将人看做神的工具,尤其是基督教新教将个人限制在特定的职业之中,人被置于其与上帝的关系中加以认识,人格与人格神之间存在紧张的对立,因此他影响了市民阶层。对于作为市民阶层的基督教新教教徒来说,不能脱离世俗的生活,世俗生活的意义是通过系统的活动来实现上帝的荣耀,生活不是消极地适应世界,生活的关键是通过自己的禁欲和奋斗荣耀上帝。所以他们培养天职观念,他们刻苦、节制、工于计算……在生活中表现出明确的理性精神。

3. 儒教和基督教新教不同的理性主义

韦伯将儒教定性为入世神秘主义宗教,将基督教定性为入世禁欲主义宗教,因此与基督教新教相比,儒教的神秘主义宗教性决定了它相对缺乏理性主义精神。儒教与基督教新教又都是入世主义宗教,所以又都具有理性主义精神。当然,儒教的理性主义与基督教新教的理性主义存在根本的区别:儒教理性主义是去理性地适应此世,基督教新教的理性主义是理性地支配世界;儒教理性主义与传统主义相互纠葛,彼此并存,而基督教新教理性主义与传统全面冲突。

儒教伦理是中国士阶层的伦理观念。士阶层是中国古代的知识分子阶层,他们以担任官职为生活的主要来源,知识分子讲理智,官僚讲现实,这导致了儒家思想具有鲜明的入世理性主义特征。官员的身份使得中国的士阶层没有西方知识分子具有的精神上的独立性和自主性,士人的理性主义与传统主义的礼教结合,修、齐、治、平的政治抱负建立在信念伦理的基础上,而与世俗社会生活的理性化关系不大。

韦伯对儒家修身、齐家、治国、平天下的经邦济世抱负是持肯定态度的。他多次说过儒教对人生抱有强烈的现世乐观主义态度,它不逃避世界,不关心生死鬼神等无结果的问题,具有理性主义性格。但是,儒教伦理的理性主义是不彻底的,儒教的核心是道,道无所不包,是隐藏在宇宙和人类背后的一个和谐、寂静、均衡的不变的法则,是事物普遍的规律。道统摄人生、社会、自然、精神,它要求人们理性地协调自己与永恒宇宙的关系。儒家的内圣之学非常完美,但是外王的手段缺少一种作为基础的有效的工作伦理,从而导致儒家的内圣的理性主义无法对现实生活的理性化发挥促进的作用,内圣和外王之间缺乏有效的连接。

4. 儒教和基督教新教的伦理对神秘主义的态度不同

儒家也有天、天命之类的观念,因此并不是不承认有所谓超越的存在,只是认为遵从神圣传统即合天意,其基本态度是不否定现世,亦不逃避世界,而是强调对世俗的适应。它把追求内心世界的至善至美尊崇为德,作为最高的理想境界,其理性主义和入世态度以寻求道德的完善方式与传统主义相结合,而不是引导人们将世俗生活本身积极地理性化。一旦君子失德,尤其是天子寡德,必将遭受天罚并使社会生民获灾。这种畏天命、畏圣人之言(畏传统)的观念,在现世秩序中加入了许多不可捉摸、不可计算的巫术因素,致使儒教的理性主义与清教徒的理性主义有巨大的差异。由此看来,儒教当属于入世神秘主义宗教。

基督教新教则认为世界是理性的上帝创造的,它完全否定一切魔力存在的现实性,否则就是对上帝的大不敬和不可宽恕的亵渎。基督教新教对神秘主义持坚决的拒斥态度,属于入世禁欲主义宗教。

5. 儒教与基督教新教伦理对现实的生活态度明显不同

韦伯认为,儒教伦理是入世伦理,考虑问题以现实为依据,基督教新教则贬低现实,以救赎、来世看待问题,但是这并没有导致他们相应的对待现实社会的态度。实际上,基督教新教比儒教有更积极的生活态度,儒教伦理只是一种信念伦理,缺乏解决现实问题的手段,在社会实际生活中主要表现为对道德完善的追求。在儒教伦理中,存在明显的贬低物质利益的倾向,这使人们在社会经济活动中难于形成合理的经济伦理观,对物质的欲望与对道德的追求在人的心灵世界处于矛盾的状态,对合理的物质欲望的要求被视为不合理,因而人们也就会用不合理的手段去追求合理的物质要求。儒教伦理在思想和实际生活上形成了相互冲突,在儒教伦理要求下,中国知识分子努力使自己成为清心寡欲的君子,但是另一方面由于教育缺乏实际技能的训练,人们又不得不一起去挤科举的唯一成功之路,使人们勾心斗角。

儒教伦理无条件地肯定和适应现存世界,而基督教新教主张在上帝的意志下拒斥世俗,并力图改变世界,理性地支配世界,主张激烈的变革。

儒教伦理对现实持一种保守主义的态度，"克己复礼为仁，一日克己复礼，天下归仁焉"①。儒教伦理强调在生活中应该保持克己和中庸的生活态度，节制自己的欲望和情感，提高自我修养，减少个人与社会的紧张。

6.儒教和基督教新教伦理对待传统的态度不同

韦伯认为，在中国社会关系是血缘关系的延伸与拓展，亲亲是中国人的最基本的伦理原则，社会关系拟血缘化是中国社会的特色，君臣关系、师徒关系、官民关系等都被比附为父子关系，一般社会关系被比附为兄弟关系。社会统治机构的官僚体制是家长制的扩大，人被固定在亲缘社会网络中，人人都是这张网的一个纽结，人由关系的亲疏确定行为的准则，伦理道德缺乏社会性，没有普适性的社会准则。儒教伦理抓住了中国社会的传统主义和个别主义的特点，因此经久不衰。

在基督教新教伦理中，传统是一种迷信，是对上帝的亵渎，人的救赎是自我的救赎，与人际关系无关，全社会遵循普遍的社会道德，而儒教伦理的亲亲使得中国社会的道德缺乏普遍主义精神。特殊主义道德导致社会生活的情感化倾向，而普遍主义道德则有利于社会关系的理性化发展。

7.儒教与基督教新教伦理相比较缺乏形而上学的哲学思辨

儒教的思想体系中没有西方宗教的形而上学假设，没有现实与超越的紧张和对立。这决定了它对既定的秩序必然采取现实主义的态度，以肯定和乐观的态度调节人与世界的关系，适应现实，而不是积极主动地改造现实。

（二）对马克斯·韦伯儒教经济伦理观的认识

1.儒学是不是宗教

关于儒学是不是宗教，在我国学术界历来存有争议。持否定说的人认为，中国只有儒学，而没有作为神学体系的儒教。由于儒学在形式上不同于一般宗教，而且历代正统儒家起码在口头上反对佛教和道教，也反对其他宗教，因此儒学不是儒教。持肯定说的人认为，儒家作为诸子百家之

---

① 杨伯峻：《论语译注》，北京：中华书局1980年版，第123页。

中的一家确非宗教,但是汉初统治阶级利用政治权力"罢黜百家,独尊儒术",孔子的学说开始被宗教化。南北朝以降,儒、释、道三家并立为三教,开始出现合流趋势。儒学的宗教化完成于宋代,儒教体系以中国封建伦理三纲五常为核心,吸收佛教、道教的宗教思想和修养方法,提倡"存天理、灭人欲",把世俗人变成宗教人,使宗教生活、蒙昧主义和偶像崇拜渗透到社会的每一角落。儒家信奉天地君亲师,将天地神化,作为君权神授的神学依据,君亲是封建宗法制度的基础,师解释传统、经典,是为天地君亲代言的祭司、神职人员;四书五经是儒教的经典;祭天、祭孔、祭祖是具有代表性的宗教仪式。一个人从开蒙入塾读书,便要开始接受儒教教化,要对孔子牌位行跪拜礼。从中央到地方各州、府、县遍立孔庙,是教徒(儒生)定期朝拜聚会行祭孔仪式的场所。在长达逾千年之久的时间里,儒教对中国各阶层的思想和心理、对维系传统道德和秩序、对延续中国封建社会的存活产生的影响,为佛教和道教所不及。

我们认为,儒学不是宗教。其原因不在于儒学从形式上来说不像宗教,单从形式上来说,宋明以后的儒学确实已经具备了神职人员、宗教活动场所、宗教经典、宗教仪式等宗教的外在形式;也不是因为儒家反对宗教,反对某一种类型的宗教绝对不是其自身不是宗教的理由,每一种宗教几乎都彼此攻讦和责难。

所谓宗教是以信仰超自然力量为核心的一系列文化现象,它由宗教观念、宗教经验、宗教行为和宗教组织四个主要的因素构成。儒学不是宗教的根本原因应该是儒学不具有宗教必备的宗教观念。尽管儒学中也有天等超自然的力量的概念,但是儒家对神秘的力量采取不语的暧昧态度,对天的态度只是敬畏,与宗教的信仰相去甚远。在宗教观念中,对彼岸世界的存在的坚信和向往是核心的内容,但儒家思想中并没有相应的内容。尽管宋明以后的儒家受佛教的影响,也有静坐等类似的功夫,也强调对人生境界的体悟,但是这与宗教信仰者追求宗教经验不同。儒家的静坐、体悟只是提高人生道德修养境界的方法和手段,但对于宗教信仰者来说宗教经验的获得往往是他们的目的。

在中国漫长的历史进程中,儒学确实存在一个不断被宗教化的过程。

这个过程开始于汉朝,到宋朝基本具备了宗教的外在表现形式,但即使是宋明以后,儒学仍然不具有通过对超自然力量的信仰实现文化功能的宗教根本属性,儒家伦理仍然是世俗伦理,而不是宗教伦理。

所以,韦伯断定儒学就是宗教,是我们不能接受的,但是韦伯显然也认识到了儒学与正式宗教的区别,并且他不是重在论述儒学是不是宗教,而是重在说明儒家伦理具有与西方宗教伦理相类似的社会地位和社会作用,这样的断言并不脱离中国的实际。要探讨中国文化为什么没有像西方文化那样滋生资本主义精神,确实应该深入研究儒家的经济伦理,把儒家经济伦理与基督教新教经济伦理进行对比研究。

韦伯在《儒教与道教》一书中认为,中国传统社会之所以没有产生资本主义,是因为缺乏西方新教伦理式的文化动因,中国传统的主流思想——儒家伦理——在价值取向上与新教伦理存在着极大的差异,成为资本主义成长的障碍。尽管韦伯对中国文化和历史的解读存在着偏差和谬误,但韦伯命题的价值恰恰在于,它拓展了中国学者的学术视野,引发了更多关于中国资本主义历史问题的深层思考。韦伯断言在中国儒教与道教的文化基础上不能生发出资本主义的根本结论是我们不能接受的,但是我们也不得不承认他利用自己的宗教经济伦理的理论模式对儒家伦理的分析定位是基本准确的,至少我们应该承认,从总体上来说,基督教新教伦理确实比儒家伦理更有利于资本主义和市场经济的发展。儒家伦理要转化为对市场经济发展起积极作用的价值观,必须进行多种价值取向的转变。

2. 儒家伦理作为信念伦理难于实现工作伦理的功能

从宗教分类的角度出发,韦伯认为儒教是入世神秘主义宗教,因为我们不认为儒学是一种典型的宗教,所以他将儒学归为哪一种宗教都是我们不能同意的,但是,他强调儒教与其他宗教相比,作为一个思想体系,有明显的入世性是非常正确的。另外,他强调儒家伦理学是一种成圣之学或内圣之学,其基本概念如仁、义、信、孝等都不是规则性的概念,而是形容人的德性的概念,其目的是人的品格培养,人生境界的达致。总之,儒家伦理是一种信念伦理,作为信念伦理,它不像责任伦理那样,具有转化为对现实具有更明显的规范作用的工作伦理的机制。

从经济上看,现代经济是非政治化的独立领域,政府的功能只是制定一些人们以私人身份从事经济活动时所必须遵循的规则,人际关系是奠基在契约之上的市场关系。儒家的重农抑商,私有财产的制度始终不清,个人利益始终得不到保障,这些都对市场经济体制形成具有明显的消极作用。

从政治上说,现代政治是以自然权利为基础的民主政治,以保护个人权利和私人利益为其目的。儒家的政治理念以血缘的自然秩序为基础,以圣君、贤相通过仁政治理天下为理想,从来不考虑如何限制无所不在的政治权力,即使曾被认为含有民主精神的黄宗羲,细究起来也没有乖离传统儒家的政治理念。所以儒家传统的政治理论,不仅与民主政治不同,并且与民主政治是不兼容的。

3. 儒教与基督教新教相比其理性主义缺乏彻底性

韦伯是在确认新教的经济伦理对理性化的资本主义影响的前提下探讨中国文化的。他判断一个宗教的理性化程度的标准是它的"除魅"程度,具体而言,一是它对巫术的拒斥程度,二是超越世界与此岸人间的紧张程度。恰恰在这两点上,中国的儒教和道教都未能达到。儒教不是没有理性化,但它的理性与新教的理性化具有不同的性质。基督教新教的神中心主义、禁欲、入世天职等观念联系在一起之后,产生了一种独特的新教伦理精神,它要求消除欲望、勤奋工作、宰制世界,因而与资本主义精神有极大的亲和性。儒教是宇宙中心主义,得到拯救并非由上帝的恩宠而来,而是由人通过冥想融入这个神圣的秩序,韦伯在这里使用的拯救、恩宠等概念,与儒家伦理缺乏根本的契合。中国人的自然主义导致中国人认为,人与万物本性一而二,二而一,都是善的。人性本善,所以没有拯救问题;与世界本质合一,所以也没有恩宠问题。尽管,韦伯用来分析儒家伦理的拯救、恩宠等概念,与儒家伦理缺乏根本的契合,但是,他通过分析得出的儒家伦理肯定世界、欣赏世界,不强调理想与现实的对立,超越于实际的对立的结论,是与儒家伦理相契合的;儒家伦理确实不容易形成新教那种入世禁欲的工作伦理。韦伯说中国宗教没有理性化,人与自然还没有区分,这与黑格尔说中国没有出现主体自由是可以相通的。清教有一种同儒教根本不同的理性地对待世界的态度。

儒教的理性主义不仅与基督教新教的理性主义性质不同,而且程度不同。基督教新教教徒的生活方式是典型的理性主义的生活方式,行为严格符合客观的准则是其突出的特点;中国儒家思想影响形成的生活理念,认为行为应该合情合理,并且合情往往比合理更重要,亲情是至理,合情才合理,客观公正的社会行为准则在社会生活中难于贯彻执行。这是中国难于形成法制社会的一个重要原因,在建设中国特色的市场经济体制的过程中,这点必须引起我们足够的重视。

4. 马克斯·韦伯对中国社会非市民社会的社会定位准确

韦伯认为儒教伦理是中国士阶层的伦理,而基督教新教伦理则是西方社会市民阶层的伦理。儒教伦理在中国社会一直占据统治地位,但中国社会没有形成市民社会,而市民社会是资本主义和市场经济发展的一个不可或缺的条件。韦伯对中国社会非市民社会的社会定位是准确的。韦伯的认识与德国哲学家黑格尔的观点相吻合,黑格尔论述现代性的关键概念就是他在《法哲学原理》中提出的市民社会的概念,即由独立的个人所组成的联合体。市民社会有两个原则:一是它的每一个成员都是自利主义者,也就是斯密所说的经济人,他们唯一关心的是自己的个体利益能否得到满足;二是自利主义者要满足自己的欲望以及获取最大利益,必须通过与别人的交往,进入一个由规则所限定的市场关系之中。在中国社会中,特殊性没有得到发展,个人权利的观念没有被肯定,中国的民间社会只是隶属于国家和政治的非市民社会。之所以如此,原因正是黑格尔在《历史哲学》中所说的,包括中国在内的东方世界缺乏主体的自由,还没有进入现代社会,没有进入世界历史。主体自由就是肯定个体特殊性,个体特殊性得到肯定才会出现市民社会。

中国传统的社会是农业社会、家族社会或者说是亲缘社会,而非市民社会。家族社会与市民社会的区别是:亲亲是基本的伦理原则,社会流行的是个别主义的伦理原则,而市民社会奉行的是普遍主义的行为原则。结合美国学者福山的观点,可以认为,家族社会不能像市民社会那样形成普遍的社会信任,而普遍的社会信任是市场经济发展的一种重要的社会资本。中国现实的市场经济的发展中,普遍的社会信任的缺乏已经成为严重的社会问题。

5. 生命精神的贯通相续与社会的持续发展

儒家不同于基督教,不追求通过上帝的拯救来求得个人生命的永生;相反,它把生命的本质看做是一种生生之德的绵延与体现,不仅将自我生命看做是对祖先生命的延续,而且将子孙后代的生命也看做是一己生命的延续。长辈与晚辈之间最基本的伦理规范就是父慈子孝。一方面,它要求做长辈的,不仅要以自己的德性生命,为晚辈树立足可师法的生命形象,而且要本着对子女的慈爱之怀,尽心尽力地在事业与生活的方方面面,为子女创造尽可能充分的发挥生命之德慧的条件与机会,甚至为此而牺牲自我的利益乃至生命亦在所不惜。在当代中国,不少老一辈的农民节衣缩食、省吃俭用,来供应自己的子女接受高等教育,这种长辈对子女的无私奉献精神浸透了儒家义务型伦理的要求。另一方面,儒家又强调做子女的对长辈要尽孝。最高的孝德,用《中庸》的话说就是所谓"夫孝者,善继人之志,善述人之事者也"①。换言之,只有真正继承了父辈的志业并将之发扬光大,才是真正能够光宗耀祖的事。由此,个人的生命也就不仅是一己之事,而且也是为了更好地延续先辈的德慧生命。这就为后辈不断努力把前辈的志业进一步推向前进注入了内在的动力。

由此,生命在时间中绵延的同时,也就成为一个长辈与晚辈之间互尽德性义务的流动不已的过程。这种生命精神的贯通,在一定的意义上,正可以看做是为事业的持续发展提供了内在于人性亲情的根据。这种基于德性伦理的义务性要求自有其易于导向保守、因循的不足之处,但它也以不同于基督教权利型伦理的形式,表现了儒家伦理中内含的可久、可大之道,从而成为社会持续发展的深厚的背景资源。

众所周知,自20世纪60年代末以来,东亚地区一直保持了较高的增长速度。而今,日本已经成为世界性的经济强国,终身雇佣制、时年工序

---

① 《中庸》第19章。

制以及以寻求劳资一体化为目标的企业工会制被视为日本现代企业制度的三大支柱,其中终身雇佣制是最重要的基础。而正如日本老一辈著名经济学家高桥龟吉所指出的:"终身雇佣制的实质,在于企业雇佣关系家族化,这是许多国内外有识之士的一致看法。"①还有人指出:"我们看到日本及南韩的现代化发展中有着较为突出的家族模式(及其'现代转化'的'团队集体主义')动力。"②家族模式的动力或许是多方面的,但是这种基于人性亲情的德性精神的纵向贯通无疑是其中的一个重要方面。

6. 儒家义务型伦理与整体价值本位

与基督教文化中神人对立、个人本位的价值取向不同,儒家文化不仅在人与超越世界的关系上强调天人合德,而且在个人与群体的关系上十分注重整体的和谐,从而形成了以整体为本位的文化特征。在一定程度上这也可以看做是东亚儒家文化圈的共同特点。有的学者认为,日本和韩国文化中的整体主义特色甚至比中国还要浓厚:"中国儒学虽也因强调家族而具有集团主义——集体主义倾向,但却还没有'朝鲜化儒学'及'日本化儒学'的强烈。"③以日本为例,早在 20 世纪 70 年代,美国学者马文·吉·沃尔夫就注意到,政府与财界、企业界的一体化是日本经济制度与西方其他国家经济制度的一个重要差别。在当时他甚至危言耸听地指出,日本这种由中央加以控制的政企联合体的经济制度"正在逐渐成为与苏联的军事政府威胁不相上下的一种对世界和平安定的潜在威胁"④。日本经济发展中表现出来的鲜明的整体主义特征于此可见一斑。

强调个人权利、以个体为本位可以看做是西方现代化伦理的基本规范之一。但是,个体本位的极度膨胀,已经给包括西方自身在内的世界范围内的现代化进程带来了负面影响。这是许多西方有识之士也已经注意

---

① [日]高桥龟吉:《战后日本经济跃进的根本原因》,沈阳:辽宁人民出版社 1984 年版,第 323 页。

② 鲁凡之:《论"四小龙"》,香港:香港广角镜出版有限公司 1988 年版,第 80 页。

③ 同上书,第 65 页。

④ [美]马文·吉·沃尔夫:《日本经济飞跃的秘诀》,北京:军事译文出版社 1985 年版,第 3 页。

到了的。东亚没有完全照搬西方以个体为本位的现代化模式,而是自觉不自觉地融入了注重整体的传统特色。整体意识有助于人们更好地处理个体与整体的关系,通过总体性的关照,求得最大限度的整体效益,最好地处理眼前与长远的关系。从一个动态的过程出发,追求整体的最佳效绩,而不为短期效应所框限,可以启导人们自觉地追求不同经济制度的差异互补、恰当定位,以推动不同经济制度之间的相互融汇。从东亚的实际情况看,这种以整体为本位的伦理规范,对于东亚经济的发展起到了较好的助缘作用。为了形容日本政府、财界、企业界乃至社会的高度一体化情状,有的西方人将日本称为"股份公司日本",这个"股份公司日本"在世界范围内创下了不少第一的业绩。美国通用汽车公司前总经理詹姆士·洛林说:"为了和日本竞争市场,必须创造一个日本式的美国股份公司。"①

7. 儒家经济伦理与人性化管理

西方以科学管理为特色的管理体系,注意了充分发挥人的工具理性,由此促进了工业化的发展,但也面临着理性演化为控制人性以获得利益的机制,导致管理系统中个体与群体的创造力趋于枯竭的内在弊端。儒家的管理思想则首重人的价值理性的安顿,它所注重的不是对人施以外在束缚,而是点醒人的内在自觉,它以对人性普遍潜能的高度自信为前提,从而凸显出了发挥人性、开拓人力,促进个人的自我实现与激发内在的创造力的管理特色。儒家人性主义的管理思想,应当可以成为东亚经济现代化的重要思想资源。不仅如此,正如成中英先生指出的,儒家人性论的管理思想还有其世界性意义:"如果现代的管理科学能够辅以人性论的管理哲学,如果现代西方的科学管理能够辅之以人性论的管理方法,则科学管理体系的缺失也就能避免,而管理的有效性和管理的价值也就自然提升了。"②

---

① [日]高桥龟吉:《战后日本经济跃进的根本原因》,沈阳:辽宁人民出版社1984年版,第320页。

② 成中英:《西方管理危机与儒家人性智慧》,《哲学研究》1993年第3期。

　　总之,我们不赞成把儒家伦理完全看做是与现代化逆向的观点,也不赞成儒学能够独立发展出现代化的价值系统的后设性研究范式,而主张将儒学放在现代东方社会的实际背景之中,在承认东方现代化过程具有后起性、被迫性的前提下,具体探讨儒学与东方现代化之间的关系。

　　在东方现代化中起作用的多种因素中,儒学可以在一定的程度上起到助缘的作用。尽管它不是东方现代化的决定性因素,但却是造成东方式现代化道路之独异特质的重要文化因素。对于东方现代化而言,儒学不仅可以提供不同于基督教文化的精神动源,而且可以在维持社会的持续发展、保持社会横向关系的和谐平衡以及微观经济管理等方面提供独具特色的思想资源。最后可以指出的是,对于全球性的现代化进程而言,儒学所提供的思想资源与基督教文化主导下的西方现代化模式之间可以构成一个互有借鉴意义的互补结构。这或许可以看做是儒学作为人类文化的主流传统之一,对于人类的现代化进程所能作出的历史性贡献。

二、儒家经济伦理的社会伦理基础

　　儒学由孔子开创,经过孟子等人的发展,到汉朝成为影响最大的思想流派、后代历朝的主流意识形态。儒家学派不仅对中国,而且对东亚乃至全世界都产生过深远的影响。研究儒家的经济伦理思想,是构建中国特色的社会主义市场经济伦理体系不可回避的问题。

　　儒家伦理之所以能够成为占据中国古代社会两千年的主流意识形态,是因为儒家伦理深刻地反映了中国古代社会人际关系实质。中国古代社会是自给自足的自然经济社会,儒家伦理中处理人与人、人与家族、人与国家、人的自我身心以及人与自然关系的伦理价值取向几乎都深刻地反映了中国古代自然经济社会的社会本质。

(一)儒家处理人与人之间关系的伦理规则
　　自给自足的自然经济决定了中国古代社会人口的流动性小,人们长期地聚居在一起,血缘关系是最主要的人际关系。社会人际关系因为血缘的亲疏呈现出差序格局,社会关系也以熟人关系为主,这决定了中国人在处理人际关系时必然强调亲亲、和合、情重于理,而这也是儒家处理人与人关系的基本伦理原则。

1. 儒家处理人际关系特别重视亲亲

所谓亲亲就是依据血缘关系的亲疏来处理自己与他人之间的关系。血缘关系的远近亲疏,决定了人们彼此感情亲密的程度以及相互依赖、信任的程度,也往往决定了人们彼此之间的共同利益的多少。儒家伦理强调仁爱是伦理之本,爱亲是仁爱之本,在血缘关系中父母与子女的关系是最根本的,因而孝悌是最根本的伦理感情和伦理准则。孔子说:"君子务本,本立而道生,孝悌也者,其为仁之本与!"①孟子也说:"亲亲,仁也;敬长,义也。"②人们依据血缘关系的亲疏来决定对他人的态度,所以亲亲是一种处理人际关系的个别主义原则和差序原则。

在传统的中国社会中血缘关系是最基本的社会关系,所以,中国人比附血缘关系的处理来处理一切社会关系,把非血缘关系拟血缘化,依据处理血缘关系的原则处理一般社会关系。他们把君臣、师生、官民等有高低贵贱差别的关系比附为父母与子女的关系,主张君臣如父子,事君如事父;主张师道尊严,师生如父子,一日为师终生为父;把地方官称为父母官。把同学、同事、同仁、战友等平等的关系比附为兄弟姊妹的关系,甚至于不是简单的比附,而是从文化的角度确定为非血缘关系的血缘关系,即拜把子、认干爹干妈。儒家伦理从爱亲出发,推己及人,主张爱人,四海之内皆兄弟。孔子说:"弟子,入则孝,出则悌,谨而信,泛爱众,而亲仁。"③

2. 儒家处理人与人的关系强调维护亲情

儒家处理人与人之间的关系强调情理并重,情重于理,尤其是强调对血缘亲情的维护。父母与子女的亲情则至关重要,在一般的人和事的纠

① 杨伯峻:《论语译注》,北京:中华书局 1980 年版,第 2 页。
② 杨伯峻:《孟子译注》,北京:中华书局 1960 年版,第 307 页。
③ 杨伯峻:《论语译注》,北京:中华书局 1980 年版,第 4—5 页。

纷中,要把维护亲情作为根本标准。《论语·子路》中记载了孔子对"父为子隐,子为父隐"的肯定。"叶公语孔子曰:'吾党有直躬者,其父攘羊,而子证之。'孔子曰:'吾党之直者异于是:父为子隐,子为父隐。直在其中矣。'"①父亲攘羊,儿子不是应该去告发,而应该是密而不告,然后,对父亲委婉地劝谏,劝说父亲将羊归还失主。孔子亲亲相隐的观念,在汉代以后影响了国家法律规定,"容隐制"在中国历朝的法律制度中都有明确的体现。

3. 儒家处理人与人的关系强调忍让以息争求和

血缘关系是充满血缘亲情的人际关系,是熟悉的人际关系,这决定了在这种人际关系处理中,人们必然把彼此之间的感情的维护作为处理关系的根本追求,彼此之间不可能过分地在利益冲突面前斤斤计较,通过公平地分割利益来解决利益冲突的机会比较少,从而公平分割利益也就难于成为处理人际关系的一般原则。熟人的社会关系,也使人们在相互交往之中,没有必要过分计较一时一地的利益得失,而可以在反复的交往中弥补利益得失,使利益的得失获得一个大致的均衡。儒家伦理强调人们应该见利思义,重义轻利,求和息争,在利益关系面前要忍让,不主张个人注重自我的利益追求。

为了实现社会和谐,儒家伦理创造了系统的社会礼仪体系,要求社会成员自我约束,严格遵守,"非礼勿视,非礼勿听,非礼勿言,非礼勿动"②,不符合社会礼仪的就不能去看、去听、去说、去动。在社会生活中,儒家更多地强调社会成员个体要以礼为规范,约束自我,适应社会,把家庭、家族和国家这些整体利益作为个人自我的主要追求。可以说,中国古代社会是介于德治和法治之间的礼治社会。

(二)儒家处理个人与家庭、家族和国家关系的伦理规则

在自然经济社会中,家庭是最基本的社会组织,社会成员根本的存在

---

① 杨伯峻:《论语译注》,北京:中华书局1980年版,第139页。
② 同上书,第123页。

方式,社会的基本细胞。与工商经济社会不同,社会成员主要不是以个体独立自我的方式参与社会活动,而是作为家族代表的方式参与社会活动。所以,在中国古代社会,家庭、家族伦理是中国人处理个人和社会组织关系的基本原则,儒家伦理处理个人与家庭和家族的关系倡导家族至上的整体主义价值观。

家庭作为社会组织的超级发达,抑制了中国社会其他形态的社会组织的发展,其他形态的社会组织也往往被打上家族形态的印记。中国人以家庭结构构建了自己的国家,家国同构是中国古代社会文化的突出特点之一,因此,儒家处理个人与国家关系,特别强调比附个人与家庭、家族关系的伦理原则,重视国家整体利益的重要性,同时也比附家庭内部关系的伦理原则处理国家中社会成员的关系。当然,儒家也认识到了家国的差异性,强调在家与国内部关系处理中的差异性,在家庭和国家的关系中,除了危及国家安全的根本问题,一般来说更重视家庭和家族利益的维护。

1. 家族整体主义

家族主义是中国儒家伦理整体主义价值观的根本体现。儒家伦理强调增加和捍卫家族利益是社会成员的人生目标,人生的根本价值在于光宗耀祖,人生最典型的自我实现是衣锦还乡。家长是家庭的代表,族长是家族的代表,儒家伦理主张,在家庭和家族中应该唯家长和族长之命是从,甚至于强调到"父叫子亡,子不得不亡"的地步。

儒家伦理主张,在家庭生活中,个人不能突出自我的价值和利益,家庭财产归属于家长所有,"子妇无私货,无私畜,无私器,不敢私假,不敢私与"①。儒家子妇无私货的理念在汉朝以后影响了中国历朝的法律制度,法律规定财产所有权为家庭也就是家长所有,西方社会"个人财产神圣不可侵犯"的理念,是中国人闻所未闻的。

儒家家族本位的思想,突出人们对家族经济利益的重视,因而,传统

① 田晓娜主编:《四库全书精编·经部》,北京:国际文化出版公司 1996 年版,第255页。

商人把"创业立家,垂裕后昆"①作为投身商业的直接动机。明末新安商人程周用"创业垂统,和乐一堂"②来形容自己为家族兴盛而努力创建商业帝国的雄心壮志。家族本位的伦理思想,不仅催生了经济发展所需要的勤奋、节俭、诚信、无私奉献等经济伦理观念,而且也使人们为了家族的利益而进行劳动成为近乎神圣的义务,这既是对祖先恩德的报答,也是实现利济苍生的基本途径。

2. 国家整体主义

家国同构的文化决定了,中国古代社会君王在国家中的地位如家长和族长在家庭和家族中的地位。家长是家庭的象征,君王就是国家的象征。儒家伦理将家庭和家族整体主义加以延伸,处理个人和国家关系,就更重视国家利益,确立了国家利益至上的爱国主义传统。明末清初的思想家顾炎武说:"保天下者,匹夫之贱,与有责焉耳矣。"③

在家长财产所有权的基础上,儒家提出了家天下的观念,强调"溥天之下,莫非王土;率土之滨,莫非王臣"④。天下成为一人一姓的天下,全国所有的人都为皇帝一人打工,食君之禄,为君解忧。在儒家家族整体主义和国家整体主义影响下,中国古代社会的财产所有权制度远不如西方社会明晰。

在儒家整体主义思想影响下,国家法律制度建设强调社会整体本位主义,注重维护社会利益,法律制度以维护社会秩序为根本,而轻视法律保障社会成员权益的价值。法制建设以刑法为主,民法相对匮乏,与西方社会以民法为主体的法律文化形成鲜明的对比。

3. 由孝而忠

在儒家价值观中,家是本位,家的利益是根本;孝是最根本的道德原则,一切道德价值由此生发,一切道德规范由此推导而出。儒家强调道德

---

① 张海鹏等编:《明清徽商资料选编》,合肥:黄山书社1985年版,第470页。
② 同上书,第224页。
③ 顾炎武:《日知录·正始》。
④ 田晓娜主编:《四库全书精编·经部》,北京:国际文化出版公司1996年版,第104页。

的生活是推己及人,儒家经典《孝经》将孝亲与忠君联系起来,认为忠是孝的发展和扩大,并把孝的社会作用绝对化、神秘化,认为孝悌之至能够通神明。所以儒家主张以孝治国,"子曰:'昔者明王之孝治天下也'"①,并把不孝作为最严重的罪恶,"子曰:'五刑之属三千,而罪莫大于不孝。要君者无上,非圣人者无法,非孝者无亲。此大乱之道也'"②。在儒家思想影响下,历代帝王在处理国家和家庭利益关系的时候,一般强调社会成员可以认为家庭和家族利益的重要性超过国家利益,除非社会成员涉及叛国、谋逆等严重危害国家根本利益的行为;国家法律对社会成员将家庭和家族利益置于国家利益之上的行为,也往往采取支持的态度。

4.恩掩义与义断恩

家国同构的文化现象,注定了儒家伦理强调国家关系和家庭关系处理的一致性,强调国家关系处理与家庭关系处理伦理价值取向的一致性。但是,儒家也认识到国家关系和家庭关系的差异性,强调一般社会关系处理与家庭内部关系处理的伦理原则不同,强调内外有别。"门内之治,恩掩义;门外之治,义断恩。"③也就是说,家庭、家族内部生活是私生活领域,内部人际关系的处理以血缘亲情为根本价值取向,重视恩情,反对在利益问题上斤斤计较;一般社会生活是公共生活,外部人际关系处理以公平正义为根本价值取向,强调对利益冲突的合理分割。家庭、家族内部矛盾主要通过道德的方式调节,尽可能不通过官方、不用法律的方式解决问题,中国人有清官难断家务事的说法,所以,儒家伦理处理家庭关系倡导无讼。一般社会关系处理也应该尽量减少用法律的方式,但法律的方式也绝对是不能没有的。

5.王道胜过霸道

儒家坚持亲亲、尊尊的立法原则,维护礼治,提倡德治,重视人治。孔

---

① 田晓娜主编:《四库全书精编·经部》,北京:国际文化出版公司 1996 年版,第 706 页。

② 同上书,第 707 页。

③ 同上书,第 306 页。

子说："道之以政,齐之以刑,民免而无耻;道之以德,齐之以礼,有耻且格。"①儒家的礼治主义的根本追求是建构等级和谐社会,也就是使贵贱、尊卑、长幼各有其特殊的行为规范。只有贵贱、尊卑、长幼、亲疏各有其礼,才能达到儒家心目中君君、臣臣、父父、子子、兄兄、弟弟、夫夫、妇妇的理想社会。国家的治乱,取决于等级秩序的稳定与否。儒家的礼也是一种法的形式,它以维护宗法等级制为核心,如果违反了礼的规范,就要受到刑的惩罚。

儒家的德治主义主张以道德去感化教育人。儒家认为,人性本善,人人都有向善的本性,通过道德感化教育,可以使良善的本心显现,知道耻辱而消除奸邪之心,养成理想人格。孟子指出:"人人皆可以为尧舜。"②当然,儒家重视德治,并不意味着儒家轻视法治的意义,孟子指出:"徒善不足以为政,徒法不能以自行。"③

(三)儒家伦理处理人自我身心关系的伦理观念

儒家伦理把整体主义作为根本的价值追求,强调个人要约束自我,恪守社会礼法规范,适应社会,所以儒家特别强调个人自我修养的培养、锻炼和提高,也因此创造和丰富了协调个人自我内在身心关系的伦理思想。儒家主张:"物格而后知至;知至而后意诚;意诚而后心正;心正而后身修;身修而后家齐;家齐而后国治;国治而后天下平。"④格致、诚意、正心、修身、齐家、治国、平天下是儒家为理性人格设计的人生道路,很显然,儒家将个人自我道德人格的养成、个人自我身心的道德锻炼,作为个人成为社会人才的基础。

1. 儒家将个人内在心灵的和谐宁静作为理想人格的突出特点

在漫长的历史发展中,多民族融合形成了庞大的中华民族,在广阔的

---

① 杨伯峻:《论语译注》,北京:中华书局1980年版,第12页。
② 杨伯峻:《孟子译注》,北京:中华书局1960年版,第276页。
③ 同上书,第162页。
④ 田晓娜主编:《四库全书精编·经部》,北京:国际文化出版公司1996年版,第301页。

空间中形成了以儒家思想为根本取向的文化体系。对于历史悠久、人口众多的中华民族来说,民族文化整体危机的历史很少,即使面临文化冲突,也往往是少数民族,不论是强势的还是弱势的,最后都接受了儒家文化。与犹太民族等诸多历史悠久、人口稀少的民族相比,中华民族几乎没有必要通过激发社会成员个体内在矛盾的冲突,来激发社会成员的内在创造力,社会面临的主要问题是内部成员自我的和谐共处问题。所以,中国文化的主导是倡导个体内敛、约束自我以适应社会,个人自我身心的和谐是个人生存质量的根本标准,这与时时刻刻面对民族危亡的社会成员的生存心态非常不同。儒家将个人内在心灵和谐宁静的中庸状态作为理想人格的突出特点。

儒家所谓中庸状态,是天人合一、自我身心内外合一的和谐状态。"喜怒哀乐之未发,谓之中,发而皆中节,谓之和。中也者,天下之大本也;和也者,天下之达道也。致中和,天地位焉,万物育焉。"①喜怒哀乐之未发是人本性原有的状态,是理想状态;中是适宜;发而皆中节是七情六欲表现出来,但是处于节制状态;和是平和;庸是按照适宜的方式做事;中庸精神就是适度把握,按照适中方式做事,力求使万事万物与个人自我身心都保持在一个合情合理的适中范围之内。

2. 获得身心和谐的根本途径

儒家认为,一个人要想获得身心和谐的状态,根本的方法是道德的自我修养和锻炼,使自己的言行处于诚信的状态。"诚者自成也,而道自道也。诚者物之终始,不诚无物。是故君子诚之为贵。诚者非自成而已也,所以成物也。成己,仁也;成物,知也。性之德也。合外内之道也。故时措之宜也。"②诚是获得身心和谐的根本途径,合内外之道,合于天诚。诚的根本在于诚心诚意,不自欺,所以才有所谓"君子坦荡荡,小人长戚

---

① 田晓娜主编:《四库全书精编·经部》,北京:国际文化出版公司1996年版,第289页。

② 同上书,第281页。

戚"①。俗语所说的"为人不做亏心事,夜半不怕鬼叫门",也是这个意思。

（四）儒家伦理处理人与自然关系的伦理规则

和为贵是儒家的基本价值取向,儒家伦理将和合的精神贯穿于思想体系的始终。在人与自然的关系处理中,儒家强调顺应自然,与自然和睦共处,而不是违逆自然,征服自然,强令自然服务于人;强调通过观察发现自然的智慧,模仿自然,以此作为生存的智慧。

1.民胞物与

中国儒家伦理,在对待人与自然的关系问题上,反对对自然进行掠夺式的经营,违逆自然,主张顺应自然,与自然和谐相处,倡导"天人合一"、"民胞物与",按照自然四时节律安排生产活动,称为"时禁"。"曾子曰:'树木以时伐焉,禽兽以时杀焉。'夫子曰:'断一树,杀一兽,不以其时,非孝也。'"②孔子说:"开蛰不杀当天道也,方长不折则恕也,恕当仁也。"③这些"时禁",在那时的人们看来,就是"古圣人所制"。荀子指出:"圣王之制也,草木荣华滋硕之时,则斧斤不入山林,不夭其生,不绝其长也;鼋鼍鰍鳝孕别之时,网罟毒药不入泽,不夭其生,不绝其长也;春耕、夏耘、秋收、冬藏,四者不失时,故五谷不绝,而百姓有余食也;污池渊沼川泽,谨其时禁,故鱼鳖优多,而百姓有余用也;斩伐养长不失其时,故山林不童,而百姓有余材也。"④

2.儒家伦理强调从自然界获取生存的智慧。

中国人认为世界是无限的,人生是有限的,人不可能彻底认识世界,用有限的人生认识无限的世界是危险的;人更不可能征服世界,所以只能顺应自然。儒家伦理强调顺应自然是人生最根本的智慧,通过"格物致

---

① 杨伯峻:《论语译注》,北京:中华书局1980年版,第77页。
② 田晓娜主编:《四库全书精编·经部》,北京:国际文化出版公司1996年版,第280页。
③ 《大戴礼记·卫将军文子》。
④ 《荀子·王制》。

知"获得自然万物生存的智慧,然后师法自然,也就是模仿自然,与自然合二为一,达到理想的人生境界。孔子说:"岁寒,然后知松柏之后凋也。"①孔子的意思是说,作为理想人格的君子,应该像松柏不畏严寒、经霜傲雪。后世的儒家学者将梅、兰、竹、菊称为花中四君子,其意思也就是说为人应该像梅、兰、竹、菊,具有正直、虚心、纯洁而有气节、清高、脱俗的情趣。

三、儒家经济伦理的哲学基础

在儒家的思想体系中,道具有至高无上的统摄地位。在孔子的《论语》中,道字先后出现过七十多次。孔子说:"吾道一以贯之。"②孔子的意思是,他的学说贯穿着道的根本原则,道的基本原则就是仁爱。儒学视天地万物为一体,讲天人合一、与天地相参,重视人与自然、人与人以及人内心的和谐与平衡,强调人是宇宙的中心,人是天地万物之灵。以人为贵是儒家研究和考察社会问题的根本出发点,是处理社会经济、政治问题的根本目的,是社会经济运行必须遵循的最为重要的道德法则,它也是衡量社会经济发展水平的一个重要标志。

(一)喜富恶贫的人性观念

儒家认为喜富恶贫是人的一种共同的、普遍的心理倾向。孔子说:"富与贵是人之所欲也;不以其道得之,不处也。贫与贱,是人之所恶也;不以其道得之,不去也。"③春秋时代礼崩乐坏,人们摆脱了礼制的约束,物质的欲望勃兴。孔子正视社会现实,充分肯定了人们的物质欲望,强调喜富恶贫是人们共同的心理,是构筑社会伦理道德不可忽视的基础。孔

---

① 杨伯峻:《论语译注》,北京:中华书局1980年版,第95页。
② 同上书,第39页。
③ 同上书,第36页。

子认为,财富在一定条件下是可以积极追求的。"富而可求也,虽执鞭之士,吾亦为之"①,也就是说,只要财富是应该求得的,就是像执鞭之士这样的下等差事也会去做。他还说:"邦有道,贫且贱焉,耻也。邦无道,富且贵焉,耻也。"②在国泰民安的时候,贫穷卑贱是可耻的,就像在乱世富足华贵是可耻的一样。

儒家认为,满足人的基本生理需求是合理的,它甚至并不否定人对肉体物质生活享受的追求。《礼记·礼运》中记载孔子的话说:"饮食男女,人之大欲存焉。"③孔子自己的生活是"食不厌精,脍不厌细。食饐而餲,鱼馁而肉败,不食。色恶,不食。臭恶,不食。失饪,不食。不时,不食。割不正,不食。不得其酱,不食。肉虽多,不使胜食气。唯酒无量,不及乱。沽酒市脯,不食"④。也就是说,孔子吃东西,米要舂得精,肉要切得细,不吃腐败变质的鱼肉,不吃颜色不新鲜和气味难闻的食物,肉切的不方正、烹饪不得法、不到规定的时间都不能吃,喝酒只要不喝醉就不限量。

孔子认为喜富恶贫是人的共同心理,所以,主张为政要把富国足民放在首位。端木赐问孔子怎样为政治国,他回答说:"足食,足兵,民信之矣。"⑤三者中足食是前提,"子适卫。冉有仆。子曰:'庶矣哉!'冉有曰:"既庶矣,又何加焉?'曰:'富之'。曰:'既富矣,又何加焉?'曰:'教之。'"⑥可见,孔子认为,使百姓富裕是治国的首要大事。

(二)见利思义的价值观念

儒家的价值观集中体现在其义利观上。在儒家思想体系中,义一般是指公利,是道德原则规范的价值指向,利一般是指实际功利,更多地强

---

① 杨伯峻:《论语译注》,北京:中华书局1980年版,第69页。
② 同上。
③ 田晓娜主编:《四库全书精编·经部》,北京:国际文化出版公司1996年版,第248页。
④ 杨伯峻:《论语译注》,北京:中华书局1980年版,第102—103页。
⑤ 同上书,第126页。
⑥ 同上书,第136—137页。

调的是个人私利。许多人将儒家义利关系理解为道德原则与物质利益的关系,实际上,儒家所讲义利关系,更多是讲个人利益与社会整体利益、自我利益与他人利益的关系问题。儒家主张先义后利、重义轻利、见利思义,往往不是笼统地肯定道德价值高于物质利益,而是突出社会整体利益高于个人利益、他人利益高于自我利益,在利益冲突中忍让和自我牺牲是高尚的品质。

1. 追求私利的客观现实

儒家正视人们追求私利的现实,承认满足人的私利欲望的合理性。在儒家看来,物质利益是人的客观生活条件,是满足人类生存和社会延续所必需的,但同时反对无限制地追求个人私利。物质私利是否可求,要看这种利益是否以义为前提,也就是说,要看它是不是侵害了整体利益和他人利益。孔子讲"见利思义"、"见得思义"、"义然后取",概括起来就是取利以义为前提。

2. 义重于利

儒家承认追求个人自我私利的合理性,但认为公利高于私利,社会整体利益高于个人利益,他人利益高于自我利益。义是公利、社会整体利益和他人利益,利是个人私利,所以义重于利。儒家义利观的核心问题就在于强调对自己的谋利行为要有所节制。儒家认为,人们追求个人自我财富的行为如不加以限制的话,势必会打破宗法名分制度及其等级经济秩序,而使社会陷入纷争侵夺之乱。孔子指出:"放于利而行,多怨。"①用道德规范来限制人们的谋利行为,有利于维护等级社会经济秩序的和谐。所以儒家强调,人们应该树立崇高的道德信念,以便在日常的经济生活中能够把义看得比利更重要,特别是在义利发生冲突、不可得兼的情况下,更应该舍利而趋义。

儒家重义,但并不轻利、排斥利或以义来否定利。认为义与利都是人们不可缺少的因素,但要分清它们的先后轻重缓急,要以义为重,先义后利,反对先利后义,见利忘义。每个人都希望过富足舒适的生活,即使

---

① 杨伯峻:《论语译注》,北京:中华书局 1980 年版,第 38 页。

圣人也不例外,但追求物质利益不能损害道德。

(三)富且义的物质生活观

1.物质生活要与社会等级相适应

孔子提出以仁为核心,以礼为规范,构建理想社会秩序的德治思想体系。它是中国经济伦理思想的理论基石。孔子重视礼,主张"克己复礼"以建立和完善贫富贵贱的等级秩序。儒家对待物质生活的态度建立在孔子礼治等级社会的思想基础上,主张物质生活的方式必须符合社会礼制。一定社会等级的人,可以并且应该享受相应的经济生活和物质待遇,只要不超越社会礼制,人们占有财富和享受富贵在道德上就具有合理性。如果人的财富占有、对财富的追求以及物质消费和精神消费的水平超越了其名分、地位、等级的限定,即使有经济能力也是不道德的。

2.物质生活条件的获得要符合道义

儒家并不反对人们对物质财富的追求,但强调社会物质财富的获得必须符合伦理规范,物质生活应该有利于提高人们的道德质量。在道德生活高于经济生活的思想指导下,既重视生产,强调"富之",更重视分配,把分配看得重于生产,强调分配要有利于社会各等级层次间利益的均衡与稳定。

儒家认为,一个有道德的人应该"谋道不谋食","忧道不忧贫","义以为上"。孔子说:"饭疏食饮水,曲肱而枕之,乐亦在其中矣。不义而富且贵,于我如浮云。"[①]也就是说,在儒家看来,一个人可以也应该追求富贵,但是,追求富贵必须以合乎道义礼制为前提,一个人不应该过多计较个人得失和追求享乐,在物质生活基本满足的情况下应该追求崇高的精神愉悦。"君子谋道不谋食……君子忧道不忧贫。"[②]

3.安贫乐道

儒家认为,一个人可以享受通过合乎道义礼制的方法获得富贵,但

---

① 杨伯峻:《论语译注》,北京:中华书局1980年版,第71页。
② 同上书,第168页。

是,如果不能享受通过合乎道义礼制的方法获得富贵,那么,就不应该执著于富贵,应该心平气和地接受清贫的状态。而且在清贫的状态下,也应该保持愉悦的心境。孔子对其弟子颜回非常赞赏,说:"贤哉,回也! 一箪食,一瓢饮,在陋巷,人不堪其忧,回也不改其乐。贤哉,回也!"①孔子认为,颜回能安于贫困,不因贫困而影响生活的乐趣,达到了乐以忘忧的精神境界,是道德高尚的表现。

(四)和谐有序的社会理想

儒家倡导见利思义的价值观,是为了实现社会和谐有序的目标。儒家认为,建立和维持等级制经济制度是合理的,也是必要的。孔子说:"贵贱无序,何以为国?"②也就是说,治理国家首要的是建立和完善人们之间贫富贵贱的等级秩序,这样,人人都安贫守富,社会就会在稳定和谐有序中发展。

儒家认为社会生活和谐的关键是一个均字,财富之均是社会安定的前提和基础,贫富悬殊必然导致社会混乱。孔子指出:"丘也闻有国有家者,不患寡而患不均,不患贫而患不安。盖均无贫,和无寡,安无倾。"③富国富民非常重要,但与均和安比较起来,也是次要的。宋朝理学家朱熹这样解释孔子这段话:"均,谓各得其分;安,谓上下相安。季氏之欲取颛臾,患寡与贫耳。然是时季氏据国,而鲁君无民,则不均矣,君弱臣强,互生嫌隙,则不安矣。均则不患于贫而和,和则不患于寡而安,安则不相疑忌而无倾覆之患。"④也就是说,君臣上下,严守礼制,安于自己的等级名分,不互相侵夺,上下就能相安无事。

儒家认为社会生活和谐的基础是社会各阶层的人按照礼制,恪守本分。仁人君子有崇高的道德理想,为了理想即使牺牲自己的生命也在所

---

① 杨伯峻:《论语译注》,北京:中华书局 1980 年版,第 59 页。
② 田晓娜主编:《四库全书精编·经部》,北京:国际文化出版公司 1996 年版,第 482 页。
③ 杨伯峻:《论语译注》,北京:中华书局 1980 年版,第 172 页。
④ 朱熹:《论语集注》卷九。

不惜,孔子说:"志士仁人,无求生以害仁,有杀身以成仁。"①而一般百姓则应该关注自己日常生活。孔子说:"君子喻于义,小人喻于利。"②这里的君子是指志士仁人、理想的人、国家的管理者,正如清人孙星衍所指出的:"君子,止谓在官长者。"③小人则指新兴地主阶级、小农、小手工业者和商人。孔子强调的是官吏必须有远大理想,以义为重,以他人利益、社会整体利益为重,而平民百姓料理好自己的生活就可以了。

四、儒家经济伦理的基本内容

在漫长的历史发展过程中,儒家的思想家创造了系统的经济伦理思想,涉及社会经济运行过程中的生产、交换、分配、消费等各个环节。这些思想在构建中国特色社会主义市场经济伦理文化的过程中必将产生重要的影响。

(一)勤奋敬业的生产伦理

敬业是儒家伦理规范,敬业一词最早出现在儒家典籍《礼记·学记》中,原典为"一年,视离经辨志;三年,视敬业乐群"④。朱熹说:"敬业者,专心致志,以事其业也;乐群者,乐于取益,以辅其仁也。"⑤他认为敬业就是专心于自己的事业。敬业作为一种临事执业的态度、精神、行为规范,在儒家文化中,主要体现为忠、勤、专、恒的精神。

忠是中国传统敬业思想的主要内容。《说文》曰:"忠,敬也"⑥,以敬训忠,忠亦可训敬。儒家认为敬业就是忠事,所谓忠事是指尽心竭力、忠

---

① 杨伯峻:《论语译注》,北京:中华书局 1980 年版,第 163 页。
② 同上书,第 39 页。
③ 孙星衍:《尚书今古文注疏·无逸》。
④ 田晓娜主编:《四库全书精编·经部》,北京:国际文化出版公司 1996 年版,第 265 页。
⑤ 黎靖德编:《朱子语类》,北京:中华书局 1986 年版,第 41 页。
⑥ 许慎:《说文解字》,长沙:岳麓书社 2006 年版,第 217 页。

于事业。朱熹说："居之无倦,行之以忠。"①为政者执行政令、处理政事要忠于职守,尽职尽责。忠即不偏不倚,没有私心。

勤是敬业的另一重要内容。《说文》中说:"惰,不敬也,慢,惰也。怠,慢也,懈,怠也。"②惰、慢、怠、懈为不敬,即不勤就是不敬。儒家认为敬业就是勤勉努力,尽职尽责,奋发求精,即所谓"业精于勤,荒于嬉"③,"民生在勤,勤则不匮"④。

专即专业、专注、专一。程伊川说:"敬乃'主一之谓,无适之谓一'。"⑤朱熹解释程伊川的话说:"主一只是心专一,不以他念乱之。"⑥朱熹认为,敬业就是专心致志于其事业。荀子在《劝学》中将蚯蚓与螃蟹作比:"蚓无爪牙之利,筋骨之强,上食尘土,下饮黄泉,用心一也;蟹六跪而二螯,非蛇、鳝之穴无可寄托者,用心躁也"。⑦ 荀子认为蚯蚓用心专一有所成,螃蟹心浮气躁无所成,要在事业上有所作为,就必须专心致志。只有术业专攻、全神贯注、一心一意才是敬业。

恒是对待事业和学业自强不息、坚持不懈。所谓"天行健,君子以自强不息"⑧,儒家认为恒是敬业的基础,是事业成功的保证。荀子说:"不积跬步无以至千里,不积小流,无以成江海。"又说:"锲而舍之,朽木不折;锲而不舍,金石可镂。"⑨对待事业和学业就要永不停息,始终勤勉不倦地努力拼搏。

(二)诚信贵和的交换伦理

交换伦理是调节商品交换活动的伦理规范。在商品交换活动中,表

---

① 黎靖德编:《朱子语类》,北京:中华书局1986年版,第129页。
② 许慎:《说文解字》,长沙:岳麓书社2006年版,第220页。
③ 卢付林注译:《忠经·孝经》,武汉:崇文书局2007年版,第29页。
④ 吴小林主编:《唐宋八大家文品读辞典》,北京:新世界出版社1981年版,第873页。
⑤ 程颢、程颐:《二程集》,北京:中华书局1981年版,第43页。
⑥ 黎靖德编:《朱子语类》,北京:中华书局1986年版,第41页。
⑦ 安小兰译注:《荀子》,北京:中华书局2007年版,第7页。
⑧ 王效平编著:《周易》,北京:蓝天出版社2006年版,第8页。
⑨ 安小兰译注:《荀子》,北京:中华书局2007年版,第7页。

面上看是商品之间物与物的交换关系,实际上是商品生产者之间的劳动交换关系。商品交换双方应该在平等自愿、有序的条件下进行,诚实、守信是商品交换活动的基本要求。

1. 重农抑商

中国古代经济形态是小农个体经济占主导地位的自然经济,以孔子为代表的体现封建社会意识形态的儒家学说,反映现实社会要求及统治阶级的意志,具有重农主义倾向。从孔子提倡"禹稷躬稼而有天下"①,到孟子主张推行井田制,使耕者有其田,奠定了儒家重农思想的基础。

儒家思想的奠基者孔子,主张重农,但不主张抑商。首倡重农抑商的是法家,孔子没有提出过抑商的思想,也不轻视商人。管仲与子贡是春秋时期著名的商人。孔子称赞管仲是仁德的人。善于经商的子贡,师从孔子,被孔子誉为"贤人"、"瑚琏之器"。但是,随着社会的发展,儒家接受了法家重农抑商的思想,汉朝董仲舒把法家重农抑商的思想融入儒家经学,影响了刘汉王朝的经济政策,重农抑商成为国家发展方针。重农抑商的思想在后来儒学中一脉相承,成为历朝治国的基本方略。

2. 诚信立身

儒家思想主张做人要诚信无欺,将信当成人的立身之本,作为社会生活中最基本的道德原则。孔子说:"吾日三省吾身。为人谋,而不忠乎?与朋友交,而不信乎?"②他还说:"人而无信,不知其可也。大车无輗,小车无軏,其何以行之哉?"③也就是说,诚信无欺乃立身处世的根本。诚信要求人们诚心真义,言行一致,表里如一。虽然儒家思想不明确强调诚信是商业交往规则,但儒家强调诚信是人们处理一切人际关系,从事一切工作和活动最重要的道德准则,这当然也就意味着,诚信是社会经济生活必须遵循的根本原则。实际上,儒家诚信立身的思想,确实深深影响了我国古代商人。历史上著名的商人都把诚信作为经商之本,在商业活动中确

---

① 杨伯峻:《论语译注》,北京:中华书局1980年版,第46页。
② 同上书,第3页。
③ 同上书,第21页。

立了童叟无欺、货真价实、量足公道的优良传统。

3. 交往贵和

儒家把建设社会和谐作为根本的追求,把和谐视作天地万物的规律,作为人处理人与自然、人与社会、人与人之间关系的普遍原则。孟子把和作为人活动的主要特征,提高到与天时、地利并举的地位:"天时不如地利,地利不如人和。"①儒家认为若要成事,必定天时、地利、人和同在,天时、地利、人和三者相比较,人和最重要,是人和社会赖以生存和发展的必要条件。从人与社会的关系来看,由于个体利益是个体在追求群体利益的过程中得以确立和实现的,因此个人保持与社会之间关系的和谐,便成为每个人的职责。

虽然儒家讲社会和谐,主要并不是强调人际和谐有利于商业交往,但是儒家认为人与社会、人与人之间所有的关系都应该和谐,其中当然也包括社会经济交往。在商品交换中,和谐可以减少冲突,节省交易的费用。所以,中国古代大多数商人一直把"和气生财"作为商业经营的金科玉律。

(三)均平为主的分配伦理

在社会财富分配问题上,儒家主张从集体和社会的整体利益出发,强调社会整体利益的重要性,反对以局部利益、个别利益、个人利益为重,主张对家庭、家族及社会利益之外的个人利益给予限制,明确贯彻了整体至上的伦理价值取向。《论语》中说:"子贡曰:'如有博施于民而济众,何如? 可谓仁乎?'子曰:'何事于仁? 必也圣乎!'"②在孔子看来,一个能够广泛地把恩惠给予民众的人,不是一般的仁爱之人,而是圣人。

在孔子的时代,贫富分化已经成为一个突出的社会问题。为了限制人们对财富追求的无限扩张,孔子提出了"有国有家者,不患寡而患不

① 杨伯峻:《孟子译注》,北京:中华书局1960年版,第86页。
② 杨伯峻:《论语译注》,北京:中华书局1980年版,第65页。

均"①的均平分配原则。治理国家,不愁贫穷而愁财富分配不均;不愁人民太少而愁境内不安。如果财富分配均匀,就没有贫富悬殊的差距,即使人们的生活都比较困苦,人们也能够心境平和地接受,他们就不会插旗造反,国家也就没有倾覆的危险。

人们往往从孔子的不患寡而患不均的思想断言儒家主张平均分配社会财富,但实际上,孔子即使是反对贫富差距悬殊,也绝不是主张每个社会成员平均分配社会财富。儒家所谓均平,不是指每个社会成员都分得或占有相同的财富,而是说诸侯、王公各级官吏获得的财富必须和身份相称,该有多少财富就有多少财富,不能僭越;每个社会成员的占有的财富应该与其应该具有的社会地位相适应,对于财富的追求超越自己的社会地位就是贪心,就是犯上作乱。儒家均平思想确实有利于防止社会严重两极分化,但是,也绝对不是主张实现社会的共同富裕,而是要保证社会的等级差别。儒家认为,只有保持社会的差别,才能保证社会的应有秩序,社会才能和谐稳定。

(四)节俭守礼的消费伦理

人们倡导生活节俭往往会有不同的目的,一方面,可能纯粹是为了物质财富的聚积,进而进一步投资扩大再生产;另一方面,则可能仅仅是为了规范生活,不使自己的心灵被物质困扰。儒家伦理对节俭的倡导很显然更多地具有第二个方面的意义。

1. 节用爱民的消费理念

节俭是奢侈和吝啬的中道,奢侈是过度的消费,而吝啬则是过度的节俭。儒家推崇有节制的、朴素的消费方式,要求人们节制自己的生活欲望,约束自己的消费行为,俭约生活,节约财用。

从规范统治阶级生活的角度,儒家反对奢侈豪华的生活方式,提倡朴素的礼乐制度。儒家认为,作为国家统治者应该尚俭杜奢,节用爱民,国君生活豪华奢侈,就必然横征暴敛,搞得民怨沸腾,所以,人君能否守礼

---

① 杨伯峻:《论语译注》,北京:中华书局 1980 年版,第 172 页。

制,节嗜欲、尚节俭,直接关系到国家社稷的盛衰存亡。孔子说:"中人之情,有余则侈,不足节俭,无禁则淫,无度则失,纵欲则败。故饮食有量、衣服有节、宫室有度、蓄聚有数、车器有限,以防乱之源也。"①朱熹也说:"先圣之言,治国而有节用爱人之说,盖国家财用皆出于民。如有不节而用度有缺,则横赋暴敛必将有及于民者,虽有爱人之心,而民不被其泽矣。是以将爱人必先节用,此不易之理也。"②儒家思想家都强调只有节俭治国,爱惜民力,才能获得社会繁荣安定。

2. 节欲守礼的消费标准

儒家既反对奢侈,也反对吝啬,倡导将消费控制在一个合理的限度内,强调社会成员的生活方式应该符合社会礼制。儒家崇尚的周礼对各个等级的人的消费作出了全面的规定,从衣饰、车马、食酒具到丧葬、舞乐及活动仪式等都有明确的规定。生活方式应以礼制为准,个人消费违礼,就是僭越。周礼规定只有天子才能用八佾,季氏身为大夫,按规定只能用四佾,但他却用八佾,孔子非常气愤,说季氏"八佾舞于廷,是可忍也,孰不可忍也?"③儒家也反对一个人的日常用度不达到礼所规定的标准。"子贡欲去告朔之饩羊。子曰:'赐也!尔爱其羊,我爱其礼。'"④饩羊是举行告朔仪式时所用的羊,告朔这种仪式在当时已是有名无实的形式,子贡因此想把它省了,但孔子认为应当保留。儒家认为,奢俭都是僭礼,都应该反对,但是俭比奢好。因为"奢则不孙(逊),俭则固。与其不孙也,宁固"⑤。俭的鄙陋比奢的不恭好。儒家黜奢崇俭以不违礼为特色,礼是消费的根本标准,同时,提倡俭胜于奢。

---

① 《孔子家语》卷四。
② 朱熹:《己酉拟上封事》,《朱熹集》卷十二。
③ 杨伯峻:《论语译注》,北京:中华书局 1980 年版,第 23 页。
④ 同上书,第 29 页。
⑤ 同上书,第 77 页。

第七章　中国道教的经济伦理思想

　　道教是中国唯一的土生土长的系统宗教,它集中体现着中华民族的精神气质,其伦理观念更深刻地反映中国人的价值取向,其诸多的文化因素往往是作为中国人想当然的思考问题的前提发挥着潜移默化的作用。审视道教经济伦理,是构建中国特色的社会主义市场经济伦理文化不可不做的工作。

一、马克斯·韦伯对道教经济伦理的认识

　　马克斯·韦伯通过将儒教与基督教新教加以对比说明了儒教经济伦理的特色,而他对道教经济伦理的分析,则是通过将儒教与道教加以对比完成的。

(一)马克斯·韦伯对道教经济伦理的认识
1. 儒教与道教伦理代表不同社会阶层的价值取向

　　韦伯认为道教思想来自老子,老子与孔子的思想没有很大的区别,但是随着中国历史的发展,到汉朝儒家思想被确立为官方意识形态,道教逐渐成为儒教的对立面,以至于最后完全被视为异端,被当局所排斥。道教

得以流行的原因是儒家忽视了大众内心情感,它是儒教的一种补充。

儒教是受过典籍教育的官僚体系的身份伦理,儒教主张的孝道和祖先崇拜是中国家长制政治不可或缺的基础。道教则是中国普通百姓心态的反映,它的多神崇拜以及对神秘巫术的追求是下层社会成员所需要的。

2. 儒教与道教对道的理解不同

韦伯认为道是儒家和道家共同的概念,在儒家和道家的思想体系中都占有核心地位,它指宇宙的永恒秩序,同时也指这种秩序的运行过程。道本身是一个正统的儒家概念,在孔子思想中,道总是与具体人和事相联系,譬如《论语》中说的"志于道"、"闻道"、"信道"、"谋道"、"善道"、"弘道"等,都包含有人的积极参与意味。所以儒家言道,不仅有对客观世界秩序及其规律的认识,而且也含有将此种认识与主观意志结合为一、依道而行即可通达世事的成分。道在儒家观念中,不只是客观世界的表现,同时也是主观意志行动的根据。在孔子那里,此种根据是"己欲立而立人,己欲达而达人"①和"己所不欲,勿施于人"②的忠恕之道。

在老子的学说中,道是永恒不变的,因而具有绝对的价值。道既是秩序又是产生万物的实际理由,是一切存在的永恒原型的完美化身。只有达到完全神秘主义的无为才能触及道。对此,韦伯指出:"老子把道同神秘主义者对神的典型追求联系起来:道是唯一永恒的,因而是绝对宝贵的;它既是秩序,也是产生万物的实在根基,也是一切存在的永恒原型的总体。简言之,道是神圣的唯一,同一切冥想的神秘主义一样,人可以使自我绝对脱离世俗的利益与热情,直至完全无为,来分享这种神的唯一。"③

3. 儒教与道教伦理的神秘主义程度不同

韦伯认为,道教与儒教相比,尽管都可以归为神秘主义的行列,但是儒教与道教在教义和本质上存在很大差异。儒家不讨论鬼神之事,而道教则是多神崇拜,道教比儒教显然具有更浓厚的神秘主义色彩。

---

① 杨伯峻:《论语译注》,北京:商务印书馆 1980 年版,第 65 页。

② 同上书,第 123 页。

③ [德]马克斯·韦伯:《儒教与道教》,北京:商务印书馆 1995 年版,第 232 页。

　　道教是典型的神秘主义的宗教,因此它不能通过传道或者社会行动的方式去影响世人。道教神秘主义者不关心世俗的事物,长生不老才是他们的根本追求。道教的宗教活动主要是通过练气、调息等追求一种特有的精神状态,以此达到长寿的目的。韦伯指出:"从外部看,这种状态同一切神秘主义一样,并不是理性的,而仅仅以心理为前提:普遍的无宇宙论的仁爱心情,是这种神秘主义者处在无动于衷的、忘我状态中的、无对象的、快意的、典型的伴生现象。这种无动于衷的忘我状态是他们所特有的,可能是老子创造的。这种纯粹心理的产物也被赋予了理性主义的解释,皇天后土被公认为是最伟大的神,这是由于他们绝对忘我地为人工作;由于他们具有神所特有的无条件的仁爱,最起码接近了这种自然力的唯一永恒的道的基础——这里掺入了道教教义的长寿术(《老子·第七章》:'天长地久。天地所以能长且久者,以其不自生,故能长生')。这就是神秘主义者本身的行为之本。"①

　　韦伯认为,一方面由于道教把道视为世界的最初本体,万物无不是道的衍生,现世中的一切都是从道的阐发上去认识的,这就使社会生活诸领域都充满了神秘主义色彩,各种事物都打上了道的巫术印记,导致了占卜术、占星术、看风水等迷信观念的盛行,妨碍了理性的、分析的科学知识的发展。另一方面,由于道法自然,道教崇尚自然,追求长寿成仙,不为外物所累,强调按照自然本性去把握事物,使道家关注达到长生长寿的途径,例如讲究呼吸(胎息)方法、炼制金丹、企求长生不老药,客观上促进了中国医学、药学、化学、金属冶炼等经验知识和工艺的发展。在韦伯看来,这是道的系统的理性化表现。从发生学上,韦伯充分肯定了作为儒道两家共同核心概念的道对中国古代社会生活理性化发展所起的作用。

　　4. 儒教与道教伦理倡导的生活态度不同

　　韦伯认为,儒教是入世的,道教是出世的。尽管从源头上讲,儒教与道教都与古代的隐士相关,但是与儒家的积极退隐完全不同,道家的退隐是消极无为和充满神秘主义的。儒家追求的是治国安邦,只有在政途上

---

　　①　[德]马克斯·韦伯:《儒教与道教》,北京:商务印书馆1995年版,第233页。

不顺利的时候才退隐,退隐对于儒生来说是仕途不通时无可奈何的选择。老庄道教的生活态度是无为自化、清净自正,对现世采取绝对不关心的态度,他们认为只有从世俗的功名利禄中摆脱出来,才能够得道成仙,这与儒家积极入世、适应社会的思想是不同的。就对中国人生活态度的影响而言,道教比儒教更为消极。

韦伯认为,儒道对道的解释不同造成了他们出世入世的态度不同。道教在本质上是出世的,更具有传统主义的性质,这使道教成为理性生活的最大障碍,也使其在中国政治和社会生活中发挥了不同的作用。道在儒道两家社会政治思想上的不同表现,就是老子《道德经》上所说的小国寡民与《礼运》中记载的大同社会之间的差别。在韦伯看来,老子提倡的绝圣弃智、绝仁弃义、绝巧弃利、常使民无知无欲的观点,是反文化和非理性的,它与儒家重视教化的官僚制身份(即地位)伦理,以及以孝悌和祖先崇拜为不可或缺的政治依据的家长世袭制是截然对立的。

当然,韦伯承认一切宗教都是以某种终极价值预设为信仰的,因此从本质上说一切宗教教义都有拒斥现世的倾向。但这属于宗教神学的问题,他的宗教社会学以考察某个特定宗教教义作为一种社会伦理,以对人们的现世行动造成影响为目标。在他看来,基督教追求彼岸救赎的教义,通过加尔文宗预定论的解释,转变为新教徒的天职观,成为现世职业人的伦理,成为促使人们入世禁欲行为的驱动力;而道教"只是它对自己资格的无宇宙论的信赖以及由此产生的对慈善机构恩赐价值的否定立即会使邪教的危险出现。通过寻求特殊的得救道路来超越入世的俗人道德,是慈善机构恩赐最忧虑的事——如同教会的非禁欲主义的新教一样令它忧虑"①。

(二)对马克斯·韦伯道教经济伦理思想的认识

1.马克斯·韦伯对道教在中国文化发展中的作用认识不够充分

鲁迅在 1918 年 8 月 20 日《致许寿裳》的信中说:"中国的根柢全在

---

① [德]马克斯·韦伯:《儒教与道教》,北京:商务印书馆 1995 年版,第 263—264 页。

道教，……以此读史，有多种问题可以迎刃而解。"①尽管儒教与道教有一定的差别，但是，在中国，道教并不像韦伯所说的那样是儒教的对立面，而是儒教的补充。著名道士葛洪说："儒者祭祀以祈福，而道者履正以禳邪。"②儒家和道家虽然追求各有不同，伦理纲常思想是儒家思想的核心，儒家讲究纲常伦理意在治国平天下，而道教继承并发扬纲常伦理思想的目的是长生成仙，但是他们维护纲常伦理思想的基本价值取向是一致的。

韦伯断言儒教是入世的、道教是出世的，这也不准确。"穷则独善其身，达则兼善天下"③是中国知识分子的普遍心态，在中国的儒释道三家中，儒家积极入世，佛教消极出世，而道教往往在入世和出世之间。道士兼善天下之心并未彻底泯灭，不少道教的信徒直接参与了统治集团内部的斗争，为他们争权夺势出谋划策，在政治和军事上起着极其重要的作用。道士往往"身在江海之上，心居乎魏阙之下"④，南北朝的道士陶弘景就有"山中宰相"的称号。有的道士甚至将"终南"作为仕途的捷径，由道士出任朝廷的重要官职。南北朝以后几乎每逢改朝换代往往都有道士出山，辅佐新的一代帝王争夺江山。

2. 马克斯·韦伯对中国官方的道教政策的认识不准确

中国大多数朝代的统治者虽然不将道教置于和儒教同样的地位，但是也不将道教视为异端。统治者常常利用道教为巩固封建统治服务，所以他们往往给予道教许多的扶植。直到明清时期，官方才逐渐放弃了这种扶植。即使在清朝，官方重佛抑道也有一个发展的过程。乾隆将正一真人的官阶从二品降至五品，开始限制天师的职权，取消了天师统驭三山的地位，道光皇帝又废弃了天师的朝觐礼仪，道教才又复归于民间宗教。在中国的传统文化中，基本上不存在西方文化意义上的宗教异端，宗教一直都是政治统治者利用的工具，从未凌驾于王权之上，任何宗教若要生存发展就必须依附于朝廷，邀得皇帝的恩宠。一般来说，假如宗教信仰者不

---

① 鲁迅：《鲁迅全集》第9卷，北京：人民文学出版社1981年版，第284页。
② 葛洪：《抱朴子·内篇·明本》。
③ 杨伯峻：《孟子译注》，北京：中华书局1960年版，第304页。
④ 陈鼓应：《庄子今注今译》，北京：中华书局1983年版，第762页。

与朝廷作对,那么皇帝往往也对该种宗教采取宽容的态度,允许其存在和发展。

3.道教经济伦理对市场经济发展的积极意义

韦伯过分强调了道教重视巫术的层面,看到了道教神秘主义非理性的一面,但没有认识到道教的经济伦理对市场经济发展也可以产生积极的影响。

道的观念可以成为新经济发展模式与新管理观念之源。作为理想经济伦理的道,为人们提供的将是理想的经济发展模式,是从外在管制到内在自我控制的转换。这一系列的新模式,正是通往大道的新管理模式,即无为模式,在这种模式下,员工之行为意识将发生从被动的客体意识到主体意识的转化。

道教伦理所追求的一天人、合三才,齐物我的相忘、守一境界,经过现实的转换而形成融合守一精神,形成生产者与生产环境之间相依又相忘的有机融合,弥合了主我、人我、物我、主体(真)我与员工(表象)我之间的界线,现代人所追求的以平等、人道、自由精神为核心的自我主体性,从中得到了深刻的体现。这样,既实现了现代的自我主体观念,又在事实上控制了自我个性,较之管制式管理模式更深度地控制了人的行为和思想意识。管理者无为而治,无为而无不为,这就是无为模式下的自我控制。管理者退到了员工意识的后台,造成员工自我的前台意识,从而发挥其主人意识、主动意识、责任意识、自觉精神,带来更高的生产效益。管理者制约地位的位移是隐蔽的和假性的,无为模式使员工主体意识的焕发所造成的对员工的深度控制效果则是显性的和真性的。

我们没有必要去苛责韦伯理论的全面性,一个思想家总会有自己分析认识问题的独特视角,站在特定的视角认识社会往往会有其所不见,但是一个思想家对人类思想的贡献,往往也就在其独特的观察问题视角。韦伯在其总体的宗教经济伦理理论的构架下,对中国道教经济伦理的认识难免有局限性,他关于中国宗教经济伦理的最终结论,我们也不能完全接受,但是他对中国宗教经济伦理性质的基本定位还是准确的。在中国社会现代化的进程中,中国人应该具有更大的包容精神,我们不应该过分介意其他民族的学者对中国传统的责难,应该更多地从这些责难中反思中国传统的不足。当然我们也没有必要因为有这些责难,就妄自菲薄、失却信心。在中华民族历史转型的伟大时期,我们应该既具有饱满的对自己民族传统的挚爱,又具有冷静的理智。

二、道教经济伦理的哲学基础

道教在东汉末年,由张陵在老子和庄子道家思想的基础上融合儒家、阴阳家、兵家、法家等诸子思想,战国时期燕齐神仙方术以及秦汉之际的黄老之学创立而成。道教在南北朝时期得到比较大的发展,形成了以葛洪、魏伯阳为代表的丹鼎派道教和以寇谦之、陶弘景为代表的符箓派道教,道教的丹术获得重大发展。隋唐时期,道教进一步发展,达到它的鼎盛时期,唐朝道士司马承祯和杜光庭对道教的斋醮仪式和理论发展都作出了重大贡献。宋元时期,道教继续得到皇帝支持,继续发展,宋朝产生了全真教、太一教和真大道教三个有影响的教派,尤其是全真教发展迅速,逐渐在全国产生影响。明清以后,由于帝王逐渐抑制道教的发展,道教逐渐萎缩,影响日渐微弱。但是,由于道教的思想深入人心,影响甚是深远。

(一)道

在道教的信仰体系中,道是最高信仰。道教认为,道既是为万事万物的本源,也是万事万物生生变化遵循的规律。

1.世界万物的本体

道是万物本源,万物之根。道是"万物之元首,不可得名者。六极之中,无道不能变化。元气行道,以生万物,天地大小,无不由道而生者也"①,《太平经》还说:"夫道者,乃大化之根,大化之师长也。故天下莫

————————

① 王明:《太平经合校》,北京:中华书局 1960 年版,第 16 页。

不象而生者也。"①道教认为,天下万物生于有,而有生于无,道就是生有的无。道创造了万事万物,然而它不是实体,不是任何物质的存在。"道之为物,惟恍惟忽。忽兮恍兮,其中有象;恍兮忽兮,其中有物。窈兮冥兮,其中有精,其精甚真,其中有信。"②道教在老子"道生一,一生二,二生三,三生万物"③的基础上将宇宙世界生成的过程描绘为洪元、混元和太初三个阶段,并用最高神三清神与三个阶段相配,玉清原始天尊象征洪元,上清灵宝天尊象征混元,太清道德天尊象征太初,洪元的状态正是道的状态,万物混沌、阴阳未分。

2. 世界万物生生变化规律

道既是万物的本源,也是万物生化的规律和原则。老子说:"人法地,地法天,天法道,道自然。"④道作为万物生化的规律和原则,根本特点就是自然无为,自然而然。万物依道生化完全是自然的,"道常无为,而无不为"⑤,它以一种无为的表象,达到无所不为的境界。

(二)德

德的意思就是有所得。《礼记·乐记》说:"德者,得也。"《广雅·释诂》曰:"德,得也。"许慎在《说文解字》中说:"德,内得于己,外得于人。"以善念存诸心中,使身心互得其益就是内得于己;以善德施之他人,使众人各得其益,就是外得于人。从商代卜辞到先秦文献,德均与得相通。唐玄宗在《道德经御注·序》中说:"道之在我为德。"道教《自然经》中说:"德言得者,谓得于道果。"也就是说,道教认为,道教修炼就是要修德,只有有德才能长生不老,才能成仙。

长生不老、羽化成仙是道教信徒的根本追求,所谓德就是得道,使道在自身体现出来,能够使自己依道而行,达到顺应自然、天人合一的境界。

---

① 王明:《太平经合校》,北京:中华书局1960年版,第682页。
② 陈鼓应:《老子注释及评介》,北京:中华书局1984年版,第148页。
③ 陈鼓应:《老子今注今译》,北京:商务印书馆1984年版,第233页。
④ 陈鼓应:《老子注释及评介》,北京:中华书局1984年版,第163页。
⑤ 同上书,第209页。

老子说:人法地,地法天,天法道,道法自然,道通贯于天、人。天地遵从自然之道,人也必遵从自然之道,为人不违逆于道,同时不使天地万物违逆道,既自己自然而然的生活,同时也使道在天地自然万物中自然展现,也就是使天地与人都合于自然之道,这就是得道。这样的人就超越天地自然万物以及时间、空间的限制,达到了天人合一,就是神仙。老、庄道家的天人合一,不是以人合天,而是天人合于自然,合于道。主张人若能不以主宰自居,感悟其中天机,达到与万物同一的自然状态,人与自然和谐为一,"夫至德之世,同与禽兽居,族与万物并"①,便真正达到了天人合一的神仙境界。

三、道教经济伦理的主要内容

在中国传统文化中,儒家的追随者积极入世,佛教的信仰者消极避世,道教信徒则往往有骑墙派的嫌疑,往往是入世心受挫而未死、出世心已有而未甘,因此不同的道教信徒其入世心与出世心常常存在差别。儒者积极入世,所以,儒家思想即使不与社会物质经济生活直接相关,也与现实社会生活相关,佛教僧众遁出尘世,其思想多不与社会物质经济生活直接相关,即使有影响往往也是间接的。道教信徒的骑墙派风格注定了其思想的复杂性,其价值指向既可能是世俗的,也可能是宗教的,这是分析道教经济伦理的思想前提。

(一)道教的勤俭观念及其经济伦理价值

1. 道教勤的理念及其经济伦理价值

勤一般来说指的是勤劳,不懒惰。道教所谓的勤劳,首先是宗教意义上的,行善积德,勤于修炼,以求成仙。葛洪说:"人欲地仙,当立三百善,

---

① 陈鼓应:《庄子今注今译》,北京:中华书局 1983 年版,第 246 页。

欲天仙,立千二百善。"①道教认为,成仙不是一蹴而就的事,无论修炼成什么级别的仙都必须勤于修炼,必须执著地追求,只有付出辛勤的劳动才能得道成仙。这种道教意义上的勤奋,其价值指向不是世俗的功利,所以,它不能直接推动社会经济的发展,但是这种勤奋精神的倡导,促使人们明了任何事情都不能不劳而获,有利于勤奋敬业的社会氛围的形成。

道教理论正是从任何事情都不能不劳而获的角度,来论证修仙也必须是勤勉的。葛洪说:"然未有不耕而获嘉禾,未有不勤而获长生度世也。"②由此可见,道教不仅肯定道士的勤奋修行,而且对世俗社会成员的劳动勤奋也持肯定的态度。这种对世俗勤奋的肯定,显然具有直接的和重要的经济伦理意义。

当然,道教的勤奋更多讲的是修行的勤奋执著,虽然它对世俗的勤奋也持肯定的态度。但是,道教将追求心灵的自由作为根本的理想,向往心灵不为物欲束缚的人生境界,因此,它对追求世俗物质财富的勤奋的肯定是有限度的,在道教信徒心里勤奋是美德,但执著于物质财富的聚敛则是贪婪,是心灵的痼疾。勤奋的目的更多的是修炼身心的方法,而不是以此聚敛财富,所以道教的勤奋对促进社会经济发展的经济伦理价值是有限的。

2. 道教俭的理念及其经济伦理价值

俭一般指的是节俭,尽可能减少物用的耗费。道教伦理的俭的观念,主要是指"见素抱朴,少私寡欲"③,守持自己的淳朴本性,少私寡欲,不为欲望所溺,既不能做奢侈浪费的事情,也要在思想观念上崇尚简约节俭的生活。其中,更重要的是约束自己的欲望,不使自己的心灵被物欲遮蔽,对待物质财富能够淡泊宁静。老子说:"咎莫大于欲得,祸莫大于不知足,故知足之足,常足矣。"④也就是说,培养俭德,才能让自己有知足感,知足是真正的、恒长的满足,心不知足,就会蠢蠢欲动,就会招祸。"甚爱

① 葛洪:《抱朴子》,上海:上海古籍出版社 1990 年版,第 20 页。
② 同上书,第 109 页。
③ 陈鼓应:《老子今注今译》,北京:商务印书馆 1984 年版,第 147 页。
④ 同上书,第 245 页。

必大费,多藏必厚亡。故知足不辱,知止不殆,可以长久。"①

道教伦理中的节俭与禁欲有根本的区别。禁欲从根本上反对一切欲望,既反对人们生存所必需的物质欲望,也反对那些不合理的欲望,把物质财富的消耗减到最低。道教则承认人们合理的物质欲望,认为为了人自身的生存与发展,适当的欲望是必要的,它只是反对奢靡的生活,希望人们不要有过分的贪欲。道教的节俭理念是道教追求不受物质欲望束缚的心灵自由的根本追求决定的。道教伦理认为,奢靡与吝啬都是心灵被物欲束缚的表现,所以寅吃卯粮和守财不用都是错误的。节俭的意思更多的是指量入为出,没有一定的物质基础,不能做到心灵不为物欲束缚,聚敛很多的财富也没有价值。简约节俭的生活,才能保证财富的合理使用,才能有真正的心灵上的宁静淡泊。

道教认为贪欲是修行的障碍,因此,提倡节俭是一种修身养性的途径,而并不是把它当做财富积累的方式。"治人事天莫若啬。夫唯啬,是谓早服;早服谓之重积德;重积德则无不克;无不克则莫知其极;……是谓深根固蒂,长生久视之道。"②

简约节俭的生活方式,可以阻止物质财富的过分消耗,但并不一定导致物质财富的积攒,道教的节俭尤其如此。量入为出的简约节俭的生活,既反对不足情况下的奢靡,也反对守财吝啬。节俭要促进经济发展,必须将积攒的财富投入再生产。道教倡导简单的生活方式,不仅不导致财富的积攒,而且要求摆脱物欲束缚的心灵宁静淡泊、知足常乐,它也打消了人们再投资的欲望。

奢侈和节俭对于经济发展来说都是双刃剑。节俭可以聚集财富,扩大再生产,但是,生产的目的是满足人们的物质欲望,社会财富丰富到一定程度,就需要消费拉动。甚至只有一定程度奢靡的消费,才能为生产提供进一步发展的动力。道教倡导的量入为出的简约节俭生活方式,在资本积累时期,对于财富聚集的意义有限,它更不倡导将财富投入再生产,

---

①　陈鼓应:《老子今注今译》,北京:商务印书馆1984年版,第241页。

②　陈鼓应:《老子注释及评介》,北京:中华书局1984年版,第295页。

但是,量入为出的简约节俭生活方式,具有现代理性消费的经济伦理意义。也就是说,现代社会经济发展,既需要节俭聚集财富扩大再生产,也需要倡导消费拉动内需,促进经济发展。

道教伦理的崇俭观念有利于企业发展的相生相养原则的实现。道教强化了道家的寡欲思想,积极倡导世人见素抱朴,少私寡欲。《太平经》说:"安贫乐贱可久长,⋯⋯不食而自明,百邪皆去远祸殃。守静不止不丧,幸可长命而久行,无敢恣意失常,求之不止为道王。"①道教的寡欲思想启示企业经营者,要适当地控制企业的盈利欲望,从而节约自然资源。企业盈利有赖于生产资料的增加,企业的生产资料其最终来源是自然界,而自然资源具有有限性,所以企业对自然资源的利用必须有所节制;经济经营对自然资源的利用应该取之有度,减少不必要的浪费。利用有限资源创造更多的物质财富是经济经营必然面临的一个富有挑战性的问题,经济经营必须建立一种新的生产模式,改变粗放型生产模式,逐步向集约型模式转变。

物质财富的丰富无非是通过开源节流实现的,所以社会经济的发展离不开勤俭二字,但是,也并非勤俭一定促进经济发展。道教伦理虽然非常重视勤俭的意义,但是,道教伦理的勤俭观念对中国古代社会经济发展的积极影响确实是有限的。

(二)诚信的社会价值及其经济伦理价值

1. 道教诚信的伦理理念

诚信一般来说指的是诚实守信。诚实是诚心实意,做事不违背自己善良的本心,不自欺,不欺人;守信则是守诺、言出必行。道教伦理基本上也是在这个意义上理解诚信,只是作为宗教伦理的概念,它更强调"头顶三尺有神明",人的言行都在神明的审视之下,人不应该也不能不讲诚信。道教主张善恶报应,为善是否出于诚信是善恶报应的重要依据,只有出于诚心的善行才是真正的善行,才能得到善报。《太平经》说:"人尽习

---

① 王明:《太平经合校》,北京:中华书局 1960 年版,第 306 页。

教为虚伪行,以相欺殆,我独教人为善,至诚信,天报此人;人尽言天地无知,我独阴畏承事之,天报此人。"①

道教伦理特别强调诚信对于道教修行的重要意义。道教伦理认为不诚信的人不能感动天地、修道成仙,只有诚信的人才能求真得道,才能养生长寿。《太平经》说:"是吾告子至诚之信也,吾未尝空无法而说也。故求道德凡人行,皆由至诚,乃天地应之,神灵来告也。如不至诚,不感动天地、移神灵也。故承负之后,下古之人实无信,不至诚,不感动天地,共欺天与地,故神灵害之不止。"②葛洪也说:"欲求仙者,要当以忠孝和顺仁信为本。"③

道教伦理不仅强调诚信的道教修行价值,而且十分重视诚信在世俗社会生活中的价值。《太平经》说:"天下之事,孝忠诚信为大,故勿得自放恣。"④还说:"子欲重知其大信效,天道神灵及人民相得意,相合于心,而至诚信不相得意则相欺。是故上古之人诚信相得意,故上下不相欺;中古之人半不相得意,故半相欺;下古之人纯不相信,故上下纯以相欺为事。故上古人举事悉中,中古半中,下古纯不中,故危亡。"⑤也就是说,在世俗社会生活中,孝忠诚信是做人的根本,做人必须诚信天道神灵,上下相得意、不相欺,才能国泰民安、诸事成就,人们相互欺骗则一事无成;欺骗在社会生活中往往会造成恶性循环,你对别人不讲诚信,别人对你自然也不讲诚信,所以随着社会的演进人们的诚信度越来越差,这是导致天下危亡的根本原因。

2.道教诚信理念的经济伦理价值

诚信在经济运营过程中发挥着重大作用。美籍日裔学者弗兰西斯·福山充分地阐发了人们之间的相互信任对于社会经济交往的价值,他认为诚信是人们相互信任的前提,在经济行为中,不讲诚信就会导致尔虞我

---

① 王明:《太平经合校》,北京:中华书局1960年版,第465页。
② 同上书,第427页。
③ 葛洪:《抱朴子》,上海:上海古籍出版社1990年版,第18页。
④ 王明:《太平经合校》,北京:中华书局1960年版,第543页。
⑤ 同上书,第414页。

诈,增加交往的成本,甚至会导致整个经济秩序崩溃。人们之间的相互诚信和相互信任,是人际交往的润滑剂,它减少交往的时间,降低交往的成本。在这个意义上,福山将信任作为一种社会资本。道教坚持以诚信为本,言而有信,言出必行,对于中国社会诚信度的增加无疑曾经作出了重大的贡献。在现代社会经济建设中,继续弘扬道教伦理的诚信观念对于增加社会资本、促进经济发展更是具有重要意义。

(三)柔弱自守及其经济伦理价值

1.道教柔弱自守的伦理理念

道教发扬老子道的精神,对世界、社会和人生作出了特殊的理解,在刚柔、强弱等问题上体现出辩证的思维方式,认识到了柔弱可以胜过刚强。老子说:"上善若水。水善利万物而不争,处众人之所恶,故几于道。"①也就是说,道的本质属性近乎于柔弱的水,然而,水有水的力量,"天下莫柔弱于水,而攻坚强者莫之能胜,以其无以易之。弱之胜强,柔之胜刚,天下莫不知,莫能行"②。水虽然是地上最柔弱的东西,随圆而圆,随方就方,但滴水能穿石,也可决堤倒海。

柔弱胜刚强是道的本性,有德之人应该依道而行,将柔弱胜刚强贯彻于行为,谦虚守下。《老子》说:"人之生也柔弱,其死也坚强。草木之生也柔脆,其死也枯槁。故坚强者死之徒,柔弱者生之徒。是以兵强则灭,木强则折。"③老子认识到,自然和人类社会兴衰成败的规律是,无论任何事物,强大了就容易滋生骄傲自大的情绪,从而走向失败。所以,人生在世应该保持柔弱的状态,做事要"知其雄,守其雌,为天下蹊。为天下旗,常德不离,复归于婴儿"④,要懂得刚强者易死、皎皎者易污、广誉者易辱,永远保持谦虚谨慎的良好作风。

---

① 陈鼓应:《老子今注今译》,北京:商务印书馆1984年版,第102页。
② 陈鼓应:《老子注释及评介》,北京:中华书局1984年版,第350页。
③ 同上书,第342页。
④ 同上书,第178页。

2.道教柔弱自守理念的经济伦理价值

柔弱自守是道家和道教特有的智慧,它既是一种特殊的价值观念,也是一种特定的思维方式。不论是作为价值观念还是思维方式,柔弱自守在现代社会经济发展中都有重大意义。

道教的柔弱自守伦理观念启示我们,为人应该虚怀若谷。老子讲:"不自见,故明;不自是,故彰;不自伐,故有功;不自矜,故长。"①这就是说,不自我显露,所以能显明;不自以为是,所以能昭著;不自持有功,所以能成就;不自高自大,所以能长久。道教认为谦虚是一种高尚的品德,守弱就是不张扬,也只有这样才能保持理智冷静的心态。柔弱自守对于现代企业家来说是一种非常重要的素质。企业家尤其是成功的企业家更要柔弱自守、虚怀若谷,保持理智冷静的心态,特别在企业经营决策之时,更要保持理智冷静。此外,要认识到有钱不仅给自己带来便利,它更是一份责任,越是有钱,这份责任就越重大。

道教柔弱自守的伦理观念启示我们,经济经营不仅要注重事物的实有,也要看到事物的虚无。老子说:"三十辐,共一毂,当其无,有车之用。埏埴以为器,当无用,有器之用。凿户牖以为室,当其无,有室之用。故有之以为利,无之以为用。"②这就是说,三十根辐条集中在一个毂中,是因为有了毂的中空,车才能发挥作用;陶土坯制的器皿,是因为有了器皿中的空间,器皿才起作用;凿门窗建造房屋,正是由于有了门窗四壁的中空,才有了房屋的作用。老子用车毂、陶器、居室,说明世间存在着具体的有和无,有有有之用,无有无之用,做事要善于发现有,更要善于发现无。不光要看到类似于车辐、车毂之类有形的东西,还要对车辐、车毂的空隙足够重视;不要只看到事物的实存,还要看到事物的不在。这种柔弱自守的思维,正适合于在现代市场经济社会对经济经营过程进行市场分析。经济投资要以客观准确的市场分析为前提,在经济项目可行性的分析中,往往不应该是看市场流行什么,而应该是看市场缺少什么,也就是说,有产

---

① 陈鼓应:《老子注释及评介》,北京:中华书局1984年版,第145页。
② 同上书,第8页。

品流行的市场往往是已经被占领的市场,或者说是已经没有市场,真正的市场是社会需要而又没有的产品市场。几千年的小农经济,使中国农民培养了"跟着感觉走"的思维方式和"随大流不吃亏"的价值观念。这使得大多数农民往往看别人干什么自己就干什么,看别人种桃发家自己就种桃,看别人种白菜获利自己就种白菜,但是,实际结果总是别人干什么成功,自己去干就失败,别人干什么什么有市场,自己干什么什么没有市场。这里,实际上是他们自己分析市场的思维方式有问题。

道教柔弱自守的伦理观念还启示我们,以退为进是企业进行经济竞争的重要手段。在经济竞争中企业经营者既要认识到自己的优势,也要看到自己的弱势;既要看到竞争对手的优势,也要看到竞争对手的弱势。企业经营者认识到自己的优势,才能利用优势使企业在竞争关系中握有相对的主动权;认识到自己的弱势,才能弥补不足,同时转变了思维方式,弱势则可以变成优势。看到竞争对手的弱势,才能找到突破口;看到竞争对手的优势,才能有的放矢,同时转变了思维方式,对方的优势也可以变成弱势。

经济竞争可以主动出击,凭借实力主动向竞争对手争夺市场,先发制人;也可以以退为进,避其锋芒,后发制人。以退为进的策略是道教的柔弱自守的思维智慧的产物。老子说:"吾不敢为主,而为客;不敢进寸,而退尺。"①以守为攻是用兵之道,它也是现在企业竞争的方法。"以其不争,故天下莫能与之争。"②在经济竞争中一味地示强,不一定是最好的竞争方式;相对示弱,在很多情况下反而能取得更好的效果。在谈判桌上,有骄纵蛮横的鹰派,也有温文尔雅的鸽派,尽管鹰派和鸽派各有优势,但是,往往鸽派比鹰派更难对付。鸽派谈判专家就是深谙道教柔弱自守、以退为进智慧奥妙的人。

在谈判桌上,每一方的最大利益都是他的合理利益,一味地巧取豪夺,一时看起来似乎所得更多,但是,不给谈判对手留下合理的利润空间,

① 陈鼓应:《老子注释及评介》,北京:中华书局 1984 年版,第 323 页。
② 同上书,第 316 页。

必然导致日后谈判契约履行的种种障碍,使谈判成果不能得到真正实现。老子说:"将欲弱之,必固强之;将欲废之,必固兴之;将欲取之,必固与之。"①通过谈判达成公正的契约,才能保证双方最大利益的实现。

柔弱自守是以退为进、后发制人的经营策略,它并不是甘于软弱,使自己失去自信,放弃竞争。柔弱自守要发挥道的无为精神,但是,不能把无为理解为什么都不做。无为不是什么都不做,而是什么都要做,无为而无不为,只是不论做什么都要顺应道,不违逆自然,使自己与世界万物都自然而然。

(四)和谐共生及其经济伦理价值

1.道教和谐共生的伦理理念

道教以道立教,以道化人,追求宇宙和谐、社会稳定、个人得道成仙。道士们在对宇宙万物、人生和社会历史进行长期洞察之后,认为在对待人与世界的关系问题上,应当以人物和顺、人人和顺为原则。天、地、人都应该是相互协调的,三者和谐才能共生万物。

道教把和作为宇宙生成的主要机理,"万物负阴而抱阳,冲气以为和"②。自然万物都是在阴阳两气的相互激荡、相互和谐中产生的。自然界的阴阳之气相互融合和谐,使万事万物得以产生;反之,失去了和谐,万物就无以生存和发展。因而,人类应当遵从自然本身的和谐,不强力硬为。知道和谐,也就知道了道的本质。道的本质就是阴阳和静。庄子说:"阴阳和静,鬼神不扰,四时得节,万物不伤,群生不夭。"③可见遵从和谐的规律,以平和的心态对待自然万物,不贪生纵欲,不与自然争先逞强,就可以保持醇和之气,与自然合而为一。

道教认为,宇宙间的万事万物是平等的,存在和发展都依道而行,人是世界的一个部分,也应该顺应道,对任何事物不能妄加干涉。"凡物自

---

① 陈鼓应:《老子注释及评介》,北京:中华书局1984年版,第205页。
② 陈鼓应:《老子今注今译》,北京:商务印书馆1984年版,第233页。
③ 陈鼓应:《庄子今注今译》,北京:中华书局1983年版,第404页。

有精神,亦好人爱之,人爱之便来归人。"①只有人顺应道,才能人物和顺、人人和顺,才能富足。财富的多寡不在于拥有金银的多少,而在于人与万物和谐,生命兴旺。《太平经》说:"富之为言者,乃毕备足也。天以凡物悉生出为富足,故上皇气出,万二千物具出生,名为富足。中皇物小减,不能备足万二千物,故为小贫。下皇物复少于中皇,为大贫。"②所以,道教认为,人们应该珍爱自然万物,顺应自然规律,与自然万物和谐共处,促进整个宇宙和谐,而不应该凌驾于自然万物之上,对自然进行掠夺式的经营,扼杀宇宙的生机。

在处理人与社会、人与人的关系上,道教主张人我和谐。道教把道分为人道和天道,人道指的是人与社会的规律和法则,天道指的是自然的规律和法则。人道应该合乎天道。"凡事无大小,皆守道而行,故无凶;今日失道,即致大乱。"③道的本性柔和,所以人与人相处应该忍让不争。中国古人云:"忍一时风平浪静,退一步海阔天空。"人际竞争,矛盾冲突激化,不仅不能成事,而且可能牺牲自己的生命。"曲则全,枉则直,洼则盈,敝则新,少则得,多则惑。……夫唯不争,故天下莫能与之争。"④这就是说,委屈可求全,弯曲的能伸直,低洼的能盈满,破旧的能生新,少取的能得到,贪多的会迷惑。不争是最好的自我保护,任何人都不能与不争的人争。为人凡事谦让,以退为进,才能无怨无忧,无得无失,才能使自身得以保存和发展。所以,道士们往往把隐居山林作为避开世间纷争的理想的生活方式。

老子说:"吾有三宝,持而保之,一曰慈,二曰俭,三曰不敢为天下先。"⑤慈是慈爱,为人要像父母慈爱子女一样慈爱万物,与人为善。俭是节制自己欲望,减少与别人的冲突。不敢为天下先,就是不逞强,不称霸,虚怀若谷,不争先恐后。老子的三宝是人与自然和谐共处的三宝。也是

---

① 王明:《太平经合校》,北京:中华书局1960年版,第251页。
② 同上书,第30页。
③ 同上书,第21页。
④ 陈鼓应:《老子注释及评介》,北京:中华书局1984年版,第154页。
⑤ 同上书,第918页。

人人和谐、社会和谐的三宝。处理所有关系都要知和不争,把握自然规律,顺应自然规律,在和谐中共存共生。

2.道教和谐共生理念的经济伦理价值

世界上的万事万物都是由对立统一的矛盾构成的,事物的构成因素彼此既是对立的也是统一的。从不同的角度出发,对事物就有不同的认识,因而形成的解决问题的方式和方法也就不同。道教认为阴阳之间的相互交合生成万物,更多地认识到和谐共生的意义,这在人类思想发展史上独具特色。

矛盾的对立性和统一性在不同的事物中占据不同的地位,发挥不同的作用,因此,不同的事物应该用不同的思维方式去把握。同时,不同的思维方式形成的解决问题的方式不同,其解决问题的性质和效果当然也就不同。对立思维更适合寻找破坏旧事物的方法,而统一思维则更适合确定维持事物现存状态的方式。此外,人们对待事物的价值观念也影响人们认识事物的思维方式。

在企业经营中,企业内在凝聚力是企业活力的根本保证。企业中老板与员工、管理者与员工、管理者之间、员工之间的相互关系也是对立统一的,其中老板与员工的关系,也就是企业雇佣关系是人与人之间关系的核心,是主要矛盾。如何认识这些人际关系的矛盾,直接影响企业内聚力的创造。传统的马克思主义理论作为无产阶级的革命理论,更多地从矛盾对立的角度认识企业的雇佣矛盾。在中国特色的社会主义市场经济建设中,民营经济在国民经济体系中的地位和作用日益加大,促进民营经济的不断发展,已经成为中国特色的社会主义市场经济建设的重大问题,仍然只从对立为主的角度把握企业雇佣关系显然是存在问题的。科学发展观强调科学发展就是和谐发展,这是对中国传统和谐思维的发扬光大。在企业雇佣关系问题上,我们必须将对立思维转变成和谐思维。企业伦理文化建设必须以促进雇佣双方合作作为根本的价值取向。对于雇佣者强调加强人本管理,体贴、尊重、关心员工,对于受雇佣者强调培养敬业精神、组织忠诚精神,只有这样雇佣双方才能团结一致,共同为企业发展作贡献。

在经济经营过程中,不仅企业内部关系的处理应该贯彻和谐共生的精神,而且企业与企业、企业与社会、企业与政府、企业与环境等一系列关系的处理也应该贯彻和谐共生的精神。市场竞争中的对手既是竞争对手也是合作伙伴,唯不争"莫能与之争",合作精神是竞争力的重要组成部分。

道教伦理作为宗教伦理,对现代经济发展的影响,更多的是发挥一种思维方式和价值观念的指导作用。而且,从信念伦理向工具伦理的转化必然有一个过程,也就是说,即使作为思维方式和价值观念它对现代经济行为的指导也不是直接进行的,作为一种特殊的智慧,要在现代社会发挥积极影响,需要一个现代的转换。不仅需要深刻体会这种智慧的精神实质,而且在实践中要创造出具体的表现方式,否则,它不仅不能发挥积极作用,还会产生消极影响。

第八章　日本的宗教经济伦理思想

日本民族是一个善于学习外来文化的民族,日本人做到了在学习外来文化的时候,坚持本民族的传统。日本人在自己原有的神道文化的基础上,吸纳并创造性地接受了中国儒家和佛教文明,进入近代社会以后,日本人又在发扬光大传统神道文化的基础上,吸纳并创造性地接受西方近现代文化,创造了日本现代文明。日本人"在教堂举行结婚仪式;向新宗教祈求现世的利益;在寺院举行葬仪;在神社举行新年祈祷;彼岸、盂兰盆会去寺院;圣诞节去教堂。因此,这种宗教又被称为'日本宗教'、'日本教'"①。

在日本民族向现代转型的过程中,融合了中国儒家和佛教文明的日本传统宗教文化也经历了诸多价值观念的转变,在这种文化转型中,上山鹰衫、铃木正三、石田梅岩和涩泽荣一等许多思想家都作出了贡献。通过分析上山鹰衫、铃木正三、石田梅岩和涩泽荣一等人的思想,我们基本上可以厘清日本传统的神道文化、儒家文化和佛教文化从传统向现代转型的过程。

---

① 宫家准:《日本的民俗宗教》,南京:南京大学出版社 2008 年版,"前言"第 3 页。

一、日本社会的宗教信仰

日本在对外学习的过程中,也接受了多种多样的宗教文化。除了神道教、佛教和基督教这三个大的宗教之外,日本还有许多小的宗教。日本文化的包容性在宗教文化上,有突出表现:"一个传统的日本家庭的景象是,一边敬奉神棚,一边供奉佛坛;也同时挂天皇像。"①日本的新兴宗教——"幸福之科学"——的教主大川隆法,将佛祖释迦牟尼、耶稣基督和孔子纳入同一个宗教系统,希望他们共创和谐世界,在日本,也有的教派将佛祖释迦牟尼和孔子作为天照大神的辅助者。据日本内阁文化厅统计,截至 2000 年 12 月 31 日,日本共有神道教信徒 10523 万人,佛教信徒9419 万人,基督教信徒 174.5 万人,其他宗教的信徒 1021 万人,各类宗教信徒合计共有 209273063 人。同年日本的人口总数为 118693000 人,宗教信徒的总数是人口总数的近 2 倍。之所以会出现这种情况,是因为日本人可以同时信仰两种乃至多种宗教。

(一)神道教

神道原是日本人对所有祭祀神灵活动的统称,并不是一种特定的宗教形式。神道教从无到有,其历史发展过程大致经历了原始神道、神社神道、理论神道、国家神道、教派神道和民间神道几个发展阶段。

大约公元前 2 世纪到公元 3 世纪,日本社会进入弥生时代。这个时期的神道活动被称为原始神道,神道活动的主要内容是祈祷神灵保佑谷物的丰收,祭祀的神灵主要是谷神和土地神以及与农业生产有关的风雨雷电和日月神。在这个时期,神道的祭祀活动逐渐规范化、系统化,尤其是祭祀神灵的场所日益固定,逐渐形成神社。

公元 3 世纪到公元 8 世纪是神道教正式形成的时期。公元 3 世纪日

---

① 孔祥旭:《樱花与武士》,北京:同心出版社 2007 年版,第 75 页。

本逐渐统一,中国的儒释道文化开始传入,神社神道产生。神社神道的产生标志着神道教的确立。神社神道时期,神道活动固定到社、宫、祠,也得到国家支持,与国家政权紧密结合。公元 701 年国家颁布了《大宝令》,朝廷设立了专门的神道管理机构和官员,日本神祇制度体系化。

公元 8 世纪末 9 世纪初,日本进入平安朝时代,中国儒释道三家的思想大量进入日本,对神道教产生深刻影响,神道教进入理论神道时期。这个时期,神道教吸收中国儒释道三家的思想创造了神道教义学,由于受儒释道三家影响的程度不同,神道教形成了佛教神道、儒家神道和复古神道不同的教派。

1868 年日本发生了明治维新,进入近代社会。明治维新初期,日本朝廷就颁布了神佛分离的法令,抑制佛教影响,确立神道教为国教,神道教进入国家神道时期。国家神道主张神皇一体、祭政一致,把敬神爱国、崇祖宗皇作为神道教的根本信仰,把身行敬神爱国、心明天理人道和奉戴皇上并遵守皇旨作为三条基本的教则,日本政府将神道与国民教育相结合,把神道教的教则作为国民教育的准则,神道信仰成为日本人的精神内核、灵魂归宿。

从德川幕府末期,随着日本社会资本主义化程度的提高,统一的国家神道与资本主义的自由倾向相矛盾,神道教又产生了一批既有教义又有教祖和组织的神道派别,这些神道组织被称为教派神道。教派神道有的从传统神社神道蜕变而来,有的从日本民间信仰演化而来,其基本信仰与传统神道是一致的。

1945 年 8 月 15 日,日本天皇宣布无条件投降。12 月,在美国人的督促下,国家颁布的《宗教法人令》废止了国家神道,实行政教分离的宗教政策,撤销了神祇官,取消了对神道教的官方保护和财政支持,关闭了公立的神道学校,禁止在国民教育中灌输神道思想。1946 年元旦日本天皇发布了《人间宣言》,否定了天皇的神性。尽管国家神道被废止,但是神道的信仰在日本社会深入人心,神道信仰至今仍然是日本人的精神内核、灵魂归宿。

《古事记》和《日本书记》是神道教的立教经典。《古事记》有上、中、下三卷,于公元712年由太安万侣奉元明天皇之命撰成。全书收纳自古至公元628年推古天皇的各种神话、传说、歌谣与历史,以天皇为核心。《日本书记》共计三十卷,是日本最古老的官撰正史,以汉文写成,记载神话时代至持统天皇(公元697年)的事迹,公元720年由舍人亲王与太安万侣等人完成。18世纪时,日本国学家本居宣长深入研究《古事记》和《日本书记》,作出详细批注,《古事记》和《日本书记》成为了日本复古国学的经典。

神道教是多神教,天照大神是主神。崇祖宗皇、敬神爱国是神道教的根本信仰。神道教主张,每一个日本人都是天照大神派遣到世界上来的,都承担着神圣的使命,这个神圣的使命就是奉戴皇上、遵守皇旨,为日本民族的繁荣昌盛作贡献。这种使命感使日本人培养了强烈的共同体意识,强调自己归属于一个共同体,自己对共同体承担着不可推卸的责任,为了共同体的利益,应该自觉牺牲自己的利益。神道教是在日本原始的自然宗教的基础上形成的,原始宗教的自然崇拜在神道教中得到系统的保存,神道教的神灵包括诸多自然现象和自然力的神化。因此,神道教也特别强调人要敬畏自然,与自然和谐相处。神道教与西方宗教相比,有明显的现世主义倾向。神道教义主张现世就是理想世界,彼岸世界与现世是相通的,人住在现实的世界里,死亡的祖先住在彼岸的世界,住在彼岸世界的祖先仍然非常关心生活在现世的后人。祖先崇拜是神道教的根本信仰之一。另外,神道教的宗教伦理突出明善的思想,把明、净、正、直作为神道信徒根本德性。在神道信仰中,污秽不净被认为是与人的不幸结合在一起,神道礼仪往往从消灾净身开始。到神社参拜者,通常会先到神社的小水池处洗手,表示洁净后再去参拜。传统的神道教结婚仪式,新人在进入神殿前有手水仪式,手水仪式是用水洗手和口以表示洁净。

(二)日本的佛教

公元6世纪中叶,佛教自中国经朝鲜传入日本。日本佛教的发展、演进,可分为飞鸟时代、奈良时代(公元645年至公元781年)、平安时代(公元782年至1192年)、镰仓时代(1192年至1333年)、室町时代(1333

年至 1600 年)、江户时代(1600 年至 1868 年)、明治维新之后(1868 年至今)七个时期。

　　在飞鸟时代,公元 593 年圣德太子(574 至 622 年)开始摄政,遣使入隋唐,将自朝鲜传入中国文化,改为由日本直接与隋唐文化进行交流。在他摄政的 30 年间,下诏兴隆佛法,创建寺院,并亲自宣讲佛经。奈良时代传承飞鸟时代的护佛政策,圣武天皇热心推进佛教的发展,兴建寺院,铸造佛像,并请鉴真大和尚设坛授戒。平安前期,日本佛教逐渐改造中国佛教,发展出日本民族化的佛教。镰仓幕府时代,佛教新兴宗派纷纷出现,奈良时代形成的佛教六宗也再度复兴,新旧佛教之间产生多元化的互动与影响,净土宗与净土真宗两派信仰人数最多,成为日本影响最普遍的宗派。室町时代,由于社会动乱佛教由盛而衰。只有禅宗因武士的皈依及其"明心见性"的宗旨,在战祸中得以保存,并对日本文化产生深远影响,影响了日本茶道、花道、书道和剑道的形成。江户时代,动乱结束,德川家康在江户设置幕府,为了使日本减少西方文化的影响,制定了锁国政策,禁止基督教活动。德川家康努力保护佛教,并将佛教纳入封建政权的体系。他颁布了寺院法度,规定各宗派所属寺院的属从关系,又实施了寺檀制度,使全国每一个国民都有归属护持的寺院。明治维新以后,明治天皇在 1868 年,颁布了神佛分离令,以神道教为国教,抑制佛教发展,规定僧侣沿用俗姓,鼓励僧侣食肉带发娶妻。佛教信徒发起"护法一揆"运动进行反抗,日本政府才停止了排佛活动。明治二十二年通过宗教自由的法律规定,佛教才正式度过困厄时期。明治二十年后,自由研究佛学的风气普遍展开,日本佛学充实了越来越多的现代内容。第二次世界大战后,佛教更是蓬勃发展,新兴宗教如雨后春笋般出现,其中以日莲系分化出来的最多,如创价学会、灵友会等。

　　佛教传入日本,与日本传统的神道信仰结合,对日本文化产生了深远影响。首先,影响了日本人的死亡观,日本人的葬礼基本上都是在佛教的寺院举行的。日本人认为,彼岸与此岸世界没有本质的区别,人死后灵魂从肉体中分离出来,进入彼岸世界,罪大恶极的人和深怀恨意的人灵魂不能马上进入彼岸世界,要借助自己的后人召唤并供养灵能者,灵魂才能进入彼岸世界。人的灵魂不会永远滞留在彼岸世界,还会转世回到此岸的现世。诞生就是彼岸灵魂的再生,灵魂在此岸与彼岸之间不停地轮回。佛教净土宗在日本影响广泛,净土宗往生极乐世界的理念使日本人认为,死亡是走向永恒宁静的旅程,尤其是高龄者的死亡是受佛祖接引去西天世界。其次,佛教影响了日本人的人生情调。佛教认为,世间万物是因缘的和合,人生无常,"无常使人厌世,也使人享受生命。人们看透无常,明白必须超越一切烦恼,但无常仍引导人们走入无止境的悲伤与咏叹。日本文化史上这种不可思议的悖论,正是引导古代转向中世纪的重要力量。宗教和艺术是正面冲突的,但两者又能美妙融合,使得日本在语言、色彩、音调等文化均覆盖了独有的阴翳特质。即便到了近代或现代,中世纪的这种美学意识仍根深蒂固地存留"①。再次,佛教的禅定功法影响了日本人的意志品质。佛教的禅定修炼方法使日本人获得了一种良好的锻炼意志的方法,他们常用禅定的方法培养注意力和耐力。佛教六度的忍辱法门则在日本发展成专门的忍术,产生了专门修炼忍术的忍者。

(三)日本的基督教

基督教早在 16 世纪中叶(1549 年)就传入日本,但基督教在日本的传播一波三折,影响一直不是很大。基督教进入日本不久,1587 年丰臣秀吉就颁布了禁教令,禁止基督教在日本的传播,一直到 1865 年江户时代后期锁国政策取消,基督教才在日本再次传播。明治维新后,1873 年禁教令撤消,大规模的传教活动得以进行。但是,由于多种历史文化原因,在日本真正接受基督教的人还是很少。根据日本 1999 年版《基督教年鉴》的统计,1998 年日本共有基督教徒 1104167 人,约占同年总人口的0.879%。其中,新教徒为 602845 人,天主教徒为 457199 人,东正教徒为25713 人,神职人员为 18410 人。即使是明确表示接受基督教的日本人,他们的基督教信仰与真正的基督教信仰还是有很大的差别,因为他们可

---

① [日]南博:《日本人论——从明治维新到现代》,桂林:广西师范大学出版社 2007年版,第 294 页。

能同时还是神道教信仰者和佛教信仰者,而真正的基督教信仰是一神信仰,信仰者不能同时接受其他宗教信仰。

日本自明治维新以后,大量引进西方文化,但是,在日本社会现代化进程中产生重大影响的西方文化更多的是近代资本主义的世俗文化,基督教对日本的影响并不大。

二、武士道对日本经济伦理的影响

任何事业的背后都存在某种决定事业发展方向和命运的精神力量,这种精神力量孕育于特殊的民族文化之中。决定经济发展方向和命运的精神力量就是经济伦理。武士和武士道虽然是日本封建社会的产物,武士作为社会阶层已经成为历史,但是武士道作为基本的价值观深入在日本人的经济伦理观念中,对日本现代的经济发展仍然具有重大的影响。"武士道,如同它的象征樱花一样,是日本土地上的固有的花朵。它不是保存在我国历史的植物标本集里面的已干枯的古代美德标本。它现在仍然是我们中间的力量与美的活生生的对象。"①

(一)武士道的文化渊源及其社会影响

在日本,"武士"本意为学习武艺、执掌军权者,作为社会阶层它出现在 9 世纪中期以后,镰仓幕府时期成为支配日本社会的实际力量,德川时期随着封建幕藩体制的崩溃而衰微。武士道是武士阶层的价值观和道德信念。"武士道在字义上意味着武士在其职业上和日常生活中所必须遵守之道。用一句话来说,即'武士的训条',也就是随着武士阶层的身份而来的义务。"②在长期的社会历史发展中,武士道深入到日本民族的民族精神中,对日本社会产生了深远的影响。"武士道作为一种不知不觉

---

① 　[日]新渡户稻造:《武士道》,北京:商务印书馆 1993 年版,第 13 页。
② 　同上书,第 14 页。

的而且难以抵抗的力量,推动着国民及个人。……虽不具备形式,但武士道过去是,现在也是我国的生气勃勃的精神和原动力。"①

武士道是日本人将外国文化与本民族精神相互融合的产物,其文化渊源主要包括佛教、儒教和神道教。

神道教对武士道影响最大的是其倡导的对民族忠义之心,它是武士道的核心和灵魂。从这个意义上说,武士道是属于神道教的。"神道的教义包含了可以称为我们民族的感情生活中两个压倒一切的特点——爱国心和忠义。"②神道的教义所刻骨铭心的对主君的忠诚、对祖先的尊敬以及对父母的孝行,也是其他任何宗教所没有教导过的东西,依靠这些对武士的傲慢性格赋予了服从性。另外,"神道的自然崇拜,使国土接近我们内心深处的灵魂,而它的祖先崇拜,则从一个系谱追溯到另一个系谱,使皇室成为全体国民的共同的远祖。……对我们来说,天皇不是法律国家的警察的首长,或者文化国家的保护人,他是昊天在地上的肉身代表,在他那尊贵的身上同时具备昊天的权力和仁爱"③。

佛教给予武士道以平静地听凭命运的意识。对不可避免的事情恬静地服从,面临危险和灾祸像禁欲主义者那样沉着,有种卑生而亲死的心境。佛教的禅定,还使武士掌握了体味事物现象背后的"绝对"的"冥想"方法。

孔子的教诲也是武士道的最丰富的渊源。君臣、父子、夫妇、长幼以及朋友之间的五伦之道从中国传入日本以后,成为武士的基本道德规范。孔子有关政治道德方面的教诲其特点为冷静、仁慈,并富于处世的智慧,这些也特别适合作为统治阶级的武士。王阳明的心学思想对日本武士也有很深的影响,武士受"知行合一"思想的影响,认为知识只是获得睿智的一种手段。王阳明的心为天地万物主宰的思想,对发展坚强的性格和宁静的气质意义不可否定。

---

① [日]新渡户稻造:《武士道》,北京:商务印书馆1993年版,第95页。
② 同上书,第19页。
③ 同上。

武士道在日本源远流长,许多日本学者都认为过去的日本乃是武士之所赐。他们不仅是国民之花,而且是其根。所有上天美好的惠赐,都是经过他们而流传下来的。他们摆出一副社会地位超出于民众之上的姿态,的确为人们树立了道义的标准,并且还用自己的榜样来加以示范。新渡户稻造说:"武士已经成为全民族的崇高理想。民谣这样唱道:'花是樱花,人是武士。'武士阶级被禁止从事商业,所以并不直接有助于商业。然而不论任何人世活动的途径,不论任何思想的方法,在某种程度上没有不受武士道的刺激的。知识的以及道德的日本,直接或间接地都是武士道的产物。"①他认为虽然平民未能达到武士的道德高度,但是,"大和魂"终于发展成为了岛国帝国的民族精神的表现。

(二)忠义观念对日本经济伦理的影响

日本和中国都是受中国儒家文化影响的国家,但日本人在接受中国儒家思想的时候进行了重大的改造,日本的儒教与中国的儒教具有重大差别。中国人更重视仁、孝,日本人更重视忠,而仁的品德则没有得到重视。中国是文官政治,而日本是武士政治。武士伦理使忠诚的观念在日本社会影响久远。在中国,不仅中国人的价值观念中仁、孝重于忠,而且中国古代的法律也规定仁、孝重于忠,中国历朝的法律制度中都有亲属容隐制度。而在日本,武士道则赋予了忠以绝对的价值,在忠孝不能两全的情况下,武士道会毫不迟疑地选择忠。武士道认为,由于国家是先于个人存在的,个人是国家的一部分,因而个人就应该为国家或者为它合法的掌权者,去生去死。在中国,皇帝的权威不是绝对的,"天下非一人一姓之天下,而是人人之天下,有德者居之,无德者失之"。"皇帝轮流做,而今到我家"、"良禽择木而息,良臣择主而侍"在中国不只是民众心态,还是主流文化。所以中国历史朝代更迭频繁,最长不过数百年,而在日本"君权神授"深入文化之中,致使日本自古只有一个朝代在不断延续。

武士道的忠义观念在日本影响久远,在现代经济生活中它仍然发挥

---

① [日]新渡户稻造:《武士道》,北京:商务印书馆1993年版,第90页。

着巨大的作用。20 世纪初,针对劳动力短缺和技术工人流动性大等社会问题,日本社会就全面弘扬武士道的忠诚品德,企业为了培养员工的忠义感也制定了一系列的管理措施。日本公司大多实行终身雇佣制,员工也承诺不会因为高薪而跳槽。虽然彼此有书面协议,但是真正的约束力不是来自契约,而是来自道德的力量。员工不能要求企业终身雇佣,假如这样要求往往会被认为不得体,而且可能会使雇主废除终身雇佣。日本人选择工作的机会往往一生只有一次。

武士道的忠义观念以及建立在此基础上的爱国心为其敬业精神提供了信念基础,也为经济活动提供了源源不断的精神动力。世俗的劳动具有宗教的神圣性,劳动本身就具有极高的价值和意义。日本人在精神上感到不安的时候,为了获得精神的平静就会不停劳动。勤奋对于日本人来说,不是一般的道德观念而是深入人心的价值意向。日本学者山本七平说:"看到那些深入美国腹地的日本推销员,有人说他们就像朝圣的教徒一样,也许这种看法并不奇怪,正像伊斯兰教徒去麦加朝圣时感到一种神圣的宗教意义一样。"[1]日本人不论是高级管理人员还是下层工作人员都兴致高昂、全身心地投入到工作中,下班以后不回家继续加班几个小时是很平常的事情。这种劳动态度和劳动状况对日本资本主义的发展,产生了积极的影响,尤其是第二次世界大战后,对摆脱战争带来的困境,实现在短时期内的经济腾飞,起到了不可估量的作用。

武士道的忠义观念也使日本人事事追求完美。弗兰西斯·福山曾指出:"看过黑泽明早期的电影《七个武士》的人一定还记得,一个信仰禅宗的武士入定冥想后,仅仅幽雅的一击就挑破了敌人的腹部,而后者甚至还未反应过来到底发生了什么事。极度地追求完美是日本出口工业成功的关键,但是它的根源却是宗教的而非经济的。"[2]

---

① [日]山本七平:《日本资本主义精神》,北京:三联书店 1995 年版,第 125 页。
② [美]弗兰西斯·福山:《信任——社会美德与创造经济繁荣》,海口:海南出版社 2001 年版,第 185 页。

(三)武士道与日本人的诚信观念

在日本,由于武士的社会地位崇高,因此要求武士比农民和市民有更高的诚信标准。中国人的"君子一言",在日本则是"武士一言"。日本武士往往并不签订契约来保证诺言的实施,他们认为签字画押是对自己人格的侮辱,甚至认为发誓也是对名誉的毁损。在武士道中,谎言并不作为罪行受到惩罚,但被看做是懦弱受到排斥,而懦弱则被日本武士视为对名誉最大的毁损。为了自己的名誉武士可能会杀人,也会自杀——切腹。武士将名誉看得比生命还重要。在日本流传着一个武士因为一个商人说他背上有跳蚤而将商人砍死的传说。武士道在牵涉名誉问题时,以切腹作为解决许多复杂问题的钥匙。切腹并不单是自杀的方法,它还是法律上和礼法上的制度。作为中世纪的发明,切腹被武士用以抵罪、悔过、免耻、赎友或者证明自己的忠实,在它没有被作为法律上的刑罚时,武士竟用庄严的仪式来执行。

武士道的诚信精神对日本社会产生了深远的影响,使日本社会成为高信任度的社会,社会高信任度为日本经济发展提供了丰富的社会资本。日本公司也是从家族企业起家的,但是家族管理在日本经济的较早时期就被专业管理取代了。这种专业管理在财阀仍然归家族所有时已经实现,企业实际上由企业"总管"管理,"总管"往往与控股家族没有关系。早在18世纪时,大阪的传统商人中间就签订了协议不将企业传给自己的子女。日本企业的第一代创始人可能与企业总管一起管理企业,但是到了第二代则一般退到幕后,成为一个被动的股东,将企业的控制实权交给拿薪金的主管。到20世纪30年代,所有家族企业已经不再将高层管理位置留给家族成员了。日本的家族企业可以更早地实现专业管理,其中武士道的影响有两个方面:一方面,武士道提高了日本社会的信任度,日本人因此对家族以外社会成员能够比较容易地建立起信任感;另一方面,在日本历史上,武士保护农民的社会组织形式,对后来家族企业"总管"管理的模式有一定的启发性。

武士道的社会组织形式对后来日本社会团体中的人际关系也产生了

深远影响。日本人在自发形成的社团中培养了相互的道德责任感,这种双向的道德责任感既不同于中国的血亲关系责任感,也不同于法律契约产生的道德责任感,它更像是宗教团体中的道德责任感。加入这种社团是完全自愿的,但是退出不能自作主张。这种相互的道德责任感在日本的劳动市场以及企业的雇佣关系中有明确的体现。

相互信任的道德责任使日本社会形成了社群网络,商业网络形式的企业集团是日本经济的另一个根本特征。日本的企业集团一般都规模庞大,日本6大跨市场企业集团平均联合了31家公司(中国台湾的商业网络平均规模是6个公司)。日本200家最大的工业企业中,99%与一个网络组织保持有明显的长期附属关系。企业集团中的公司关系非常密切,他们总是倾向内部交易,即使成本提高了也在所不惜。

(四)勇敢的信念对经济伦理的影响

勇敢和忠义、诚信一样也是日本武士道推崇的最主要的品德。日本武士自幼就要接受超乎寻常的极其残酷的勇气训练。武士会将自己的儿子投入险峻的深谷里,驱使他们去做西西弗斯式的苦役,有时还不给他们食物或者让他们暴露在寒冷之中;在严寒的冬季命令孩子在日出之前起床,早饭前赤足走到教师家中去参加朗诵练习;命令孩子去各种令人毛骨悚然的地方——刑场、墓地、凶宅等,带孩子去看斩刑,再让孩子夜里到那里去做一个标记回来。

残酷的训练培养了日本武士顽强的意志,使武士在面对死亡时都可以从容不迫、镇定自若。他们会将切腹自杀做得仿佛是一种艺术,在日本人的文学作品中,将切腹自杀描写为惊心动魄的艺术行为的例子不胜枚举。

日本武士的顽强意志得到日本人的高度敬慕,对一般日本国民影响深刻。大多数的日本国民是听着长辈关于武士的故事长大成人的,这种顽强的意志深入到日本人的灵魂之中,深深地影响了他们的经济伦理观念,对日本经济发展产生了广泛而深远的影响。在明治维新初期和第二次世界大战后,日本社会都面对重大的经济以及社会危机,日本人之所以可以在相对短暂的时间内得以恢复,是因为日本人在明治维新初期实行了"饥饿边缘政策",在第二次世界大战后实行了"饥饿边缘政策"和"倾斜生产方针",这给日本人造成难以想象的艰难困苦,但日本人的顽强意志使他们克服了困难,实现了民族发展、经济腾飞的奇迹。

日本武士的勇敢训练还培养了武士超乎寻常的理智的生活态度和理性主义的人生追求。这种理智的生活态度首先表现在他们对死亡的态度上,新渡户稻造在《武士道》一书中评价武士的切腹自杀时说:"那是经过洗练的自杀,没有感情上的极端的冷静和态度上的沉着,任何人也不能实行。"①谈论武士勇敢的品德时他又说:"勇气寓于人的灵魂的姿态,表现为平静,即为内心的沉着。平静是处于静止状态的勇气。敢做敢为的行为是勇气的动态的表现,而平静则是它的静态的表现。真正勇敢的人经常是沉着的。他绝不会被惊愕所袭击,没有任何事物能扰乱他的精神的平静。"②

武士道的勇敢的品德当然还不是日本资本主义的经济伦理,但是武士道的勇敢品德影响了日本人沉着冷静的生活态度。如果举止沉着、心情宁静的话,就不会为任何种类的激情所困扰。排除激情的困扰有助于培养生活的理性精神,而理性精神是资本主义经济伦理必不可少的因素。马克斯·韦伯认为资本主义精神的发展完全可以理解为理性主义整体发展的一部分,可以从理性主义对于生活基本问题的立场中演绎出来,资本主义发展需要理性化的经济生活、理性化的技术、理性化的科学研究、理性化的军事训练、理性化的法律和行政机关。

(五)从武士道到现代经济伦理的演进

武士道当然不是现代社会的经济伦理,事实是在实际的历史过程中,武士道与现代经济伦理的塑造曾经发生尖锐的矛盾冲突。在日本社会一切较大的职业中,没有比商业离武士更远了,商人在所谓的士农工商的职

---

① ［日］新渡户稻造:《武士道》,北京:商务印书馆 1993 年版,第 68 页。
② 同上书,第 27 页。

业阶层中,很长时间内被置于最低的位置。武士靠土地获得收入,而且,假如他自己愿意的话,甚至可以从事业余农业,但是柜台和算盘则受到他们的嫌弃。从武士道到现代日本市场经济发展的经济伦理是一个复杂的文化演进的过程,其中包含了许多人的努力。

德川时期日本社会资本主义生产方式获得了迅猛的发展,日本人虽然在这个时期采取了锁国的政策,但是进行了自身文化传统资本主义化的单独探索,正是在这个时期实现了武士道向市场经济伦理的过渡,武士们不得不将"武士的逻辑"转换为"资本的逻辑","武士们不得不根据'武士的逻辑'把自己规定为'藩股份公司'的经营者"①。在这个过程中,上杉鹰山、毛利重就、细川重贤、德川治贞等藩主都发挥了极其重要的作用,尤其是上杉鹰山发挥了更大的作用。

为了振兴藩的经济,上杉鹰山采取了一系列的开源节流措施。首先,实行了"大节俭"的政策,彻底削减预算,恢复收支平衡,彻底改变武士的经济信用形象。其次,他提出了"劳动即忠诚"的观念,强调武士必须转变观念,放弃藐视劳动的思想。不论是开源还是节流,上杉鹰山都率先垂范,他主动降低了自己藩主的年俸,让自己的战马去运粪。上杉鹰山的做法受到保守派的强烈反对,但上杉鹰山不畏反对,与他们进行了激烈的斗争。在藩中贯彻"资本的逻辑"同时,上杉鹰山强调一切开源节流措施的目的都是为了藩的利益,而不是为了追求自己的利润。这种突出藩作为机能集团共同体利益的做法,对日后日本公司的经营产生了积极的影响。上杉鹰山"劳动即忠诚"的观念,不仅改变了米泽藩的经济状况,而且促成了武士道向现代市场经济伦理的逐渐过渡,使上杉鹰山和铃木正三、石田梅岩、涩泽荣一等思想家一样为资本主义的经济发展提供了精神动力。

武士道对日本的影响发生在文化的许多层面,当然并不都是积极的,日本军国主义的盛行自然也受到武士道的影响,它几乎将日本推入了万劫不复的深渊。我们评价武士道对日本社会的影响,不能忽视其对日本社会的消极影响,即使仅是认识武士道的经济伦理价值,也应该看到它的

---

① [日]山本七平:《日本资本主义精神》,北京:三联书店1995年版,第164页。

影响是多方面的。

三、铃木正三的宗教经济伦理思想

马克斯·韦伯的《新教伦理与资本主义精神》一书出版后，文化学学者都接受了他的这样一个假设：任何事业之后都存在某种决定该事业发展方向和命运的无形的精神力量，而这种精神力量必有其特定的社会文化背景。韦伯强调新教伦理所体现的资本主义精神是近代欧洲独有的价值体系，正是它促进了欧洲资本主义的发展。日本是东方最早资本主义化的国家，而铃木正三的思想对于日本资本主义发展的经济伦理精神的奠定则产生了重大影响。

（一）铃木正三其人

铃木正三出生于 1597 年，日本爱知县人。早年他是直属于德川家康的一名武士，曾经参加过关原之战和大阪之战，是一位有实战经验的武士。战争的经验无疑丰富了他的人生体验和感受。战争结束之后，他一度出任大阪的行政官员。元和六年（1620 年）他切腹自杀未成，决意出家为僧。到他 77 岁去世为止，他一直是佛教禅宗的信徒，致力于禅宗的研究，形成了独具特色的思想体系。他的代表性著作有《四民日用》和《三宝德用》，后来两书合二而一，名为《万民德用》。他的弟子们将《万民德用》称为"尊师第一宝典"。

铃木正三所处的时代是日本战国末期到第四代将军家康统治时期，当时的日本社会正由战乱走向和平，由混乱向确立秩序过渡。铃木正三做过武士、当过行政官员最后出家为僧，可谓阅尽人间沧桑，深谙当时日本社会的各个层面，熟悉日本社会成员的多种心态。身为武士，铃木正三也有由士兵到将军的愿望，但是社会由乱而治，武士失去了存在的空间，将军的理想也就变成了梦幻泡影。作为有头脑的武士，铃木正三改行做行政官员，这样的阅历使他深刻体会到日本必须确立新的社会秩序。身为禅僧,铃木正三在为社会确立秩序的时候,一方面不可能脱离日本社会当时的实际特点,另一个方面也不可能脱离禅宗的思想基础。当时的日本社会正处于从农业社会向工业社会、封建社会向资本主义社会、传统社会向近现代社会过渡的历史时期,在这样的历史条件下,铃木正三提出了一个促使日本社会资本主义化的宗教伦理思想体系。

(二)铃木正三的宗教经济伦理思想及其哲学基础

日本战国末期,西方基督教已经登陆日本,西方文化开始在日本产生影响。铃木正三虽是禅僧但也接受了西方文化的影响,他努力将西方文化与古老的东方传统文化相结合,实现日本由古典思想向近代思想的转化。

1. 铃木正三经济伦理思想的哲学基础

铃木正三以佛教思想为基础,融入基督教思想确立自己的哲学体系。他把宇宙的本质规定为"一佛"。"一佛"其本质属性是不可见也不可知的,但它有三个"德用",即以"月之佛"、"心之佛"和"医王之佛"来表现自己的德用;"月之佛"、"心之佛"、"医王之佛"并不是三个佛,而是一个佛。铃木正三的这一哲学观点显然受了基督教"圣父、圣子、圣灵""三位一体"学说的影响。

铃木正三指出,他所谓的"月"意味着宇宙,即自然秩序。他所谓的"心"即人心,正如"月印万川"一样人心可以映照出"月"。也就是说,人是和谐的宇宙秩序的一个合理的组成部分,人的内心秩序与宇宙秩序是完全一致的,人生活在这个世界上,必须顺应自然,维护世界的自然秩序,与自然和谐相处,而人只要谨慎地遵从自己的本心也就能实现这一点了。既然人自然地按自己的本心生活就是佛,那么,为什么在现实生活中人们会有那么多的痛苦呢?铃木正三的解释是,正如人的肉体会受外界毒素的侵害一样,人心也会受外界毒素的影响,之于人心来说,这些毒素就是贪欲、嗔恚、怨怼三毒,人若要摆脱痛苦则必须求于"医王之佛"。

铃木正三不仅将基督教的"三位一体"学说融入佛教,而且将基督教的入世精神引入了日本佛教,提出"以佛法治世"的思想,将消极厌世的佛教变成了积极入世的佛教,形成一个禅宗社会伦理的思想体系,指出在自己的世界观、人生观基础上建立理想社会秩序的具体方针和方法:若要建立一个美好的社会,人们就要修炼佛教,"勤于佛行",使"心之佛"免受"三毒"之侵害,得道成佛。

2."劳动即佛行"的佛教经济伦理思想

人人勤修佛行,才能形成理想的社会,可是一般社会成员沉湎于繁冗的日常杂务,不可能像传统的禅僧那样脱离世俗社会,日日参禅打坐,那怎样使全体社会成员皆可修炼佛行呢? 对这个问题的回答是个关键,这个问题不仅关系到如何将佛教世俗化以适应社会的发展,而且关系到如何将佛教世界观、人生观理论转化为改造实际社会秩序的具体方法。正是对这个问题的回答,确定了他"劳动即佛行"的经济伦理思想。

铃木正三深刻地认识到自己是社会的寄食者,是农民养活了自己,他认为农民是伟大的,他愿意做一个农民,所以他首先强调"农业即佛行"。他说:"身得闲暇之时,烦恼陡增;事艰苦之业而劳其身心之时,烦恼皆无。如此,则四时皆可为佛行,农人又何必别求其佛行哉!"又说:"夫农人乃生来担此养育天授之重任者。故全心全意以己之身事天之道,所思毫不为己,所奉皆为天道,事农业而产五谷,祭佛陀而敬神明,不但救万民之生,亦助虫类之命,此为农人之大愿也。于播种之时称念佛名,于收割之日弃绝他想,果如此事农,则田地亦为净土,五谷亦为洁品,所食之人亦因此而去烦恼。"①总之。他强调如果一心向佛而事农业,就会彻底解脱,并由此而成佛。

铃木正三从"人人皆有佛性"的佛教传统思想出发,指出人只要信奉自己就可成佛,不论任何职业皆可成佛。"任何职业皆为佛行,人人各守其业即可成佛,而佛行之外并无成佛之道,必信其所事之业皆于世界有所益。……世无铁匠以下诸工匠,则无诸品可用;世无武士,则无以治国,世无农人,则无谷粟充饥;世无商人,则无货物流通。此外尚有诸多职业,亦

---

① 〔日〕山本七平:《日本资本主义精神》,北京:三联书店1995年版,第116页。

皆于世界有所益。"①

"任何职业皆为佛行"。如此铃木正三不仅强调在日本社会受重视的职业——武士、农业、工匠的活动是佛行,更重要的铃木正三端正了日本人对商业态度。受中国人的影响,日本也有"抑商主义"倾向。抑商主义是农业社会中盛行的思想,对于维护农业社会的稳定有巨大作用,但是它严重阻碍商品生产和市场经济的发展,发展资本主义必然以充分认识商业在社会中的作用为前提。铃木正三把握了日本资本主义的发展方向,批判日本传统的抑商主义,从佛教的角度对商业给予充分肯定的评价。铃木正三坚定地认为"买卖之业,乃天道所授,国家当如此致力于国中之自由"②,认识到买卖流通是自由的基础。他强调重要的不是从事什么职业,而是怎样从事自己的职业。一个商人可以理直气壮地追求合理的利润,但是他获得利润的目的,不是有钱后自己去奢侈享乐,而是为了万民方便。为了这样的目的经商,就能成佛,否则必定会坠苦海。铃木正三曾说:"献身于世界,所思皆为社稷,所念皆为万民。携本邦之货销往他国,将他国之物购来我邦,万里之国不辞其远,穷乡僻壤不辞其苦。奔波于各国而事商,立志满足众人之需要,决心克服万般之困难,越万山而劳其身,渡千河而清其心。浮船航于茫茫大海之时,忘我而念佛,彻悟人之一生不过尘世一场而已。舍一切之迷恋,弃所有之欲望。苟如此事商,则诸佛佑其成功,神明赐其大利,经营日善,德性益美。耻于徒为大富,终成真挚之向佛之心,于行走坐卧之间达乎禅定。"③

(三)铃木正三的宗教经济伦理思想对日本资本主义发展的影响

马克斯·韦伯在《新教伦理与资本主义精神》一书中,阐发了经过马丁·路德和加尔文改革以后的基督教确立了西方资本主义精神。回到东方社会,我们发现铃木正三在日本社会中发挥的作用类似于马丁·路德

---

① [日]山本七平:《日本资本主义精神》,北京:三联书店1995年版,第117页。
② 同上书,第119页。
③ 同上书,第121页。

和加尔文在西方社会中的作用。铃木正三的佛教思想在许多方面与基督教新教的思想相近，其在日本社会发挥的作用与基督教新教的伦理观念在西方资本主义发展中所起的作用相近。铃木正三的思想对后来日本资本主义发展的影响可以概括为以下三个方面：

1. 使日本佛教信仰世俗化适应日本资本主义的发展

任何人的行为都是在一定的价值观念的指导之下进行的，而人的宗教信仰是决定其价值观念的基本因素。宗教的世俗化是资本主义社会发展的前提，在日本佛教思想的世俗化正是由铃木正三来实现的。

源于印度的佛教以引导人看破红尘、摆脱世俗欲望、实现精神的解脱为根本宗旨，因而它倡导的是让人避世、出世，而非积极入世。这样的思想信仰，对于发展资本主义来说当然是消极的。铃木正三所处的时代，西方资本主义对日本已经产生了相当大的影响，这使他充分认识到了资本主义发展的必然性，同时身为佛教禅宗的僧人，他又不可能不深刻地体会到自己本来的信仰与当时社会潮流的矛盾。在这样的情况下，人们要么选择固守信仰阻碍历史前进，要么选择调整自己的信仰顺应历史的潮流，铃木正三选择了后者。

铃木正三毕竟是佛教的僧人，他又不可能完全放弃自己的本来信仰，所以他自然努力从传统佛教中挖掘适应当时社会的积极因素。佛教的总体倾向虽然是出世以求解脱，但其中尤其是禅宗中也有世俗化的因素。印度佛教经典《增一阿含经》说："诸佛世尊，皆出人间，不在天上成佛。"[1]中国人较之于印度人更重视世俗的生活。而不是出世的生活。佛教传到中国之后，中国僧人将佛教进一步世俗化，尤其是禅宗使佛教的信仰更贴近于人们的世俗生活。禅宗的真正创始人六祖慧能说："佛法在世间，不离世间觉，离世觅菩提，恰如求兔角。"[2]后来唐朝的禅僧怀海又在慧能的基础上提出了"农禅"的思想，倡导"一日不作，一日不食"[3]。

---

① 《增一阿含经》卷二十六。
② 《六祖坛经·般若品第二》。
③ 《传灯录·百丈和尚》。

日本佛教源于中国,铃木正三作为禅宗僧人对中国禅宗的这些思想肯定是非常熟悉的。在日本是禅宗僧人而不是其他佛教派别的僧人将佛教世俗化,是有着深刻的历史文化渊源的。

当然,铃木正三的思想与慧能和怀海的思想是有本质差别的。慧能只是强调成佛的境界不在彼岸的西天世界,而是在现实的当下。怀海的"农禅"依然是就佛教的修行方法来谈论佛教,而不是寻找佛教与世俗世界沟通的桥梁,而铃木正三探索佛教世俗化的目的正是要寻找一条世俗社会成员修行佛教的途径,将佛教的信仰变成更多的日本人可以接受的、同时又适应当时社会历史发展的价值观念系统。所以他不仅像怀海那样仅仅强调"农禅",同时也强调士、农、工、商各阶层的职业行为本身都可以成为禅行,即"劳动即禅行"。"劳动即禅行"的思想化解了佛教与资本主义市场经济的矛盾,使日本人在发展资本主义的同时可以保持佛教的信仰。

2.影响日本资本主义的经济伦理精神的形成

铃木正三不仅协调了佛教与日本资本主义发展的矛盾,而且通过对佛教思想的改造给日本资本主义的发展确立了精神动力。他强调士、农、工、商各界人士的工作行为都可以成为禅行,但并不等于说他们的工作行为就都是禅行,只有不是为了一己私利而勤奋工作的行为才是禅行。马克斯·韦伯所强调的所谓资本主义经济伦理精神的核心是追求不含私欲的经济合理性,铃木正三的"劳动即禅行"的思想正可以确立这种"追求不含私欲的经济合理性"的精神。

"劳动即禅行",劳动的目的不是为了获得利益而是为了宗教修行。世俗的劳动具有宗教的神圣性,劳动本身就具有极高的价值和意义。日本人在精神上感到不安的时候,为了获得精神的平静就会不停劳动。勤奋,对于日本人来说,不是一般的道德观念,而是深入人心的价值意向,有着宗教信仰基础。这种观念构成了日本人敬业的精神基础。敬业的劳动态度对日本资本主义的发展产生了积极的影响,第二次世界大战后对日本摆脱战争带来的困境、实现经济腾飞起到了不可估量的作用。但是高强度并且严重超时的劳动也使日本存在严重的"过劳死"现象,经济腾飞以后日本人开始反思这种现象,不满的情绪日益增加,致使公司和政府都不得不将减轻劳动强度和时间作为一个不可忽视的问题。

"劳动即禅行",它不仅确定了人们敬业的劳动态度,而且确定了劳动的目的在于其自身,而不在于获取利润;因而劳动所获得的财富不能用于享受,而必须用于扩大再生产。这样,铃木正三不仅为勤劳确立了宗教信仰的基础,而且为节俭奠定了信仰的前提。对于日本人来说,勤奋和节俭同样具有宗教神圣性。中国人和日本人一样也强调节俭,但是日本人的节俭和中国人的节俭不同,中国人的节俭只是为了让自己的享受可以细水长流,而日本人的节俭则出于其宗教信仰,节俭是为了求道、为了修行。经济的发展需要从开源和节流两个方面努力,日本人的节俭比我们中国人的节俭显然更有利于经济的发展。节俭在日本成为一种传统、一种习惯,即使实现了经济腾飞以后,很多日本人仍然保持这种传统习惯,导致日本出现了"国富民穷"的现象:一方面是世界领先的发达经济,另一方面是人们相对低的生活水平。

3. 促使日本人将佛教的智慧直接用于现代企业管理

也许铃木正三自己也不会想到他的思想会在那么大的程度上超越佛教的范围,在世俗社会产生广泛的影响,但是他的思想确实令日本人对佛教有了一个重新的认识。在他的影响之下,更多的日本人进一步挖掘佛教的思想,将佛教的智慧直接用于指导社会实际生活,尤其是现代化的企业管理。

在日本很多公司企业利用宗教精神创建自己的企业文化。日本的许多企业都设有神龛,供奉着"企业神",有的企业领导人还会亲自担任主祭,主持全国乃至全世界各个分公司的祭祀活动。企业的领导人尤其是创始人会被称为企业的"经营之神",他们依据宗教信仰确立企业文化,包括企业的经营理念、经营口号等。为了强化这种企业精神,有不少企业会每月组织全体员工参拜谷神神社,参拜结束以后员工共进一种同样的盒饭,这是日本公司特有的"圣餐仪式"。诸如此类的许多有宗教性质的活动不仅增加了日本企业的内部凝聚力,使企业成为最坚强的社会共同体,而且增加了企业的竞争力。

日本的许多企业还吸取了佛教的智慧,用于提高员工的整体综合素质。许多日本企业在新员工进入公司以后要进行相当长时间的素质教育,教育内容有许多是宗教性质的。首先通过弘扬"工作即修行"的思想,让员工充分认识本职工作的神圣性,以此提高员工的敬业精神;其次,引入佛教的禅定仪式,通过禅定提高员工集中精神的能力;再次,引入佛教的生活方式,锻炼员工遵守严格制度的能力;最后,通过了解佛教的思想和功法培养员工约束自我和适应环境的能力。

总之,铃木正三作为佛教禅宗的僧人,将佛教思想世俗化,协调了日本人的佛教信仰与发展资本主义的关系,尤其是他的"劳动即佛行"的思想确立了没有私欲的经济发展的合理性,奠定了日本资本主义经济伦理精神的基础。他的思想对于我们建设中国特色的市场经济体制,也具有极大的启发意义。

四、石田梅岩的宗教经济伦理思想

在改造日本传统价值观、塑造日本现代精神的过程中,石田梅岩对日本的神道教、佛教和儒家思想的世俗化都作出了重大贡献,同时他还倡导了诸多有利于资本主义发展的思想观念。

(一)石田梅岩其人

德川时代是日本一个重要的历史发展时期,也是日本历史上一个富有创造性的时期,在这个时期确立了日本现代之前的自我秩序,奠定了日本现代文化的基础。

石田梅岩(1685—1744 年)是日本德川幕府时期的一位著名思想家,日本心学的创始人。心学运动是日本的宗教和道德运动,对于日本人价值观念的转变产生了重大影响。

石田梅岩出生在一个农民之家。他不是这家的长子,按照日本当时的财产继承法,他没有希望去继承遗产,因而在他 11 岁的时候就不得不到京都的一个商人家里去做学徒。假如他不断努力的话,也可以逐渐进入商界,最终成为正式的商人。这种自幼于商家学徒的人,比半路出家、成年以后才进入商界的人,在商界发展的机会要多得多,但是石田梅岩在15岁的时候,突然终止了自己的学徒生涯,回到乡村,在乡村生活了8年。这期间他对传统的神道教进行了深入的了解,这使他彻底放弃了成为一个商人的念头,明确了宣扬神道的人生目的。

23岁的时候,石田梅岩重返京都,在京都到处宣讲自己的思想。由于听众寥寥无几,他便一方面在城中的街道上摇铃巡走,吸引听众;另一方面一边打工,一边潜心苦读。白天工作时,他总是随身携带着一本书,一有空闲就翻阅;晚上别人休息以后他仍然要读到很晚;早晨很早又起来,靠在窗边继续阅读。经过不懈地努力学习,他的思想有了很大的发展。到35岁时他认为自己已经拥有了关于宇宙、自然、人生的理性知识,但在感情上依然困惑,于是到处寻访名师。经过几年的东搜西寻,最终拜在了小栗了云的门下。小栗了云是当时日本的名士,做过高官,后来做了老师,对中国宋明理学、道教和佛教思想非常熟悉。小栗了云不仅教授石田梅岩中国儒释道三家的思想,而且教授儒家的静坐、佛教的禅定。石田梅岩不仅学习知识而且进行宗教的冥想实践,他对这种宗教冥想实践非常重视,并感到自己收获巨大。几年后,大概在他40岁的时候,他觉得自己突然顿悟了:"某夜,时至深更,疲惫而卧,竟不知天之破晓。睡卧中,耳闻后面的森林中麻雀鸣声。其时,腹中犹如大海般的宁静,犹如万里晴空。那麻雀的鸣声在大海的宁静中感觉像鸬鹚拨水而入。"①石田梅岩所描绘的这种人生境界与中国儒家的"天人合一"、"天人不二"、"民胞物与"以及佛教的禅定顿悟的境界基本相同。

石田梅岩感到自己再也没有困惑,充满了洞悟人生的自信,于是他开始放弃其他的工作,开设了讲演堂,专门从事教书授徒工作。最初,听众寥寥无几,但是,只要有一位听众,他就坚持认真的讲授。不久,

---

① [美]贝拉:《德川宗教:现代日本的文化渊源》,北京:三联书店1998年版,第167页。

他的名声逐渐传播开来，听众越来越多，他开始在东京、大阪等地巡回讲演。他的听众大多是商人，为了听众方便，讲演规定的时间尽量不影响商人的工作。石田梅岩的教学方式非常灵活，他把讲演与问答结合起来，并且像他的老师小栗了云一样，也重视让学生静坐冥想，不仅是理解而且要自己体悟各种道理。石田梅岩的团体是一个具有浓厚宗教氛围的组织。1740 年他出版了自己的第一本著作《都鄙问答》，4 年后他的另一本著作《齐家论》也出版了，也就是在这一年，石田梅岩因病逝世。

石田梅岩一生注重道德文章，他不仅教育别人如何为人处世，也严格约束自己，践履自己的人生学说，做到了言行一致、表里如一。他经常参加各种慈善活动，一生过着简朴的生活，在很长时间内他一天只吃两顿饭。他有一颗伟大而慈悲的心，时时先人后己，甚至在倒掉热水之前也要兑上冷水，唯恐无意烫伤小生命，显然这里有佛教"扫地恐伤蝼蚁命，爱惜飞蛾纱罩灯"思想的影响。他死后，家中主要的遗物是三柜书和平日解答人们疑问的各种草稿，其他都是最普通的日常生活用品和教学研究用品——衣物、餐具、书桌、纸砚等。石田梅岩默默地度过了自己的一生，但是他的思想对后来日本产生了很大的影响，在将日本传统的神道、儒家和佛教思想转化为适应近代社会发展的价值观方面作出了突出的贡献，他是日本资本主义精神的缔造者之一。

（二）石田梅岩经济伦理思想的哲学基础

石田梅岩几乎没有接受过正式的教育，他博览群书博采众家之长，形成了一个庞杂的思想体系。他的做法在某种程度上是完全实用主义的，凡是对当时日本经济发展有利的，他都兼收并蓄。所以他的世界观思想体系中既有中国传统的孔子、孟子、庄子和佛教的思想，又有日本自身的神道教思想。他主张一个人可以在神社举行出生的祝贺式，在教堂举行婚礼，在佛教的寺院举行葬礼。后来，这确实成为许多日本人的生活方式。石田梅岩不拘泥于任何思想体系，在改造各家思想的基础上形成了自己的思想体系。

石田梅岩认为,世界的本原是自然之性,人的内心秩序与宇宙秩序是一致的,是由"自然之性"决定的,或者说世界的秩序或规律就是自然之性。自然之性的本质是善的。自然之性在人身上就是"本心"。那么什么是"本心"呢? 石田梅岩认为,在人之中必然有使人反省的人和由此被反省的人,使反省就是"本心"。他从自己的老师小栗了云那里,接受了"性中无目"的思想,主张人的本性无目,观察天地自然的自己也就是天地自然本身,只有认识到这一点才能算是理解了自然之性的本质,才达到了彻悟的人生境界。本心就是人的自然之性,所以任何人都有本心,人生在世一定要按照自己的本心去生活,理想的人生就是符合本心的生活,在生活中展示自己本来的、自然的面貌,石田梅岩将这种理想的人生境界称为"赤子之圣"。非常有意思的是,石田梅岩所讲的本心是日本人的共同信仰,在日本人中如果不相信本心的存在,就不会被日本社会所接受。

石田梅岩认为,整个宇宙秩序、社会秩序与人的内在秩序都应该是一致的。为了说明这种一致,他提出了"形与心同"的理论。他在《都鄙问答》中说:"我身乃万物之一,万物乃天生之子。汝不见万物,据何以得心? 是万物也,心之所在。当知有其形者,必有从其形之心也……孑孓于水中之时不螫人,而于成蚊之日即螫人,形成而心至故也。"①根据"形与心同"的理论可以得出:构成人的社会基础就是人形,也就是人心,人的生活方式正像马吃草一样是由自然决定的;人从其形而生,形成和宇宙秩序相适应的社会秩序,人之形决定了人是以劳动获食的动物,人要劳动是最自然的事情。在日本所谓的自然就是当然的,不自然就是不应当和不被允许的。人的内心秩序、社会秩序和宇宙秩序是一致的,联结人、社会、宇宙的都是"形",顺从一定之形就是道,圣人就是体悟到"道"的本质的人。世间万物的道都是相同的。从万物道同出发,石田梅岩说明了士、农、工、商的道是相同的,为商人行为提供了合理性。

---

① ［日］山本七平:《日本资本主义精神》,北京:三联书店 1995 年版,第 140—141 页。

(三)石田梅岩的经济伦理思想

1.石田梅岩对儒、佛思想世俗化

宗教和伦理道德确定一个社会的总体价值导向,宗教的价值观念若要在社会世俗生活发挥作用往往要经过一个世俗化的过程。日本固有的宗教——神道教——带有较多的原始宗教的特点,所以日本社会具有圣俗模糊的特点。日本人认为日本民族是天照大神的子孙,凡人的行为都具有神圣的意义,俗界即圣界,实现宗教超越不必脱离现实而直接体现在认真对待世俗生活上。自中国传入的佛教,圣界和俗界几乎是隔绝的,中国的儒家思想虽然本身就是世俗的思想体系,但是对于适应当时日本社会发展来说,也有相当大的经院教条性。要使佛教和儒家思想为当时日本社会服务,就必须将儒、佛思想世俗化并与日本自身的思想相结合。石田梅岩在这方面作出了突出的贡献。

首先,石田梅岩将中国的儒佛思想与日本的神道思想相结合。他常常将儒家对天人合一的追求直接说成是对天照大神的崇拜,他强调天照大神是日本的祖先,对天照大神的崇拜应该是日本人的根本信仰,佛教和儒教是辅助的手段。他说:"我朝之神明,乃受之伊奘诺尊、伊奘册尊,由日月星辰而至万物,皆主宰,缘无余地,遂为唯一,乃谓神国也……吾朝继太神宫之末,立为御位。遂奉天照皇太神宫为宗庙。因其为一天之君之祖先,谓之'参宫',天下万民悉尽参拜。"①石田梅岩准确地阐述了日本政治——宗教的国体观念的本质,这一点日本与其他任何国家都不同,每一个日本人都必须从自己的根本信仰出发去体味天照大神和国家对自己的恩惠,石田梅岩将这种国恩比喻为天地,甚至说它是用语言难于描绘的。他强调每一个日本人都应该尽其一生报答国恩,报答国恩的方法是安分守己、尊敬上司、勤俭治家、避免奢侈。

其次,石田梅岩将佛教的修炼和儒家的人生修养模式世俗化。石田

---

① [美]贝拉:《德川宗教:现代日本的文化渊源》,北京:三联书店 1998 年版,第 191 页。

梅岩认为,人的本心是善的,但是,在后天的社会生活中,本心会被世俗的物质诱惑所蒙蔽,使人产生贪欲和利己之心,人要抛开物欲的蒙蔽,使本心自然的显现出来,就必须锻炼自己。锻炼的方法有三:其一,冥想实践。石田梅岩接受了佛教的禅定和中国宋朝儒家的静坐工夫,把它们作为修炼的最基本的方法。在冥想实践中,修炼者要集中自己的意志力,尽可能地排除语言以及一切外界事物干扰。其二,禁欲主义实践。为了排除利己之心和物质诱惑,要力求过节俭的生活。其三,献身于自己的义务和职业。通过在职业活动中兢兢业业地艰苦工作,在社会生活中努力完成自己的义务,极尽忠诚和孝道克服自己的利己之心。

传统佛教的禅定修炼者必须隐遁到深山老林等荒芜人迹的地方,儒家的静坐虽然不要求修炼者归隐山林,但也要求人们尽量摆脱世俗事物的纠缠。石田梅岩反对这样做,他主张人们只需要退避到店堂背后即可,他甚至认为每天勤俭节约、努力献身工作就是最好的修炼。通过对儒佛修炼方式的改造,石田梅岩协调了宗教修炼和世俗生活的关系,同时赋予了世俗的工作以神圣性的价值。

石田梅岩在将中国儒家和佛教思想与日本神道思想相结合以及将儒佛修炼方式世俗化的过程中,为日本文化的发展确定了总体的价值导向,即日本人的人生总体追求是报答国恩,日本人的人生目的是促进日本民族的繁荣。石田梅岩为日本人日常生活行为提供了伦理道德的合理性以及宗教价值的神圣性,加之石田梅岩将宗教修行与职业活动、献身世俗的社会义务相结合,这就为当时日本商人的行为提供了伦理道德和宗教的价值基础。

2. 石田梅岩对商业活动价值的肯定

由于受中国儒家思想的影响,在石田梅岩生活的时代日本人也有"抑商主义"倾向,"商人无用论"和"商社性恶论"在社会中广泛流行。抑商主义是农业社会中盛行的思想,它对于维护农业社会的稳定有巨大的作用,但它也严重阻碍了商品生产和市场经济的发展。发展资本主义必然以充分认识商业在社会中的价值为前提。

首先,石田梅岩以"万物道同"的思想批判了以荻生徂来、林子平和高野昌硕等人为代表的"商人无用论"。他主张士农工商不论哪一个行业的人都是国家君主的子民,商人通过自己的合理经营牟利与农民通过耕作收获粮食、工人做工生产器皿、武士领取俸禄是一样的,唯独歧视商人的行为是没有道理的。他指出:"臣下所食之粥,乃君所赐之俸禄。若无其禄,以何养命焉?"①"士农工商,虽职业相异,但都懂一理,若言士之道通于农工商,若言农工商之道通于士。"②

其次,石田梅岩充分论证了商业的意义和价值。他认为商业不仅不应该受到歧视,而且应该充分认识其价值,他说:"若无买卖,买者不能买,卖者无法卖。如此下去,商人无以为生,乃会成为农民及工匠。若商人皆成为农民、工匠,便无人流通财宝,会造成万民之苦。""士农工商皆有助于治理天下。若缺四民,则无助也。治四民乃君之职。助君则为四民之责。士自古为有位之臣,农人为草莽之臣。商工则为市井之臣。为臣助君乃臣之道。商人买卖乃助天下。"③石田梅岩确立了商人的行为也是有利于天下、有利于日本民族的行为,为日本商业资本主义的发展扫清了前进的障碍,同时也为从事商业经济的人们提供了源源不断的精神动力。这也就是说,石田梅岩为当时日本社会确立了马克斯·韦伯所强调的发展资本主义市场经济所需要的价值合理性。

再次,石田梅岩强调商人追求商业利益的合理性是有条件的:其一,商人在追求商业利益时必须保证自己的行为是正直的,是符合圣人之道的;反之,他获得的财富就是不义之财,不仅有害于自己而且会贻害子孙。商人若只顾眼前之利,一定会受到神明的惩罚,一个人若行事端正就永远无愧于心,便可以安然地居住在无垠世界的广阔空间,得到深深久远的幸福。其二,应该尊重他人的财产以及无条件地偿还他人的债务。石田梅岩在自己著作《齐家论》中谆谆告诫一个被洪水洗劫且丢失了所有账目

---

① [美]贝拉:《德川宗教:现代日本的文化渊源》,北京:三联书店1998年版,第192页。

② 同上书,第193页。

③ 同上。

的商人,一定要变卖自己现有的所有财产去归还所有债款。这样一方面可以使自己以后仍然坦荡地生活,另一方面也可以使自己获得正直的名声,获得大家的尊敬和同情,有了这些也就有了东山再起的基础。其三,商人必须有职业责任感,充分认识自己的职业使命,勤奋地履行自己的职业义务。石田梅岩倡导一个人假如没有职业责任感便不能经营成功,即使从祖先那里继承的财产也会毁于一旦,他甚至强调一个没有职业责任感的人连禽兽都不如,因为犬会看门、鸡会报时。他强调每一个日本人都必须认识到职业是天命所授,是家庭延续的基础,是为君主尽忠的基础,是报效国恩的基础。其四,商人一定要节俭。既然商人经营的目的不是谋求物质利益、满足自己的物质欲望,那么商人就不能随意耗费自己赚来的钱财,奢侈是商家衰败的根本原因。对于商家来说奢侈无异于愚痴,石田梅岩建议商家采取强有力的措施削减食物、衣物、家具等支出。

石田梅岩通过对商人行为合理性的条件限制的阐发确立了勤劳和节俭的伦理道德基础。对于日本人来说,勤奋和节俭同样具有宗教神圣性。中国人和日本人一样也强调节俭,但是日本人的节俭和中国人的节俭不同,日本人的节俭出于其报答国恩的人生根本追求,是为了求道、为了修行。

3. 石田梅岩对财产私有权的肯定

在西方,文艺复兴运动所倡导的个性自由和个性解放的个人主义价值观为资本主义的发展创造了文化基础,为市场经济的发展提供了积极参与竞争的主体。西方自古希腊起就有尊重个人价值和尊严的传统,但日本社会受中国文化的影响,一直是整体主义的价值观在社会生活中占统治地位。中国人和日本人都习惯于作为整体的存在,缺乏个人意识和自主意识。财产往往是家族集体所有,个人缺乏所有权意识。

石田梅岩在少年时期就受到父亲的教育,树立了明确的个人财产私有意识。一次他从自己家和别人相邻的地里拾回了栗子,他的父亲要求他一定要归还回去。虽然他是在自己家的地里拾的栗子,但是由于那里与别人的地相邻,其实是别人的栗子树树枝伸到他们家的地里落下来的,所以栗子是属于别人的。在当时的日本,这种个人财产私有的意识不是很明确的,我物和他物之间的界限意识是很模糊的。石田梅岩充分认识到明确的个人财产所有权意识对于商业经济发展的意义,所以特别突出所有权意识的重要性。他说:"天降生民,万民乃天之子。故人乃一个小天地。此小天地,原本无私欲也。因之,吾物为吾物,他物乃他物。收租借之物,还所借之物,毫无私欲,此乃正直也。若行此正直,世间和谐一统,四海之内,皆如兄弟也。"①在石田梅岩的倡导下,日本社会到德川时期个人所有权意识发生了很大转变,对于这种转变,日本学者山本七平给予了很高的评价。他说:"没有这种转机的社会,无论储蓄了多少美元,也无论拥有多少石油,现代化都是不可能的;如果一个社会经过了这种转机,就会像日本社会那样,即使在美元和资源都是零的废墟上出发,现代化也是可能的。"②

石田梅岩对所有权意识的强调与西方个人主义的价值观毕竟还是有很大的差别。西方个人主义的价值观强调的是人人都有个性权利,平等是其确定的价值倾向。石田梅岩深受东方社会等级制度思想的影响,尤其是日本传统的武士道崇祖宗皇思想的影响,认为等级观念是天经地义的。他在讨论佛教戒杀思想的时候,明确提出反对意见:天道生万物,以其生者养其生物。世间万物中某些生物就是另一些生物的食物,一些生物要生存就必须吃另一些生物,这是自然的规律。僧人不杀生就要吃稻米,要吃稻米就要消灭害虫,否则就会饿死。这种弱肉强食在社会生活中表现为贱者为贵者所用,君贵臣贱,所以作为臣子为君主献身是天经地义的,是最自然的事情。石田梅岩的思想虽然是在维护传统的等级观念,但是他的这种思想与其说符合东方社会价值观不如说更切近西方的社会达尔文主义精神,他对社会等级观念的论证与东方传统的理论相去甚远,其中传播的达尔文主义精神是当时日本发展资本主义市场经济所需要的。

石田梅岩作为一个自学成才的思想家,他的思想体系是非常庞杂的,

---

① [美]贝拉:《德川宗教:现代日本的文化渊源》,北京:三联书店1998年版,第199页。

② [日]山本七平:《日本资本主义精神》,北京:三联书店1995年版,第108页。

对中国的、西方的、日本的兼收并蓄,这给我们评价他的思想带来了很大的困难。但是也正是如此,所以他的思想没有框框,对于当时日本来说也是非常实用的。对于处在社会转型时期的中国学者来说,石田梅岩不仅其思想值得我们深思,他的这种治学方法也值得我们学习。

五、涩泽荣一的宗教经济伦理思想

涩泽荣一既是日本著名的"企业之父",也是日本著名的思想家,《商务圣经》是其代表作。他倡导将《论语》奉为"商务圣经",将"《论语》加算盘"作为企业经营的模式,为日本市场经济伦理文化体系的建构作出了巨大贡献。

(一)涩泽荣一对日本市场经济发展模式的总体认识

涩泽荣一认为工商界是利益斗争的场所,也是富国富民的必由之路,所以一个儒者既要投身于商界,又要保持自己道德上的清白。涩泽荣一晚年回忆自己早年的选择时说:"我明治六年辞官,进入本来就向往的实业界之后,我和《论语》就有了特别的关系。这就是我刚成为商人时,心中有所不安。即想到今后要在锱铢必较中度过一生,应该有怎样的操守呢? 此时我想起以前学过的《论语》,《论语》里所说的修己交人的日用之教,我们可按照《论语》的教谕经商谋利。"①为此,涩泽荣一不得不协调西方工商文明的价值观和自身固有的价值观的关系。这个问题,对于当时的日本来说是个普遍的社会问题,而不仅仅是涩泽荣一个人的问题。涩泽荣一的《商务圣经》既是对他自己毕生阅历的总结,也是对东方市场经济发展道路的思索。

涩泽荣一强调发展工商业是当时日本不得不走的道路。在向西方学习的过程中,他对西方的物质文明有了深刻的认识,深深感到西方经济发

---

① ［日］涩泽荣一:《商务圣经》,北京:九洲图书出版社 1994 年版,第 5 页。

展给日本带来的压力。法国人的谚语"强者的辩解永远是对的"给了他很大的刺激,使他进一步明白了落后就要挨打、落后就要灭亡的道理,所以他认为日本必须走向国富民强。而要达到这个目标,政治、法律的改革非常必要,振兴工商业则更是必要,乃是日本的当务之急。不仅如此,涩泽荣一还引用孔子的理论说明,从道德的自我实现的角度也应该发展工商业。他引证了孔子在《论语》中说的,圣人应该做到博施于民而能济众;若要为圣做到博施于民,就必须有物质财富的基础,而只有发展工商业才能创造大量的物质财富。

涩泽荣一提出对于中国儒家的传统思想应该区别对待。他特别反对中国宋明以后的程朱理学的儒家思想,认为朱子虽然博学多才并热心于讲学,但朱子之学并没有发挥实际的效用,致使宋朝"学问虽然非常发达,但政治却极其混乱,也就是学问与实际完全隔绝"①。涩泽荣一强调儒家学说是经世实学,能不能发挥实际的效用关键要看人们怎样去利用它。

涩泽荣一努力从儒家传统思想特别是《论语》中挖掘与当时社会发展一致的思想,强调儒家的思想与发展工商业文明并不矛盾。在《商务圣经》中,他极力回避儒家思想中与发展工商业文明相矛盾的地方,对儒家的某些方面的思想进行了发挥,又对有的方面作了适应当时社会发展的解释。他强调《论语》中有算盘,算盘之中有《论语》,打算盘是利,《论语》是道德,二者可以并行不悖,但儒家伦理毕竟是农业文明条件下的价值体系,其价值取向完全适应工商文明是不可能的。例如,在物质财富观念上,涩泽荣一明明知道儒家有为富不仁、为仁不富的说法,但是他不接受这些观点,就强调这不是以孔子为代表的儒家的观点;而在解释孔子的"富与贵,是人之所欲也;不以其道得之,不处也。贫与贱,是人之所恶也;不以其道得之,不去也"②时,认为孔子是将道德和富贵看得同等重要,但实际上,孔子即使不贬低富贵的意义,也绝对没有将它抬高到和道

---

① [日]涩泽荣一:《商务圣经》,北京:九洲图书出版社 1994 年版,第 133 页。
② 杨伯峻:《论语译注》,北京:中华书局 1980 年版,第 36 页。

德同等重要的程度。总之,涩泽荣一通过对《论语》的再解释,得出了工商之才的培养之道也全在《论语》之中的结论,协调了发展工商业文明和保持东方传统价值观念的关系。

(二)士魂商才的理想人生模式

马克斯·韦伯认为基督教新教伦理通过救赎观念、天职观念、合理化谋利以及禁欲节俭等一系列观念的倡导,确立了资本主义经济发展的伦理合理性,同时还凭借这种伦理意义把资本主义世俗经济进一步理性化。儒家伦理则是一种反资本主义的入世信念伦理,它不像西方新教伦理那样以理性的态度改变世俗、驾驭自然,而是用一系列的伦理规范去维系现存社会的和谐秩序。儒家伦理属于只具有价值合理性的信念伦理,而新教伦理则是具有工具合理性的责任伦理。信念伦理主要不是与世俗社会生活的合理性相联系,难以对世俗社会的经济活动发挥直接的促进作用。儒家伦理和新教伦理虽然都重理性,但是儒家的理性主义是对世界的合理性的适应,而基督教的理性主义则是对世界的合理性的控制。

涩泽荣一在《商务圣经》提出了与韦伯相左的观点,他通过对《论语》的内在精神的再挖掘和再解释,不仅协调了发展工商业和保持儒家传统的关系,而且从儒家伦理的角度确立了经济的伦理合理性,这一切体现在他提出的"士魂商才"的理想人生模式中。

所谓"士魂商才"就是既要有卓立人世所必备的武士精神,又要有经商的具体才干。涩泽荣一认为士魂与商才并不矛盾,二者统一于《论语》。《论语》是滋养士魂的根本,是道德之书,也是商才之道。因为真正的商才不能背离道德,而应该以道德为根本,无德、欺诈行骗、浮华、轻佻的商才不是真正的商才,而只是卖弄小聪明、小把戏的市侩。士魂商才的核心是道德的完善,道德对于人生来说既是目的也是手段。一个商人要想成功首先就要培育高尚的人格,有了高尚的人格才能成功。

涩泽荣一将士魂商才确定为日本商人的理想人格,为日本商人的经济活动确立了一个高尚的动机。经营商业的目的不是为了满足自己一时的肉体私欲,而是为了使自己完善理想人格,成为能够"博施于民而济众"的圣人;商业经营的目的不是为了个人,而是为了社会,为了日本民族,为了日本国家的国富民强;经商生活不仅不与道德人格矛盾,而且是实现道德人格的最佳途径。总之,通过对"博施于民而济众"的"士魂商才"理想人格的阐发,涩泽荣一确立了经济发展的价值观念上的合理性。

在西方近代,市场经济发展所需要的经济合理性是通过宗教观念改革实现的,而在东方日本,经济发展的合理性是从道德观念的再诠释中获得的。通过宗教信仰确立的价值观念,在人的思想体系中有更崇高、更神圣的价值,能够发挥更强烈的社会效果,但是在西方近代的价值观念体系中存在着一个矛盾,那就是经济学以追求私利的本性恶的个人为前提,而伦理学则以利他的本性善的个人为前提,反映在社会生活中就是经济和道德在理论上处于相悖的状态。人性本恶的观念导致了西方资本主义早期经济管理中出现了一系列的问题,例如,以人性本恶为基础的泰勒制在管理中占据统治地位。涩泽荣一从伦理道德中直接导出经济合理性,无形中化解了西方近代社会中经济和伦理的二律背反,它在日本经济发展、企业文化创造中也发挥了积极的作用。日本企业管理中流行的终身雇佣制和年功序列制,都与他的经济伦理观念有密切的关系。

(三)敬业精神

涩泽荣一引证孔子《论语》中"知之者不如好之者,好之者不如乐之者"[①],说明一个人对待自己的工作必须有敬业精神。它包括两个方面:其一是一个人对自己的工作一定要有兴趣,要热爱;其二是在此基础上能够自觉地去承担工作中的职责。涩泽荣一认为拥有敬业精神是干好一项工作的前提条件,一个没有敬业精神的人只是依循惯例去做事,连最起码的生命存在都算不上,只能算是行尸走肉而已。

在日本,人们将平凡的劳动本身视为神圣和崇高的行为,因此日本人认为工作过程和工作态度都重于工作结果。因为经济发展具有伦理合理性,所以为了发展经济而做的一切行为都有高尚的意义,正像山本七平所

---

① 杨伯峻:《论语译注》,北京:中华书局 1980 年版,第 61 页。

指出的：“看到那些深入美国腹地的日本推销员，有人说他们就像朝圣的教徒一样，也许这种看法并不奇怪。正像伊斯兰教徒在去麦加朝圣时感到一种神圣的宗教意义一样……日本推销员的工作把供给和需要联结起来，‘携本邦之货销往他国，将他国之物购来我邦，万里之国不辞其远，穷乡僻壤不辞其苦，奔波于各国而事商，立志满足众人之需要，决心克服万般之困难，’同样也是虔诚的朝圣。”①

（四）金钱观

受中国传统文化的影响，日本人在对待金钱的态度上也存在矛盾的心态。一方面，在社会实际生活中，由于任何人都需要物质财富来维护自己肉体的存在，所以都不能脱离金钱，甚至有些人将金钱的价值抬高到至高无上的位置。不论是在中国还是在日本都流行着极端夸大金钱作用的名言，如“世人结交以黄金，黄金不多交不深”，“有钱佛陀也灵光”，“有钱能使鬼推磨”，甚至还有人说“有钱能使磨推鬼”。另一方面，中国人和日本人又以蔑视金钱为高尚的行为，认为金钱、物质财富和道德是根本对立的，说什么“君子财多其德损，小人财多其过增”，“仁者不富，富者不仁”。涩泽荣一批判日本人这种金钱观，认为过分抬高金钱或过分贬低金钱的观点都是错误的，他特别欣赏日本明治天皇皇后的看法——“因持有者之心成宝、成仇，此黄金也。”他明确指出，过分抬高金钱的作用是非常有害的，在处理人与人的关系时，眼睛只盯着金钱必定伤害人们的感情，过分重视金钱也会使人成为物质的奴隶。同时，作为企业家他深知金钱的重要性，在市场经济社会中金钱是物质财富的代表和象征，它促进商品的流通和经济的发展。是否拥有足够的金钱是能否做成一件事情的关键，所以对金钱的任何滥用都是犯罪。他认为正确的金钱观应该是金钱本无罪，人们都应该努力地去赚钱，但是要慎重地使用金钱。

犹太人的金钱观可以说是西方人金钱观的代表，他们认为“金钱无姓氏，也无履历表”，金钱无善恶之分，所有的金钱都是好的，尤其现金是

---

① ［日］山本七平：《日本资本主义精神》，北京：三联书店1995年版，第125页。

最好的,所以每一个人都应该拼命去赚钱。他们认为,有钱但存进银行的人肯定是傻子,假如放在家里不用那肯定是疯子,有钱一定要去投资,要有用钱去生钱的意识。涩泽荣一强调金钱本无罪,在一定程度上切近了犹太人的金钱观,但是他强调要慎用金钱、恰用金钱,就又保持了东方人的特色。

(五)竞争观

中国儒家的传统思想特别强调人际关系的和谐,强调"和为贵",日本人也将"和"作为日本民族的核心精神。但是贵和息争、否定人际关系中竞争的作用与市场经济的发展不相适应,竞争是市场经济的根本特色。为此,涩泽荣一强调竞争的作用,他说:"诚然,要一个国家健全发展,无论在工商业或学术技艺,或外交,都必须有一种与外国竞争且必求其胜的气概和热情。其实,不只国家如此,对一个人来说也是这样,若无经常为敌包围而受其苦,无与敌相拼而求必胜之心,是绝不可能进步发达的。"①在强调竞争重要性的基础上,涩泽荣一还强调应该将竞争区分为善意的和恶意的两种,他说:"但竞争还是有善意和恶意两种类别。进一步来说,每天比人早起,将事情做好一点,以智慧和努力胜过他人,就是好的竞争,但是,若以仿冒、掠夺的方式将别人的努力成果拿来当做自己的,或用旁门左道的方式侵犯他人,以博取声名,就是不好的竞争。"②

在西方社会,竞争的观念是建立在资产阶级个人主义人生观基础之上的,强调个性解放、个性自由的个人是竞争的主体。在这种文化背景下,竞争成为西方社会处理人际关系的基本模式,这种人际关系模式一方面促进了西方早期资本主义自由竞争经济的发展;另一方面也导致了西方社会人际关系的淡漠和冲突,甚至于影响了西方社会的企业管理和企业文化的创造,对经济的发展也曾造成消极的影响。涩泽荣一在东方整体主义的人际关系基础上强调竞争的意义,他虽然也强调个人的竞争,但

① [日]涩泽荣一:《商务圣经》,北京:九洲图书出版社1994年版,第17页。
② 同上书,第158—159页。

是他更多的强调是集团和国家这些整体之间的竞争;同时,他不是一味地只强调竞争,他也强调合作,对竞争也要作出善意和恶意的区分,这与西方人的竞争观念显然不同。他的竞争观念促进日本人富国强民的爱国主义精神,同时在日本企业文化建设方面增加企业的内在凝聚力,使日本走出了一条不同于西方的企业管理的道路。

参 考 文 献

1.［德］马克斯·韦伯:《韦伯作品集》,桂林:广西师范大学出版社 2005 年版。

2.［德］马克斯·韦伯:《新教伦理与资本主义精神》,北京:三联书店 1987 年版。

3.［德］马克斯·韦伯:《儒教与道教》,北京:商务印书馆 2004 年版。

4.［德］马克斯·韦伯:《经济与社会》上、下卷,北京:商务印书馆 2004 年版。

5.［德］马克斯·韦伯:《社会科学方法论》,北京:中央编译出版社 2008 年版。

6.［德］马克斯·韦伯:《学术与政治》,北京:三联书店 1998 年版。

7.［德］马克斯·韦伯:《论经济与社会中的法律》,北京:中国大百科全书出版社 1998 年版。

8.［美］罗宾斯:《敬业——美国员工职业精神培训手册》,北京:世界图书出版公司 2004 年版。

9.［瑞典］斯威德伯格:《马克斯·韦伯与经济社会学思想》,北京:商务印书馆 2007 年版。

10.苏国勋:《理性及其限制》,上海:上海人民出版社 1988 年版。

11.［英］托尼:《宗教与资本主义的兴起》,上海:上海译文出版社

2006 年版。

12. [美]约瑟夫·熊彼特:《经济分析史》上卷,北京:商务印书馆 2005 年版。

13. [美]丹尼尔·贝尔:《资本主义文化矛盾》,北京:三联书店 1989 年版。

14. [法]费尔南·布罗代尔:《资本主义动力》,北京:三联书店 1997 年版。

15. 厉以宁:《资本主义起源》,北京:商务印书馆 2003 年版。

16. [德]卡尔·白舍客:《基督教宗教伦理学》,北京:三联书店 2002 年版。

17. [英]锡德尼·维伯、比阿特里斯·维伯:《资本主义文明的衰亡》,上海:上海人民出版社 2007 年版。

18. [美]哈罗德·J. 伯尔曼:《法律与革命——西方法律传统的形成》,北京:法律出版社 2008 年版。

19. [美]哈罗德·J. 伯尔曼:《法律与革命——新教改革对西方法律传统的影响》,北京:法律出版社 2008 年版。

20. [美]泰格、利维:《法律与资本主义兴起》,北京:学林出版社 1996 年版。

21. 《新旧约全书》,南京:中国基督教协会 1994 年版。

22. [以色列]阿巴·埃班:《犹太史》,北京:中国社会科学出版社 1986 年版。

23. [美]亚伯平罕·柯恩:《大众塔木德》,济南:山东大学出版社 2007 年版。

24. 徐德志:《犹太人致富高招》,广州:旅游出版社 1995 年版。

25. 傅有德:《犹太哲学史》上、下卷,北京:中国人民大学出版社 2008 年版。

26. 贺雄飞:《犹太式管理:千年不衰的智慧与实践》,上海:上海三联书店 2009 年版。

27. 贺雄飞:《犹太人的金钱人生》,台北:台湾滚石出版社 2002

年版。

28. 贺雄飞:《犹太大亨赚钱术》,北京:经济日报出版社 1996 年版。

29. [德]席林:《天主教经济伦理学》,北京:中国人民大学出版社 2003 年版。

30. 龙秀清:《西欧社会转型中的教廷财政》,济南:济南出版社 2001 年版。

31. [美]詹姆斯·汤普逊:《中世纪晚期欧洲经济社会史》,北京:商务印书馆 1992 年版。

32. [德]马丁·路德:《马丁·路德文选》,北京:中国社会科学出版社 2003 年版。

33. [美]约瑟夫·熊彼特:《经济分析史》,北京:商务印书馆 1991 年版。

34. [美]弗朗西斯·福山:《信任——社会美德与创造经济繁荣》,海口:海南出版社 2001 年版。

35. 唐凯麟、陈科华:《中国古代经济伦理思想史》,北京:人民出版社 2004 年版。

36. 汪洁:《中国传统经济伦理研究》,南京:江苏人民出版社 2005 年版。

37. 王晓朝、杨熙楠:《经济与伦理》,桂林:广西师范大学出版社 2006 年版。

38. 王明:《太平经合校》,北京:中华书局 1960 年版。

39. 王明:《抱朴子校释》,北京:中华书局 1985 年版。

40. 费孝通:《江村经济》,上海:上海人民出版社 2006 年版。

41. 费孝通:《乡土中国》,上海:上海人民出版社 2006 年版。

42. 费孝通:《中国绅士》,北京:中国社会科学出版社 2006 年版。

43. 陈鼓应:《老子注释及评介》,北京:中华书局 1984 年版。

44. 陈鼓应:《老子今注今译》,北京:商务印书馆 1984 年版。

45. 陈鼓应:《庄子今注今译》,北京:中华书局 1983 年版。

46. 戴木才:《管理的伦理法则》,南昌:江西人民出版社 2001 年版。

47. 王泽应：《自然与道德——道家伦理道德精粹》，长沙：湖南大学出版社1999年版。

48. 葛荣晋：《道家文化与现代文明》，北京：中国人民大学出版社1991年版。

49. 罗传芳：《道教文化与现代社会》，沈阳：沈阳出版社2001年版。

50. 杨先举：《〈老子〉与企业管理》，北京：中国人民大学出版社1994年版。

51. 杨伯峻：《论语译注》，北京：中华书局1980年版。

52. 杨伯峻：《孟子译注》，北京：中华书局1960年版。

53. ［日］涩泽荣一：《商务圣经》，北京：九洲图书出版社1994年版。

54. ［日］山本七平：《日本资本主义精神》，北京：三联书店1995年版。

55. ［美］贝拉：《德川宗教：现代日本的文化渊源》，北京：三联书店1998年版。

56. ［日］新渡户稻造：《武士道》，北京：商务印书馆1993年版。

57. ［日］宫家准：《日本的民俗宗教》，南京：南京大学出版社2008年版。

58. 孔祥旭：《樱花与武士》，北京：同心出版社2007年版。

后　记

中华民族正处在一个伟大的历史时期。中华民族目前正在进行的这场社会变革，是民族文化的重大历史转型。我们中华民族正处在从农业社会向工业社会、从自然经济社会向市场经济社会过渡的历史时期，正在走出传统社会进入现代社会。我们正在用我们的社会实践创造中华民族现代化的历史！

德国思想家马克斯·韦伯认为，任何伟大的事业背后都有一个指导其进行的价值观念体系，他把这一价值观念体系称为"世界图像"。改革开放的总设计师邓小平说，有中国特色的社会主义市场经济建设要走前人没有走过的路，所以要"摸着石头过河"，这意味着，指导我们进行市场经济建设的"世界图像"尚不够清晰，一个理论工作者不得不把描绘这个"世界图像"作为自己不可推卸的责任。宗教经济伦理问题研究要回答的根本问题就是各民族市场经济发展的经济伦理模式问题，就是要描绘市场经济建设的"世界图像"。中国特色的社会主义市场经济伦理文化是中华民族市场经济发展的"世界图像"，世界宗教经济伦理问题的研究就是要为描绘这个"世界图像"增光添彩。

认识到这个课题的重要价值之后，笔者就开始了自己艰难的跋涉。相关的研究开始于 20 世纪 90 年代后期，至今已经 10 余年。其间陆续发表了一些学术论文，2007 年申请河北省社会科学基金课题获得立项，开始了系统的研究。

这个课题一经深入,笔者马上发现它给自己提出了一个力所不能及的任务,这个问题研究所需要的学术视野之广泛、学术知识基础之深厚,都超乎想象。尽管笔者多年来一直从事伦理学、宗教学、经济伦理学和宗教经济伦理学的教学研究工作,具有一定的研究基础,但是,对于这样一个题目仍然感到心有余而力不足。读者一定会发现,笔者对各宗教经济伦理的分析还不够深入准确。作为国内第一本系统研究宗教经济伦理问题的学术著作,笔者只想抛砖引玉,如果笔者的研究能够引起学界同仁对这个问题关注,就深感欣慰了。读者还会发现,在对各宗教经济伦理的分析中,本书没有涉及印度教、伊斯兰教和佛教的经济伦理,这当然不是这些宗教的经济伦理不重要,而纯粹是因为笔者学力所限。这将是笔者今后努力的方向。

本书能够顺利出版有赖于河北省级重点学科河北大学中国哲学专业建设资金资助,在此特别感谢河北大学中国哲学专业学术带头人李振纲教授的大力支持。

人民出版社的钟金铃编辑为此书的出版付出了大量辛劳。笔者感激之心无以言表,只有在心里为他送上默默的祝福,愿他和天下所有勤劳、善良的人一样能够永远安康幸福!

2009 年 8 月 12 日于河北大学紫园

责任编辑:钟金铃
版式设计:陈 岩

图书在版编目(CIP)数据

宗教经济伦理研究/黄云明 著.-北京:人民出版社,2010.9
ISBN 978-7-01-009158-7

Ⅰ.①宗⋯　Ⅱ.①黄⋯　Ⅲ.①宗教-经济学:伦理学-研究
　Ⅳ.①B91②B82-053

中国版本图书馆 CIP 数据核字(2010)第 145110 号

宗教经济伦理研究
ZONGJIAO JINGJI LUNLI YANJIU

黄云明　著

人民出版社 出版发行
(100706　北京朝阳门内大街 166 号)

北京瑞古冠中印刷厂印刷　新华书店经销

2010 年 9 月第 1 版　2010 年 9 月北京第 1 次印刷
开本:710 毫米×1000 毫米 1/16　印张:14.5
字数:210 千字　印数:0,001—2,500 册

ISBN 978-7-01-009158-7　定价:32.00 元

邮购地址 100706　北京朝阳门内大街 166 号
人民东方图书销售中心　电话 (010)65250042　65289539